SPIRIT OF

CIVIL PROCEDURE LAW

论民事诉讼法的精神

熊云辉 /著

中国政法大学出版社

2017·北京

图书在版编目（ＣＩＰ）数据

论民事诉讼法的精神/熊云辉著. —北京：中国政法大学出版社,2017.11
ISBN 978-7-5620-7856-2

Ⅰ.①论… Ⅱ.①熊… Ⅲ.①民事诉讼法－研究－中国 Ⅳ.①D925.104

中国版本图书馆CIP数据核字(2017)第282323号

出 版 者	中国政法大学出版社
地　　址	北京市海淀区西土城路 25 号
邮寄地址	北京 100088 信箱 8034 分箱　邮编 100088
网　　址	http://www.cuplpress.com (网络实名：中国政法大学出版社)
电　　话	010－58908586(编辑部) 58908334(邮购部)
编辑邮箱	zhengfadch@126.com
承　　印	北京九州迅驰传媒文化有限公司
开　　本	720mm×960mm　　1/16
印　　张	15
字　　数	245 千字
版　　次	2017 年 11 月第 1 版
印　　次	2020 年 6 月第 2 次印刷
定　　价	49.00 元

　　做学问，有两种路径，一是追求通达，二是追求专精。在中国文化里，通达为常态，专精恐是近代以来的学问。记得梁启超说梁思成的建筑专业过于专精，会少了人生的很多快乐。中国文化由人心推到万物心，这是典型的通达。

　　对于民事诉讼来说，专精为学术研究的主流，选择一个制度，深入耕耘下去，必有收获。对我而言，由一事之理，推万事之理，似成偏好。当然，绝对的通达或绝对的专精都不存在，二者在研究中互为存在。追求通达，必然溯根追源，才会通向哲学之抽象，所以会有上帝之存在的观念，或者告别上帝之康德的绝对理念，或曰之为"精神"。这就是西方存在的精神科学，东方则谓之"道成肉身"之道也。

　　追寻制度的精神传统，可谓艰辛也。由精神出发，推演万物，乃西方的学术研究的一路径，吾人谓之为"唯心主义"。精神或许不为普罗大众所关注，但一定是知识分子最内在的东西，可谓学术之灵魂。精神决定学术的内容，奠定学术研究的基调。如陈寅恪先生"自由之思想，独立之精神"，则是自由主义知识分子的学术基调。

　　对我而言，从事民事诉讼法研究，虽为专精之学，但求通达，好问源，使我长期将民事诉讼法研究的具体制度放逐，一路追寻而来，总觉得制度之研究缺乏根脚，犹如浮萍。最终落脚于自由主义，形成笔者所称民事诉讼三个支点，即程序自由、程序民主、程序人性化。

ABSTRACT 内容摘要

　　本书以民事诉讼法的精神为主题，从发生学角度分析了民事诉讼制度生成的逻辑基础，全书共分八章。

　　第一章为程序法导论。历史、政治、文化所表征的真实中国，在不断形塑民事诉讼立法和民事司法实践。解决民事诉讼运作不良的问题，需要从历史、政治、文化上正本清源。神界、人界、自然界的三界关系构成民事司法深层结构。三界框定了民事司法所要实现的全部秩序，也框定了民事诉讼法律人的全部思维逻辑。民事诉讼"得意忘形"境界之提出便是基于此。我国民事诉讼法 30 多年的发展历程表明，我国民事诉讼法是从恣意裁判转进到非人格化裁判，要挽救人免于物化，有必要引入"意"，将民事诉讼从非人格化转进"得意忘形"之境界。"得意忘形"境界之实现依赖于裁判者精神境界的提升。

　　第二章为民事诉讼法的精神。民事诉讼要转进"得意忘形"的境界，民事诉讼研究必然要求从制度转换到精神。从研究现状看，我国民事诉讼法研究存在去精神化的诸多问题，如民事诉讼研究缺乏精神、信念的追求，导致研究重心游移不定。我国现行民事诉讼法的精神，一是集权主义，二是权宜之计。我国民事诉讼法的精神应转换为程序自由、程序民主、程序人性化，即民事诉讼三个支点。同时，应重建民事诉讼法律人之人文精神。

　　第三章为域外民事诉讼制度生成考。法国民事诉讼法生成史表明法国民事诉讼法在大革命中延续了传统，并未像政治一样出现激进的变革。德国民事诉讼法生成史表明德国民事诉讼法受到德国自由主义精神和现代民族精神的双重塑造，民事诉讼固有传统不因纳粹政权而中断。英国民事诉讼法生成史表明英国民事诉讼法受普通法传统所塑造，令状是民事诉讼法生成机制之一。统一司法、统一民事诉讼规则是英国民事诉讼法新发展。

第四章为程序自由。遵循自由主义传统，民事诉讼应优先保障程序自由，程序责任以程序自由为前提。以此观察员额制下的司法责任改革，其仍有改进的空间，应优先保障法官事实裁判自由，落实自由心证制度。就举证责任而言，由于缺乏自由主义传统，我国举证责任日益激进化，我国行为的举证责任滑入举证义务的轨道，民事诉讼沦为责任主义民事诉讼。因此有必要重申程序自由的理念，强调举证自由优先，举证责任次之，拒绝举证义务，以维护自由民事诉讼的正统。

第五章为程序民主。民主是最不坏的方式，应从中国古代民本转到现代民主。程序三民主义是指程序民有、程序民治、程序民享。程序民主表现为民主的法官、民主的程序、民主的裁判，程序民主的例外为损害赔偿的酌定、法官独任制、法官不能获得心证依职权调查证据等。

第六章为程序人性化。人性尊严作为现代价值理念，是国际法和各国宪法通行原则，它可以防止形式法治的谬误。因此人性尊严成为现代民事司法的基本要素，建立温暖而人性的司法成为现代民事诉讼追求的目标。人性尊严程序化的路径包括从国家主权转变为国民主权、民事诉讼去政治化等。

第七章为程序正义。程序正义在我国运行经历了启蒙、兴起、转化、式微和衰退五个阶段，制约程序正义实现的因素为权力结构的制约、制定法的因素和法官素质，分别代表宏观、中观、微观三个层面。我国要实现程序正义，应当将其放在现代性下来考量，着力优化程序正义运行的外部结构和内部结构。根据我国国情，其中应优先考虑建立宪政民主制和确立主体间性诉讼真实观。

第八章为司法裁判。案件审判已成为我国司法困境之一，迫切需要行之有效的大案判决模式，我国大案的判决模式应为一体两翼的能动司法模式。从程序保障理念来审视，我国还存在突袭性裁判。不仅要纠正错误的裁判，还应当防止发生突袭性裁判。个案分析表明，我国法院以判决的证成性代替判决的正当性。人类历史经历了神权社会、君权社会和民权社会，与其相适应的事实裁判方法为神判、法判和人判。人判走向了以自由心证为基础的内心确信的事实裁判之路径，借鉴柯林武德历史理论，引入心灵和历史思维，可以将自由心证在事实裁判的落实推进一步。

目 录 Contents

第一章
程序法导论

第一节　发现真实的中国与诉讼

民事诉讼法犹如中国大地上的一条河流，要了解这条河流的沧桑巨变，就必须了解大地的地质、土壤、气候等环境因素，这就是真实的中国。不迷信教材，不迷信出版物，不崇拜权威，用自己的眼睛，去发现真实的中国，包括政治上的、历史上的、经济上的甚至是文化上的中国。这个真实的中国在不断形塑民事诉讼法，影响着民事诉讼的知识生产，直到形成我国民事诉讼法今天的面貌。同时这部民事诉讼法还在不断调整调适中。

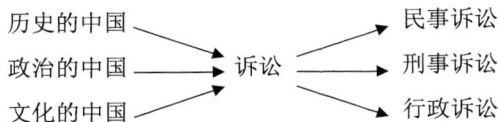

```
历史的中国 ⟶           ⟶ 民事诉讼
政治的中国 ⟶   诉讼   ⟶ 刑事诉讼
文化的中国 ⟶           ⟶ 行政诉讼
```

图 1-1　真实的中国与诉讼

我们研究民事诉讼法，不能仅仅满足知识上的推陈出新，必须分析实践运行的结果。如程序正义理论，在 20 世纪 90 年代，被提高到非常重要的地位。理论界也有对程序正义有美好的言说，如程序就是作茧自缚，程序确保结果的正当性，等等。然而基层法院的审判实践却和理论言说相去甚远，基层法院以纠纷解决为目的，程序并没有理论界说的那么重要。法官根据程序正义严守司法中立，坚持证据裁判主义，却出现了令人意外的结果，如莫兆军案。莫兆军法官审理借款纠纷案，根据有双方真实签名的借条，判决被告还钱。被告抗辩借条是被逼写的，法官要求提出证据，并问报案了没有。被告的陈述缺乏其他证据，未得到法官认可。被告提出上诉，被二审驳回，维持原判。后来，被告在法院门口服农药自杀。该案被重查，才发现原告提供的借条为原告强迫被告写的，借款关系为虚构。此案导致莫兆军法官遭到刑事追究，虽后被法院宣告无罪，但莫兆军因此而离开法院，丢了工作。

而在彭宇案中，就彭宇是否与徐老太相撞，法官没有依据举证责任判决，而是能动司法，对事实进行认定，即依据常理（如好人做好事会立即离开，做好事不会垫付医药费，等等）判定二人相撞，根据公平原则，判决彭宇承担部分责任。这个判决后来引起社会舆论强烈反响，以至于到了二审法院，法官积极做工作让原被告双方和解，并以保密为由不对社会公开和解结果。二审法官都不敢直接裁判。而彭宇案的一审法官后来也丢了工作，被调离法院。

在莫兆军案件中，法官严守程序正义，造成错案，丢了工作。在彭宇案中，法官司法能动，同样丢了工作。问题到底出在哪？这两个案件单纯从民事诉讼自身逻辑是无法得出答案的。必须了解真实中国，才能理解，如程序正义的落实深受政治环境的影响。那真实的中国是什么样的呢？这里涉及两个层次的问题：

一、何谓中国

"中国"指什么？有二说，一谓中华人民共和国，一谓中华民国。言中华人民共和国者，认为中华民国只存在于历史上，即 1911 年到 1949 年，1949 年后，中华民国便不复存在，由新中国即中华人民共和国所取代。言中华民国者，认为中华民国自 1911 年成立，至今一直存在，今天则存在于台湾地区。第一说为中国大陆官方学说，也是主流观点。第二说为中国台湾地区官方学说，曾经是主流观点，现在则日薄西山，沦为少数说。中国内涵不统一，需要从历史、政治、文化等方面才能看到真实的中国。

历史的中国。三代以来至清，天下人的天下变为"家天下"，"公天下"变为"私天下"。清末，西方来敲门，中国的回应，几乎难有成效。从此，中国属于西方阴影下的中国，学习西方为不得已之举。在学习西方过程中产生的中西之争，从此成为中国人绕不开的宿命。民事诉讼法为学习西方的结果，民事诉讼法发展受中西之争的影响。

　　政治的中国。中国当前的政治，以坚持党的领导为核心。司法和诉讼受政治决策影响较大。当政治缺乏稳定的权力结构时，政治的投机性就会加强。政治影响所致，司法政策有时难免左右摇摆不定，结果导致司法运行不确定性增强，增加法官判案的风险。

　　文化的中国。中国文化的核心是什么？中国文化强调"仁"，"内圣外王"，清季以前存在规范国家和社会秩序的礼法文化。近代以来，历经辛亥革命、五四运动，造成的后果就是作为制度性的礼法文化已不复存在，如维系君臣父子关系的伦理纲常已被摧毁了。就中国文化研究而言，大陆甚至无法与海外媲美。真正有深度的中国文化研究，不在大陆，而在海外。海外汉学研究如新儒家已经经过几代学者的努力，到达了很高的层次。这些学者包括钱穆、牟宗三、唐君毅、余英时、杜维明、成中英等。余英时先生说，中国文化灵魂出窍，成了"游魂"。要使中国文化有所附着，灵魂附体，国家社会的依托已无可能，只能依托于个人修身。中国文化在个人修身上仍能功能显著，也正是在个人修身中，中国文化能重新焕发出光芒。"修身齐家治国平天下"，修身为第一位的。在西方，中国文化中"天人合一"的观念成为西方克服现代文明困境的重要资源。中国当下同样面临着现代文明的困境，如过度开发破坏环境、人的过度物化带来了精神陨落，心灵空虚，同样需要发挥"天人合一"观念的作用。文化的中国打破了地域限制，不管谁，不管在哪里，只要有中国文化，都是中国。如果能喊出"我就是中国"，那才是中国文化的真正复兴。文化阻断使得心灵缺乏滋养，纠纷如野草在荒芜中丛生，纠纷解决者如果仅凭恃强权解决纠纷，意图以国家机器收割野草，获得秩序。其结果就是人在其中毫无尊严。

　　历史、政治和文化界定了中国社会的性质。中国社会是前现代社会、现代社会、后现代社会的混合体。在前现代社会，存在两种社会形态，一是法人类学视野下的无需法律的秩序，如宗族社会和被习惯、宗教支配的少数民族聚集的社会；二是霍布斯所言之接近自然状态的野蛮社会，人与人的关系犹如狼与狼的关系，弱肉强食，丛林法则盛行。在现代社会，也存在两种社会形态，一是自由民主社会，人民崇尚法治，国家按照宪政秩序运作；二是带有极权因素的威权社会，权力渗透到社会的每一个毛细血孔，支配人的身体和大脑，人成为权力的客体。在后现代社会，存在两种观念，一是本能主义，视现代文明为枷锁，诉诸人的本能和解构主义，走向文明虚无主义；二是生态主义，由于理解了环境污染的严重危害，人们不再视环境为人可以自由支配的客体，强调尊重自然，保护生态，以实现人的永续发展。不同性质社会影响所致，民事诉讼法变形走样。如威权社会下，个人不受信任，延伸至民事诉讼中，法官不信任证人。

在当下中国社会，国家和个人之间存在某种不信性。前段时间，出现公安机关要求证明"我妈是我妈"的荒谬现象，被李克强总理严厉批评。例如，在大学里，很多事情，都是个人申请，领导批准，单位盖章。这样的流程，体现了对个人和领导某种程度的双重不信任。如果国家足够信任个人，是不需要领导批准的；如果国家足够信任领导，是不需要单位盖章的。不管是个人还是领导，不管是权威学者，还是信用人士，都是不可信的，唯一可信的是单位公章。这种对个人的不信任，表现在诉讼领域，就是对当事人陈述、证人不信任。学界很多人抱怨证人不出庭作证，分析人士认为是怕打击报复，国家保护不力。其实，这里还有一个重要原因，就是法院根本上是不信任证人的。证人上法庭，并不能从信任感获得满足，自然也就无作证的动力。由于法院对证人是不信任的，自然也无动力寻求证人证言。相反，法院对于单位出具的各种书面记录，更多是深信无疑。比如，个人的身份证明，自己证明无效，倒是派出所的证明最有效。

二、何谓中国民事诉讼法

在"一国两制"的时代背景下，中国由两岸四地构成，即大陆地区、香港特别行政区、澳门特别行政区和台湾地区。每个地区都有自己的民事诉讼法。因此中国民事诉讼法的特点是多元分治。

就中国大陆而言，中国大陆民事诉讼法受国家体制影响，民事诉讼法发展充满随机性，民事诉讼法具有强权性，当事人地位呈弱势化，例如恶意诉讼、虚假诉讼被立法所规制。法院对这种行为会产生本能的反扑，甚至会夸大其影响，从而推动立法予以惩处。法院在民事诉讼立法和运作的强权性，使恶意诉讼、虚假诉讼以及与其有关的第三人撤销之诉会比较容易写进立法。对于减轻法院负担甚至卸责的立法，则容易写入修法中，如举证时限、举证责任、小额诉讼等。对于增加法院负担、增强法院责任的立法，则可能会不写或少写。如立案登记制，尽管被中央作为改革亮点力推，但是却被某些法院轻易地放回到原点。

第二节　寻求何种程序法

一、民事司法的逻辑起点：三界论

笔者一直不满意民事司法制度现行的讲解逻辑，现行的教材没有讲清楚民事司法制度开展的逻辑起点。因此，需要重新诠释民事司法制度的逻辑起点。笔者于是提出了"三界论"，即神界、人界、自然界。

1. 神界

神界乃先验的世界，宗教之所在，包括精神和信仰。

神界，处于上层。神界，是先验的世界，属于宗教领域，无法证明。对人而言，神界为人的精神世界，即信仰。人必须为信仰留下空间。在人界和神界之间，现代社会走向了世俗化的潮流，即韦伯意义上的从价值理性走向工具理性。神界衰弱，精神遭放逐，只留下世俗化的人界和受自然规律支配的自然界。

神界，则是从个人信仰开始。大家多多少少都有点鬼神的观念。欧洲，经历过中世纪，即神权社会。由于教会垄断了与上帝对话的权力，造成了教主的腐败，如赎罪券引发了马丁·路德宗教改革，产生了新教。天主教和新教因而引发长达三十年的宗教战争，最终结果确立信仰自由。新教主张人直接与上帝对话。不管怎样，西方存在此岸和彼岸的划分，人要不断超越现实，到达彼岸。这样的外在超越，最终促使了科学的产生，宗教观念也导致资本主义的兴起。韦伯的分析是，人们经商和勤劳，是因为上帝的感召，禁欲主义和生活的节俭带来了资本积累。勤劳和资本积累带来了资本主义的兴起，随着资本主义的进一步发展，与上帝的观念就渐行渐远，但工具理性却越来越强。信仰、精神遭到放逐，人活在牢笼中。韦伯强调引入价值理性的必要。这种观念决定生产的理论，完全打破了通说所持经济基础决定上层建筑的教条。正是如此，美国社会转而重新强调精神、思想境界的提升，以求得幸福。中国古代早期，与天对话的权力，掌握在君王手里，所以皇帝称为天子。春秋战国时期，个人与天的重重阻隔被打掉，"道为天下裂"，人可以直接和天对话，天人合一的条件有了。不过天人合一的路径，却和西方不同，而是内在超越。钱穆对此有很好的分析，中国人最后是万事万物收于心，正心诚意，修身，达至善。余英时的解释是，轴心突破前，即春秋战国前，礼制为天子祭天的仪式，巫士掌握通天的本领；周之后，是轴心突破时期，礼乐崩坏，士游离体制，降为平民，发生了精神的觉醒，那就是每个人可以直接和天对话，每个人都有通天的本领。不再拘泥形式的礼制，而是注入新的内容，那就是"仁"，即对心的要求。这表明天人合一的路径，为内在超越。所以中国人的人生哲学发达，西方科学发达。美国经历科学文明后，转而学习中国的文化，包括天人合一的观念。中国因为近代以来回应西方乏力，而走向西化之路，对自己儒家文化进行革命。今天环境恶化，资本和权力绑架人生，精神都快遗忘了。这说明，中西方都需要精神的重塑。这大概就是神界对当下的意义。那么对于司法而言，意味着什么呢？法律人不仅仅是机械的司法，而是应有温情有人性的，应该营造温暖而人性的司法。当前法官法庭上的"霸气"和"理直气壮"，显然是缺乏温情的。另一方面，法官要有决断的勇气。即阿伦特所谓的为避免平庸之恶，要有道德勇气，追求至善，从而挽救形式理性不致坠落于专制恐怖中。纳粹政权所进行的种族大屠杀，都是"合法"屠杀，是依法判决的。怎么避免人之恶，除了立法追求合目的性外（拉德布鲁赫），司法便要强调法官决断的勇气（阿伦特）。王国维在《人间词话》所探讨的境界说，可以作为中国法官完善司法人生的精神资源。

在人的生命历程中，人就是爬梯子的过程，即从最底层自然界爬向世俗化的人界，少数能到达彼岸，即神界。有的人在自然界这层次就停止不前了，如暴力杀戮，循着弱肉强食规则。有的人进入世俗的人界，以权力驱使他人为奴隶，有的成为金钱的奴隶。在人界中，权力受制约，人权受保障，人的尊严受尊重，则是文明的世俗社会了。人如能进入神界，作为精神的存在，那是幸运的少数。

2. 人界

人界乃世俗的世界，法治之所在，由权力与权利所构成。

人界，处于中层。人的世界的秩序是如何组成的？有人认为是利益，这种直观感受大概是当前社会现实的真实反映。也有人认为，由强者来统治。当然人界秩序不是如此简单。要有更深刻的认识，必须将历史上社会的复杂性呈现出来。现代国家前后存在以下三种组织人界秩序的方式。一是哲学王的统治，柏拉图在《理想国》提出最好的统治是哲学王。在中国，则是明君圣主。现代国家出现以前，是"以人治人"。在启蒙运动中，启蒙家开始思考从封建专制解放出来，人的世界的秩序如何构建。卢梭提出社会契约论思想，人与人通过结成契约，组成政府，形成国家。霍布斯则提出必须依靠强大的国家，即"利维坦"。现代国家出现后，如何构建人间秩序，形成两种失败经验，即乌托邦和极权社会。二是乌托邦，带着理想构建人间秩序。法国大革命，国王被推上断头台，雅各宾派专政，阻碍理想实现的人，都统统杀掉。杀人如麻，流血成河，理性走向了非理性。三是极权主义，表现为德国纳粹政权法西斯统治等。

以上人类历史经验表明，人界是世俗的社会，人一旦残暴起来，比动物还恐怖。这也是人的自然属性的一面，或者说魔鬼的一面。人此时与动物一样，受着本能的支配，即他律。霍布斯、卢梭都论述了人的这一面，并以此作为需要国家或公意的前提。康德则强调人的道德自律，服从良知。其实，根本原因是，权力不受制约，消灭了自由。世俗的社会，只能用世俗的方法治理，方能有秩序。最核心的就是制约权力和保障人权。经验表明，人界是世俗社会，必须受法治支配。其他手段基本难以长效，如军人武力统治、金钱收买人心、圣人之治等，历史证明，几乎都是失败的。唯有法治能保社会长治久安。其精髓有二：第一，针对权力，确立权力分立和制衡原则。其根源在于"权力导致腐败，绝对的权力导致绝对腐败"。抑制权力腐败，经验证明有效的方法，就是以权力制约权力。第二，权利，确立人权和人的尊严原则。在政府与人、人与人的关系中，亘古不变的真理，就是尊重人权，尊重人的尊严。人维护自己人权、尊严时，也应尊重他人的人权和尊严。在自然界和人界比较中，人之所以为人，乃在于自由和自律。如果人受自然规律支配，则是他律，而非自律，人与动物无别。自由是人权和尊严的基础。人权和尊严是克服法治形式化谬误的转换器，是防范阿伦特的"平庸的恶"的方法。

就司法制度而言，必须确立权力分立与相互制衡。必须独立行使司法权，独立于任何组织和政党。法官之上，除了法律，没有别的上司。

3. 自然界

自然界乃客观的世界，自然规律之所在。自然界遵循因果律。

自然界，处于最下层，受自然法则或自然规律支配。有人认为所谓自然法则就是"弱肉强食，适者生存"，这显然是受到达尔文进化论影响。这当然是片面的，万有引力、相对论，量子力学都是自然规律。康德说，自然之物受本能支配，即欲望的支配，都有七情六欲。对人而言，这是一种他律，更本质上是因果律的支配。爱因斯坦说宇宙是有秩序的，那美妙的秩序背后一定有上帝的存在，即上帝不会乱扔骰子。爱因斯坦比康德前进了一步，他体悟到自然与神的合一。

在人与自然的关系上，通常认为，人是万物的主宰，人可以征服和利用自然。将人置于自然之上的观念，也是来自西方的观念，该观念又是因教育强化所致。征服利用自然的观念，导致了当今空气污染、水资源污染、土壤污染。频发的水灾、地震等自然灾害，已经在警示世人。自然界先于人存在，人是后来的，居上则无定论。西方由于产生了科学，征服改造自然为当然。然而，经过了征服自然旅途后，现代西方已经强调永续发展的观念，控制碳的排放，进行大气治理。美国甚至学习中国的天人合一的观念，善待自然。

在人与自然的关系上，中国文化自古就强调天人合一的观念，强调人与自然的和谐，如道家的道法自然的思想。近代以来，由于无法回应西方的挑战，中国逐渐激进化，初期还是"中学为体，西学为用"，到了五四运动，则朝着全盘西化路径走去，新中国成立后全面倒向苏联，为另一种西化，文革则是对传统中国文化的革命，彻底告别过去。征服自然改造自然的观念，本是达尔文进化论的利用。改革开放后，则作为一种观念教给年轻一代。文革彻底摧毁了中国文化，年轻人只能学习西方的观念，征服改造自然的想法也就不足为奇了。

在人与自然的关系上，还有一种观念，就是求真。自然科学求真，就是探求自然规律，一种客观的真实，采用的方法为科学实证主义。那作为社会科学的法学，具体说司法求真，是什么呢？是客观的真实吗？受自然科学思维的影响，我国长期以来坚持司法追求客观真实，所采用的方法也是实证主义的方法，排除了法官的自由心证。后来出现挑战客观真实的法律真实观，方法依然是实证主义的，不过接受了自由心证。但是实证主义形式化却越来越厉害，自由心证则是考虑如何限制心证，导致司法裁判谬误不断。莫兆军案是一例。

以上"三界论"构成了理解民事司法制度的逻辑起点。民事司法制度适用人界，是世俗社会的规则，必须建立在权力受制约和尊重人权、人性尊严的基础上，民事司法制度才算是文明的司法，否则民事司法制度不过是工具而已。

二、民事诉讼发展的路径：三阶段论

```
┌─────────┐      ┌─────────┐      ┌─────────┐
│  恣意   │ ───▶ │ 非人格化 │ ───▶ │ 得意忘形 │
└─────────┘      └─────────┘      └─────────┘
```

图1-2　民事诉讼三阶段论

在中世纪，人们面对的是教会的恣意和专横，通过启蒙运动、文艺复兴，发展出自由和理性，国家构建、社会的重组是通过个人的自由结合和理性重建而完成的。就后者而言，就是延续康德传统，逐渐发展到韦伯的形式理性。通过科层制实现非人格化运作，从而限制恣意。形式理性进一步发展，却出现了令人意想不到的后果，那就是纳粹"依法"屠杀，这就是韦伯难题。怎么去化解这个问题，西方出现了自然法学的复兴，强调道德上的善。阿伦特则是强调非人格化运作中，个人要有自己的判断力，不能丧失判断力，要有道德的约束。在这问题上，西方后现代主张诉诸人的本能，如福柯、尼采等。但是余英时等则主张回到中国文化，中国文化是一剂良药，那就是"得意忘形"，发扬人文精神，即古人所言的天人合一和中国文化中的"修身"。转身向后，诉诸内心。中国民事诉讼法大致也经历了从恣意到非人格化、从非人格化到得意忘形的发展路径。

1. 从恣意到非人格化

证据裁判原则为证据法的基本原则。今天之所以强调证据裁判，乃是因为我们以往的裁判不依靠证据，那过去依靠什么呢？这恐怕要从改革开放前说起。新中国成立后至改革开放，这期间发生大量的运动。最先被判刑的一批人，是"战犯"，此后是"地富坏右分子"，再后来是"当权派""文革反对者"。对这些人的判决，越往后越不依靠证据，而是按照阶级成分、告密、捏造作案事实大量有之，甚至还有政治阴谋。他们被戴的"帽子"，大多是莫须有罪名。下至乡间凡人，上至国家领导人，难免在政治斗争、政治运动中被主观定罪。如邓小平、刘少奇、习仲勋等一大批党和国家领导人被治罪打倒。大量的裁判实际上是诬陷、诬告。文革后，拨乱反正，那些被打倒的人重新回到工作岗位，他们因为有切身之苦，所以强调"重证据，重调查研究"，实际上是反诬告、反陷害。

改革开放后，随着法制建设开展，证据裁判原则作为限制法官恣意方法被强调。在法制社会下，法官获得司法裁判垄断权力，有些法官办"人情案""关系案""金钱案""美色案"，有时候人情、关系、金钱、美色等成为法官办案的关键依据，证据徒有其表。这种裁判实际上仍是法官的恣意妄为，强调证据裁判原则，不过是为了限制法官的恣意，拒绝人情案、关系案等。还有一种情形，有的办案人员为了快办案、立功，而被各种"激励"诱导，而加大办案的主观随意性。

随着错案责任和司法责任的追究，证据裁判原则越来越受重视，法官被要求严守中立作出裁判，这就是民事诉讼的非人格化运作。民事诉讼非人格化运作下，法官对证据的依赖程度越来越深，法官也希望最高人民法院制定越来越细密的证据规则，从而频繁地用上了举证责任判决，法官希望把审判变成加减法那么简单。证据为本的裁判原则，变为证据形式主义裁判，此种裁判之下，法官不过是证据的附属物，而不是有智慧的自由意志人。如"莫兆军案"中，法官以一张被胁迫写下的借条作为定案根据，这就是典型的证据形式主义裁判。

如何使法官走出形式主义的证据裁判，我想就是释放法官的心灵，让法官获得充分的自由，以心灵和经验去裁判，获得内心确信。这就是柯林武德的历史方法，即法官用心灵和经验去体验过去，去重新思考当事人所思所想。法官必须穿过证据，去考察当事人的思想，用心灵和经验去体验案情。在方法上采用问答法，不停留在证据真假上，而是提出问题，带着问题去批判，不断质疑、反思，从而在材料中找到答案形成确信。这恐怕就是我们所说的自由心证之本意。

另一方面，责任伦理和意图伦理的区分也是非人格化运作的必然要求。责任伦理强调的是决定者必须对决定后果负责，不管出于何种意图。不能因为主观意图是善的，就可以免责。以此来分析司法责任，司法决断者必须对裁判所产生的后果负责，一份调解书，一份判决书，一个裁定，不论其主观意图如何，都须负责，承担责任。同时，当事人提起诉讼、撤诉、提交证据，也应对其行为的后果负责。责任是自由的例外，责任首先表现为自律，自律不足，才有他律，即外在施加的负担。从责任伦理看，责任可以分为主观的责任和客观的责任。主观的责任，是行为者内心主动以责任的心态从事，主动对行为后果负责。客观的责任，是国家或法律外在施以行为者的责任。司法责任也应从主观的责任和客观的责任两方面来理解。责任依然是以保障自由为前提的，主观的责任内含于自由之中。客观的责任只有在主观责任没担起时，才有必要强制施与。

2. 从非人格化到得意忘形

与非人格化有关的就是韦伯的工具理性。工具理性在英文中就是去精神的理性，即去魅。工具理性是加尔文教派发展起来的。在加尔文那里，人是作为上帝的工具，为荣耀上帝而存在的。产生了努力工作、努力赚钱的精神力量，资本主义组织从中产生，而且越来越细密，发展下去，最后荣耀上帝的精神无人管了。人人都为资本主义组织而存在，为资本主义而资本主义，开公司、设企业、建银行等，人成为其工具。工具理性消除了精神，产生了效用最大化。不过，人的心灵愉悦感没有了，幸福也没有了。心灵的愉悦，在于有精神，重新植入精神就是必要的，价值理性提出就合乎其时。就民事诉讼运作而言，就是从非人格化运作向"得意忘形"高境界的迈进。非人格化运作体现了工具理性的要求，"得意忘形"则对工具理性的纠偏，植入了价值理性，即法的精神。

恣意和"得意忘形"都与"意"有关。在西方，"意"在历史变迁中出现了消失与被拉进来两种现象。神权社会，"意"表现为上帝，支配人间，不管是路德听从上帝安排还是加尔文荣耀上帝，前者产生职业精神，后者产生资本主义组织，都是精神的力量对人的作用。资本主义组织的进一步发展，产生工具理性，精神消失。这里提出的"得意忘形"，其中"意"是指法的精神，就是重新把精神引入。程序为限制恣意而非人格化运作，所以"意"有恣意和善意之分。善意可以是上帝，也可以是精神，还可以是价值。恣意则可以是巫术、不受限制欲望、神秘主义等。不管怎样，恣意是善意的对立面。到了法律当中，"意"就表现为法意，包含了法的精神、法的价值、法的目的性等等。不管如何，恣意是表现为人的恶，限制恣意，就是限制人作恶；善意则表现为人的善，是对人的关怀。

在强调"意"的重要性方面，韦伯和科拉科夫斯基可谓殊途同归。韦伯的工具理性，就是神圣性没有了，一切都是世俗性，人活在工具理性构成的牢笼中。科拉科夫斯基则指出科学研究去灵魂化、世俗化的问题。17 世纪前半叶，科学突破靠演绎法而不是归纳法，很多科学创见是没有经验基础的。

上帝存在是事实问题，而不是假定。17 世纪后，"世界变成了没有灵魂的世界，而且只有在这个假设的基础上现代科学才能展开"，[1]科学研究中没有精灵，自然界没有灵魂，宇宙没有灵魂是一个假定问题，而不是事实问题。后来少数科学家（如爱因斯坦）认为有灵魂，主流的科学家都不承认科学研究中有灵魂的事实。宇宙没有灵魂，没有鬼神，这是俗世化的宇宙。大众俗世化是科学俗世化后期发生的，经过了二百多年的发展。现在许多受过良好教育的人仍然相信命运，但是与研究区分开来。有科学家信教，但与科学研究分开，造成了两个世界分离，科学发展越来越厉害。在尖端研究有两种人，[2]一是软心肠的人，如爱因斯坦、博兰尼，他们假定宇宙秩序存在。爱因斯坦"信仰客观存在的世界中的完备定律和秩序"，是"不扔骰子的上帝"所设计的。[3]上帝不会乱扔骰子，即假定上帝存在，这与传统的上帝存在不一样，传统认为上帝存在是事实而不是假定。"我信仰斯宾若莎的那个在存在事物的有秩序的和谐中显示出来的上帝，而不信仰那个同人类的命运和行为有牵累的上帝。"[4]二是硬心肠的人，就是主流科学家，他们认为宇宙界不存在上帝。对于世界世俗化的后果，尼采反应最为激烈。尼采认为世界俗世化，上帝死了，世界没有真理，没有好和坏，人唯一就是发疯。[5]假如认为宇宙没有秩序，没有更高层次的东西，科学走向俗世化，没有了上帝存在，会出现人类精神的错乱。

科拉科夫斯基的论述与韦伯的论述具有一致性，科氏从科学研究的角度，指出宇宙、世界的俗世化，所带来的世界精神的丧失（其最大特征就是禁忌的消失），以至于出现尼采那种唯有发疯的后果。韦伯从资本主义的工具理性揭示人处在工具理性的铁笼中，可以说两人殊途同归。这些都要放在西方的语境中去理解，即上帝所代表的精神丧失。当然随着科学主义和资本主义的全球入侵，非西方如中国同样面临这样的问题。在司法实践中，有的人宁愿

---

〔1〕〔波兰〕莱泽克·科拉科夫斯基：《经受无穷拷问的现代性》，李志江译，黑龙江大学出版社 2013 年版，第 8 页。

〔2〕美国哲学家威廉·詹姆斯将哲学家分为硬心肠和软心肠两种人。参见〔美〕威廉·詹姆斯：《实用主义》，陈羽纶、孙瑞和译，商务印书馆 1979 年版，第 9 页。

〔3〕〔美〕爱因斯坦：《爱因斯坦文集》，许良英等编译，商务印书馆 1977 年版，第 599 页。

〔4〕〔美〕爱因斯坦：《爱因斯坦文集》，许良英等编译，商务印书馆 1977 年版，第 243 页。

〔5〕〔波兰〕莱泽克·科拉科夫斯基：《经受无穷拷问的现代性》，李志江译，黑龙江大学出版社 2013 年版，第 9 页。

接受处罚，也要违法，如违章停车。一条法律，通过惩罚，其效力如何实现？我们以前认为，为什么违法，因为违法成本太低，所以根据粗俗的经济学分析方法，提高违法成本。但这对于土豪来说，于事无补，他们罚得起。或者只要有人把金钱不当回事，经济罚并不能提升法律的尊严。民事诉讼中的罚款也遭遇同样的问题。这几年民事诉讼法修改，连续两次修法都提高了对不遵守法庭秩序人的罚款。从 500 元提高到了 3 万元。修法者认为，随着经济发展，人民收入提高了，区区几百元的违法成本不足以让违反法庭秩序者感到压力，违法成本太低，所以扰乱法庭秩序现象屡禁不止。事实上，最近几年冲击法庭秩序现象时有发生。因此修法就大幅度提高罚款力度。表面上，按照经济学分析，好像有道理。但是仔细思考下来，发现其中的问题太多了。首先，经济罚款无论多少，总是相对的，总有人罚得起。罚得起的人，罚款则形同虚设。而且，让金钱凌驾于法律之上，法律毫无尊严。其次，真正是痞子的人，罚则又奈他如何。最后，如果司法不能确实维护公平正义，人民"死都不怕，何以死惧之"，更别说罚款了。因此要让法庭不被侵扰，关键恐怕不是罚款多少。法院应该做的：首先让法庭是正义的守护神，取信于民；其次，国民教养的养成也至关重要。当然国民教养的养成有赖于权力受到制约。如果权力任性，国民又岂能从善？执法者和守法者不仅仅遵守法律规定，更要遵守法律精神，即"得意忘形"。

三、几点结论

从上面的讨论中，我们至少可以明确以下问题：

第一，我国民事诉讼所处的外部环境并不理想。历史、政治、文化所表征的真实中国，在不断形塑民事诉讼立法和民事司法实践。我国民事诉讼所存在的种种问题和弊端还得从历史、政治、文化等方面寻求原因，民事诉讼有问题，根子在民事诉讼之外。从外部视觉看，解决民事诉讼运作不良的问题，需要从历史、政治、文化上正本清源。

第二，神界、人界、自然界的三界关系构成民事司法深层结构。三界框定了民事司法所要实现的全部秩序，也框定了民事诉讼法律人的全部思维逻辑。三界秩序混乱都会导致民事司法结构失衡。三界和谐共处构成人类全部秩序，民事司法主要维护人界的世俗秩序，依赖于权力和权利的关系建构。

权力和权利关系建构的最终目的，就是如何安放人的位置，即为人而存在。人的存在乃至心灵安顿，不仅仅在于世俗社会的安排，也依赖于神界和自然界的支援。神界的信仰、精神和自然界的因果律让人获得了更有意义的存在。民事诉讼"得意忘形"境界之提出便是基于此。

第三，正如韦伯、科拉科夫斯基所揭示一样，人类社会迈向现代化过程，就是走向工具理性和世俗化过程。人要从自己的牢笼中走出来，找到存在的意义，精神、信念就是打开牢笼的钥匙。对照来看，我国民事诉讼法三十多年的发展历程表明，我国民事诉讼法是从恣意裁判转进到非人格化裁判，民事诉讼是在对恣意乱为反思的基础上，走向了严守中立非人格化运作。民事诉讼非人格化运作出现了普遍化的机械司法和证据形式主义裁判，其中原因在于法官心灵封闭。心灵封闭导致人的物化，要挽救人免于物化，有必要引入"意"，将民事诉讼从非人格化转进"得意忘形"之境界。"得意忘形"之境界并不是理想，它与中国人文化心灵高度契合。

第四，"得意忘形"境界之实现依赖于裁判者精神境界的提升。依法裁判和依证据裁判是裁判的基本路径，机械司法和纳粹司法是此条裁判路径的产物，要避免之，就得通向"得意忘形"之境界。"得意忘形"是民事诉讼运作的高级阶段，要达此目标，应在依法裁判和依证据裁判基础上，提升裁判者的精神境界。具体而言，一是裁判者心中应有自己坚守的信念，有自己的精神追求和信仰，信仰必须真诚，方法就是正心诚意；二是裁判者不应拘泥于形式法律，注意把握法的精神和目的，能够以法的目的性矫正因法的安定性带来的不足；三是开放裁判者心灵，发挥心灵在事实认定的作用，不仅仅要依法、依证据裁判，还要依良知裁判；四是裁判不仅仅是裁判者的职业，也是裁判者安顿灵魂的生活方式，成为裁判者追求圆满人生的志业，要追问自己作出的每一个裁判是否会让灵魂不安。总之，得其意，忘其形。

第二章

民事诉讼法的精神

第一节　我国去精神化的民事诉讼研究现状

一、问题的提出：精神何以重要？

笔者提出民事诉讼法的发展应转进"得意忘形"的境界，乃是基于以下两种研究结论：一是资本主义工具理性成为现代人的牢笼，工具理性完成去魅化后，需要重新植入精神和价值理性纠偏；二是科学实证主义将神权从人的心灵中驱除出去，人的生活依赖科学而非上帝的精神，即科学实证主义消除了信念。但是20世纪下半叶却出现了"道德返场""精神回归"新运动，人们重提信念的重要性。

我国改革开放从1978年算起，至今（2017年）即将40年。40年来，我国资本主义、科学技术、法治建设取得了长足进步，但是社会出现的一些乱象（如腐败、自杀等）说明社会精神某种程度失衡。在价值系统尚未破坏的农村，农民还相信善恶因果报应，相信先祖的荫庇。在城市社会，传统的价值系统难以为继，人们的信念出现缺失，甚至有些人出现了信念混乱。行为越轨，社会失序，有相当部分因此而起。

民事诉讼以保护私权、维护社会秩序为目的，但是民事诉讼法自身日益依赖非人格化运作，陷入机械司法、形式裁判的困境中不能自拔。民事司法不但解决纠纷不力，有时竟成了纠纷的制造者。这其中原因就在于民事诉讼法精神的缺失，"得意忘形"的观念因此而提出。

二、我国民事诉讼去精神化研究的表征

第一，学习外国民事诉讼制度，忽视了对制度背后的法的精神学习。从理论背景看，我国民事诉讼理论来源不外乎两方面。一是学习德日，按照德日法的理论脉络来发展我国民事诉讼理论。如张卫平教授基本都是按照德日的理论体系和制度逻辑来展开民事诉讼研究。台湾地区民事诉讼理论则一直是我国大陆学界或明或暗的学习对象，如刘敏教授比较注意对台湾地区邱联恭教授民事诉讼理论的研究。二是学习英美，注重借鉴英美民事诉讼技术性规范和证据操作规则。如齐树洁教授所倡导的以诉权保障优先为核心的民事诉讼理论，具有很明显的衡平法背景。任何学科都有其知识传统，民事诉讼法学也不例外。新中国成立以来，我国民事诉讼法学传统受政治传统影响，起初是以苏联民事诉讼理论为背景，改革开放后，逐渐转向学习德日法和英美法。我国现行民事诉讼理论研究基本上是基于实用主义立场在德日法和英美法之间进行取舍，所呈现的感官就是我国民事诉讼理论体系并未真正建立起来，理论片段化、不严密，缺乏一以贯之的精神。如诉权理论一直被视为民事诉讼的重要内容，然而诉权理论和当事人理论、一二审程序的设计之间，缺乏应有的勾连，存在前后脱节的现象。

第二，民事诉讼研究缺乏精神、信念的追求，研究重心游移不定。从研究内容看，我国民事诉讼法学研究纷繁复杂，但大体可涵盖于以下三方面：一是民事诉讼基本理论和微观制度研究。前者如对诉权、既判力、当事人、证明责任等基本理论研究，后者如对管辖制度、保全制度、起诉制度、上诉制度、再审程序等研究。二是纠纷解决研究。伴随着官方和谐社会理念的倡导，民事诉讼学界兴起研究多元纠纷解决机制，学者们参与力度之大，人力涉及面之广，成果数量之多，可谓是民事诉讼研究史上之罕见。在过去十年，我国著名民事诉讼法学者几乎都参与了纠纷解决的研究，如李浩教授、齐树洁教授、范愉教授等都依托国家社科基金项目对多元纠纷解决理论进行了研究。三是民事司法改革的研究。自 20 世纪 80 年代以来，司法改革一直是我国学界的主流话语，民事诉讼法学者则从自身专业领域积极开展民事司法改革研究，至今方兴未艾。随着十八届四中全会确立依法治国方略和司法改革的再出发，民事诉讼研究又一次与时代结合起来，法官员额制、司法责任制

等改革举措成为民事诉讼研究的热点。从上述三方面的研究内容看，前一类研究体现了民事诉讼法学自主的发展，后两类则体现了民事诉讼法学研究不能置身于时代之外，民事诉讼法学研究内容和研究方向深受时代的塑造，但是像德国学者研究时"只对上帝负责"的独立精神则没有了。从现实来看，后两类研究恰恰打断了前一类研究自足发展的路径，民事诉讼理论自洽性发展受阻，造成民事诉讼基础理论根基不牢。

3. 民事诉讼研究方法同样存在精神、价值迷失的问题。从研究方法看，主要有两种。一是法的解释学研究方法。20 世纪 90 年代后，对民事诉讼法进行法律解释学研究成为民事诉讼法学研究的主流，该方法沿用至今未衰。如张卫平教授、李浩教授和青年学者肖建国教授都是民事诉讼法解释学研究执牛耳者。法解释学面临的问题就是价值前提沉浮不定，造成一人一是非、一制度一选择，相互折冲抵牾者并不少见。二是法的实证分析方法。法的实证分析方法是法解释学之后兴起的研究方法，曾一度成为"显学"。王亚新教授的《法律程序运作的实证分析》是该方面研究的重要成果。法的实证研究弥补了法的解释学研究实践面向不足的一面，但是其屈就于事实分析，而忽略了精神和价值判断做法，也存在明显的不足。

第二节　民事诉讼法的精神之要义

一、精神之界定

孙康宜在《我看美国精神》一书中通过一些个人经历、观感来谈美国精神，比如电影、交通事故致学生死亡事件、电视节目等。这些个别事件透出一个人、一个学校的人文精神，透出社会的包容与多元精神，以及存在的争议，等等。精神就是内含于人、社会、国家中，比如美国的牛仔精神，穿着牛仔服被视为该精神的标志。然而，一个来自西部的大学教授，即便西装革履，不穿牛仔服，不再有外在的标志，但是精神依然存在，那就是刻苦、不畏艰难、执着的精神。这就是"形"与"神"的关系，"形"是"神"的标志，但是移风易俗，"形"无、"神"还在。精神在某种程度上，就是对传统的坚持。然而，这势必与不断新出现的现象发生冲突。传统的坚持者认为，他所坚持的才是精神，即回到本原，但是新生代则不会理睬，"我们就是这样生活的，那些或许已过时了"，新旧派自然引发争议。当然，争议归争议，各自都可坚持已见，并不存在要打倒谁，这便是包容精神。总之，精神应从本原开始，又必须面对流变。精神有一定的主观性，但是不是乱流。精神到底是什么？笔者以为包含以下内容：一精神是信念；二精神是观念；三精神是信仰；四精神是思想；五精神是一种人格。

二、从制度到精神

从精神出发，就法律制度研究而言，应将精神与制度勾连起来。制度移植是容易的，但是却很少有人去关注制度的内核——精神。比如德国民事诉讼法成为我国民事诉讼学界学习的典范，但是我们对德国民事诉讼法的精神又了解多少，它的原始精神是什么，这部分的精神是否发生流变，等等。又比如我们对德国民事司法改革的内容介绍颇多，在没有深刻了解其改革背后的精神，就急匆匆呼吁借鉴其改革经验，又能有多少成效呢？更重要的，经过各种眼花缭乱的改革后，或许我们对自己的法、制度的精神都不了解。各种外在的借鉴，实质上受到本地精神的阻拦，从而导致改革效果不佳。因此，我们必须更加清醒，应该有新的思路和思维，那就是从制度到精神。第一步，了解他国法的精神。第二步理出我国法的精神，再找出精神转换的条件。比如德国民事诉讼法的原初精神就是个人自由主义，而我国大陆民事诉讼法则是国家主义，那么两者制度嫁接，几乎一开始就是对抗性的，移过来的只是形而无神，实践效果依然如旧。这个时候，或者更需要检讨我们固有法的精神的正当性，及其转换的可能性。

三、民事诉讼法的精神

（一）民事诉讼法精神的域外考察

考察外国民事诉讼法的精神，一般认为，德国民事诉讼法的精神就是自由主义。萨维尼在这部法制定之前就去世了，但是他的民族精神理念促进了统一化的民事诉讼法，至于民族精神理念是否对德国 1877 年民事诉讼法的内容产生重大影响，则难有肯定结论。因此说德国民事诉讼法是自由主义的基调，是毋庸置疑的。日本民事诉讼法是移植德国法而来，自由主义精神自然存在，但是结合日本战后发展现实，即从天皇主权向国民主权的转变，民事诉讼法进而得到大幅度翻修，因此日本民事诉讼法的精神是国民主权之理念。

我国台湾地区"民事诉讼法"是民国时期对德日民事诉讼法的借鉴，自然留存了德日两大法的精神。但有所不同的是，20 世纪 90 年代从威权社会进入自由民主社会后，台湾地区"民事诉讼法"进行了大幅度翻修。受战后思想影响，人性尊严或者说人性化为 20 世纪 90 年代后台湾地区"民事诉讼法"修改的主基调。因此，台湾地区"民事诉讼法"的精神是人性化或人性尊严。

（二）我国民事诉讼法的精神及其转换

1. 我国民事诉讼法的精神。就我国现行民事诉讼法的精神而言，笔者倾向认为，一是集权主义，二是权宜之计。一方面，在民事诉讼过程中，我们把太多权力集中到法官手上；另一方面，我们很多当时的立法规定，思考不够深入，为了应对实践的迫切需要而制定。后续颁布的各种司法解释，权宜之计占了一定比重。调解政策浮动就是例证。调解曾一度从法理上遭到清算，但是随着和谐社会的官方强势主导，调解人为地兴起了。调解的兴衰大体反映了我国调解政策的权宜之计的精神。是什么原因塑造了我们民事诉讼法的精神？这必须从中国近现代史说起，其中一条主线就是相互倾轧。辛亥革命，中国建立亚洲第一个共和国。然而当初革命口号是"驱除鞑虏，恢复中华"，这就是"排满"。在当时，可谓是"对外的倾轧"。民国建立后，军阀战争不断，政府天天换，依然还是倾轧。国民党政权定都南京后，国共斗争不断，这就是"对内的倾轧"。1949 年新中国成立，南京国民政府败退台湾，政权迁往台北。倾轧继续，只不过换了地方，以前是在大陆，现在是隔海。长期的倾轧、斗争的外部环境，造就了我国民事诉讼法走向集权主义和权宜之计。在今天和平时期，学者们试图修正这种带有前现代的民事诉讼法的精神，但是并没有取得根本转变。要实现民事诉讼法精神的根本转变，恐怕根子在于国家从前现代向现代转变，而这是不容易做到的。

2. 我国民事诉讼法精神的转换。结合德日和我国台湾地区民事诉讼法的精神，考虑到我国大陆民事诉讼法存在的现实，如果要为我国民事诉讼法植入精神的话，那就需要补课。所以笔者认为，我国民事诉讼法的精神应分三层次，一是程序自由，二是程序民主，三是程序人性化，三者应齐头并进。至于中国文化"天人合一"精神如何贯彻于民事诉讼法中，笔者以为可将其作为民事诉讼法法律人的职业精神或者职业伦理。

四、民事诉讼法律人的精神

（一）人文精神

关于法律人的精神，学术界认识不一，称谓上各不相同。有的称之为人文主义，有的称之为人文精神，有的称之为人文主义精神。就法学而言，就有人文主义法学、法律的人文主义精神等称谓。人文主义内涵界定，多指 16 世纪的文艺复兴时期的概念，即彰显人的价值，"人是万物的尺度""人是万物之灵""人是理性的动物"，等等，这些大体反映了那个时代的主题，将人从神权中解放出来。随着人文主义法学研究进一步发展，后来者在文艺复兴"人文主义"概念的基础上，即在人的主体性上增加了现代法治文明的一些内容，如人权、人性尊严等。杜宴林的研究是这方面的代表。[1] 这种研究给人的感觉，就是一锅煮，将西方历史进程中不同时期的观念一股脑儿放在中国法学研究中，力求"自成体系，自圆其说"。这也是中国遭遇西方后所形成的法学研究现实。西方不同观念，犹如七彩光，从不停旋转的霓虹灯打在中国的地面上，看似迷人，实则凌乱。西方不同时期的观念，都是人应对不同历史背景所作的反应，有它自身的逻辑。所以西方特别注重学术传统的梳理，历史性特别重要。我们则是从西方历史中硬生生地横截过来，叠成三明治，硬生生地吞下去。

人文主义是 16 世纪的西方观念，人文精神则是 20 世纪 60 年代后的西方观念，二者根本不可等同视之。人文主义强调"人"，张扬理性；人文精神强调"精神"，安顿心灵。前者来自于神权对抗关系，从中产生；后者来自于科学主义、工具理性对抗关系中，从中产生。人文主义"发现人"，人文精神解决"精神虚无"问题，"挺立人"。中国当前问题，一方面人要从国家主义模式中"发现人"，另一方面要从物质主义、工具理性中找到人的意义，即"挺立人"。学者没有看清两个问题的界限，所以出现了理性和心灵的错置，以为人文精神就是人文主义。更确切地说，人文主义法学并无人文精神内容。张汝伦教授将人文精神限于人文，而且限于历史性和社会性，消除了精神，可

---

[1] 杜宴林："现代法律人文精神论要"，载《光明日报》2006 年 6 月 5 日。

能是不恰当的。[1]杜维明提出精神性人文主义，强调精神的意义，也未尝不可。[2]只有强调精神，中国传统文化才能有所贡献，儒学才能找到其意义。如"天人合一"的观念，不管中西，都在倡导。

邓晓芒在《当代人文精神的现状及其出路》中非常直接地指出了人文精神指"精神"层面的内容，而且侧重于人的精神。[3]冯天瑜在《略论中西人文精神》中非常准确地对西方人文主义进行了界定，"西方的'人文主义'，与中世纪的'神文主义'相对应，在人与上帝、人与自然的关系中，高扬人的意义，尤其强调个人价值"。[4]显然，人文主义不同于人文精神。人文主义法学强调法应尊重人的价值，是对法的要求。人文精神，强调人应精神不坠，是对人的要求。杜宴林、汪太贤、刘国利、吕世伦等基本都是强调前者。[5]

本书要研究的人文精神，专指精神层面内容，即人的精神，具体表现为法律人或法律人才的精神。法律乃世俗的事业，法律人掌握了解决世俗事业的专业知识和专业技能，但是法律人不是冰冷的、冷漠的、没有温情的；法律人也不是奉工具理性为事业的一切，还应保持价值理性。法律人应当超越世俗的事业，有自己的精神追求，维系精神不坠。法律人应有自己的精神空间，不为流行风尚、权力意志所动。这种精神，既可表现为康德的自由意志，也可表现为爱因斯坦对宇宙秩序所持的宗教般"信念"，也可以是中国知识分子"士"的风骨，如陈寅恪所言"自由之思想，独立之精神"。民事诉讼法律人应有自己的人文精神，重温"自由之思想，独立之精神""天人合一"之理念是必要的。

（二）民事诉讼思维转换

思维深层次支配着研究，理论转换的前提依赖思维转换。在民事诉讼研究中，所主导的思维是对立思维。如张卫平教授所主张的当事人主义和职权主义，就是对立的存在。还有民事诉讼法教材中长期奉行的观点，就是诉权

---

〔1〕　张汝伦："再论人文精神"，载《探索与争鸣》2006年第5期。

〔2〕　杜维明："建构精神性人文主义——从克己复礼为仁的现代解读出发"，载《探索与争鸣》2014年第2期。

〔3〕　邓晓芒："当代人文精神的现状及其出路"，载《开放时代》1997年第2期。

〔4〕　冯天瑜："略论中西人文精神"，载《中国社会科学》1997年第1期。

〔5〕　汪太贤："论中国法治的人文基础重构"，载《中国法学》2001年第4期。刘国利、吴摘飞："人文主义法学引论"，载《中国法学》2004年第6期。吕世伦、程波："近代法理念的萌动——西方人文主义法律思潮探析"，载《求是学刊》2007年第6期。

和审判权关系，也是对立体。由于对立思维的惯性使然，似乎总是从一端滑向另一端，如学者们所主张的从职权主义过渡到当事人主义、诉权保障优先等。而对于法院、对于执政者、对于手握权柄者，可能又更多地紧抓手中权力不放或者推卸责任。我国民事诉讼至今走不出这种对立思维，民事诉讼改革也就走不出跷跷板的效应，不是这头低、就是那头低，平衡是很困难的。

美国的对抗制之所以迅速被我国刑事诉讼所接纳，恐也与对立的思维有关。在我看来，英美刑事诉讼也是以保障人的自由、权利为依归，对抗制只是作为技术而存在，而不是思想根源。我国引进对抗制，可能学了其表皮，却将其作为我们刑事诉讼之本，这实在是本用倒置。民事诉讼双方当事人对抗，其实也是当事人行使自由权利的外观，而不是诉讼的核心。

稍微翻一翻德国学者的教材、日本学者的教材甚至我国台湾地区学者的教材，几乎都很难看到对立的思维普遍存在。而诉权和审判权的平衡成为我国大陆学者的学术主基调。笔者以为，德日学者或台湾地区学者的学术传统，肯定不是对立思维，我国传统文化里也不是对立思维，而是天人合一。那么我国民事诉讼法学研究到底应秉持什么思维呢？那就是民意思维，即自由民主再加上人性尊严（即人性化）。民事诉讼应尊重当事人的意志自由，尊重当事人的自我选择，尊重当事人人格，等等。法院也是服务于这一前提的，当然法官也应最大程度的被尊重意志自由、人格被尊重，等等。

第三节 民事诉讼法精神研究的意义、思路和目标

一、民事诉讼法精神研究的意义

民事诉讼法精神研究的意义表现在以下几方面：第一，建立自由主义民事诉讼。在德国，民事诉讼法在理论上的形态有自由主义民事诉讼和社会民事诉讼的区分。在我国台湾地区，"民事诉讼法"可分为威权社会"民事诉讼法"和自由民主社会"民事诉讼法"。我国大陆民事诉讼法从苏联民事诉讼理论阴影逐渐走出来，后学习德日民事诉讼法和英美民事诉讼法，至今尚未形成民事诉讼法发展的基调。民事诉讼法的精神研究就是致力于建立我国民事诉讼法和民事诉讼理论的基调，即自由主义民事诉讼。第二，探索建立民事诉讼理论新基础。诉权和审判权动态平衡论是我国民事诉讼理论旧基础。我

们创新地提出民事诉讼法的精神，即程序自由、程序民主和程序人性化，以重构民事诉讼理论基础。第三，为民事司法文明未来发展确立方向。程序自由、程序民主和程序人性化既是民事诉讼法的精神，也是民事司法文明发展的方向性支点。民事诉讼法学应在去政治化的基础上，为建立温暖而人性的民事司法而努力。

民事诉讼法的精神也有它的实际运用价值，表现在以下几方面：第一，就民事诉讼立法而言，推动民事诉讼法的修改和完善。我国民事诉讼法经历了 2007 年和 2012 年两次修改，两次修改都非有计划的修改，而是应社会现实而作的局部调整，其不同只是小改和中改差别。两次修改都有所进步，但进步的空间不大，其中原因为我国民事诉讼法修改并没有经过长时期的讨论，也没有系统的理论作指导。民事诉讼法的精神能够引导民事诉讼理论研究，建立系统的民事诉讼理论，从而推动民事诉讼法转型。第二，就民事司法而言，就是推动建立温暖而人性的司法环境。我国民事司法文明的目标应分三阶段，一是消除司法中恣意的情况，改革蛮横司法和专制司法；二是实现司法非人格化运作，排除司法干预和人情司法，以实现韦伯式的形式理性；三是迈向司法运作的最高境界——"得意忘形"，民事诉讼运作在坚持非人格化的基础上，融入人性化要求，即对人性尊严的尊重。第三，规范最高人民法院的司法解释。最高人民法院于 2015 年制定了最新最完整的关于适用民事诉讼法的解释，该解释较之民事诉讼法有较大进步，但也存在抵牾甚至违法嫌疑。这其中原因在于制定者从自身利益出发，而忽视了民事诉讼法的精神的贯彻。程序自由、程序民主和程序人性化是民事诉讼法的精神，也是民事司法文明的支点，是指导、规范、批判法院单独制定司法解释的理论工具。

二、民事诉讼法精神研究的思路和目标

（一）民事诉讼法精神研究的思路

首先，追根溯源，以求正本清源。民事诉讼法的精神研究从起源上分析法国、德国、英国等国民事诉讼法的发展的起点，尤其注重考察各国民事诉讼法制定时的时代精神、时代背景，同时也不忽略对法、德、英等国民事诉讼法制定后所经历的历次修正及其修正原因的探讨。这种追根探源式的分析，目的在于了解法、德、英等国民事诉讼法制定时的历史基础、社会基础和思

想基础，从而厘清民事诉讼法发展的一些迷雾。其次，在正本清源的基础上，归纳总结民事诉讼法的精神，即程序自由、程序民主、程序人性化。再次，结合民事诉讼法的精神，对我国既有的民事诉讼上的学术概念、理论模型、学说观点进行批判、质疑，从而形成阐释我国民事诉讼法的新观点、新见解乃至新的理论模型。最后，根据这些新观点、新见解或新理论模型，对我国既有民事诉讼若干重要制度进行尝试性重构，以获得民事诉讼法新发展。

（二）民事诉讼法精神研究的目标

我国民事诉讼法研究缺乏独立性，或受限于政治环境（如和谐社会理念导致多元纠纷解决研究的兴起），或受限于司法实务部门的司法政策（如最高人民法院制定的司法解释严重制约了民事诉讼研究方向和研究内容），由此导致民事诉讼法和民事诉讼理论呈现片段化、碎片化现象。民事诉讼法修改始终走不出"头痛医头脚痛医脚"的困境。民事诉讼法的精神研究的目标：第一，就是为民事诉讼法探寻一个一以贯之的民事诉讼法的精神，以求得对民事诉讼主要的、重要的制度之通透理解，进而对我国民事诉讼制度进行修补、删改。第二，民事诉讼法的精神研究也希望能推动民事诉讼理论基础的转换。如民事诉讼模式论或民事诉讼构造论为我国学界理解民事诉讼的黄金钥匙，然而，其在学者间也产生了偏重诉权或偏重审判权的分歧，由此而导致的民事诉讼制度在方向上呈南辕北辙的后果。如何从最本质上把握民事诉讼法、民事诉讼理论的精神，就成为民事诉讼法的精神研究的根本目标。一旦把握了民事诉讼法、民事诉讼理论的精神，必将推动民事诉讼理论基础的转换。必须指出，民事诉讼法的精神研究所要建立的民事诉讼，其基调为自由主义民事诉讼。第三，重建民事诉讼法律人的传统。我国民事诉讼法律人随着第一代、第二代老去，第三代间观念存在分歧，民事诉讼法律人传统需要厘清。法律是世俗的事业，法律人判定是非、解决纠纷，从事世俗的职业。民事诉讼法律人的精神，就是要超越世俗的职业，有自己的精神追求，能够从非人格化的法律操作到"得意忘形"的新境界。第四，他山之石之借鉴。学习外国成熟经验，以完善我国民事诉讼制度，一直是我国民事诉讼法学发展的基本路径。在以往的学习中，所存在的偏差有二：一是注重制度学习，忽略了制度背后的精神学习，结果就是制度轻易移进来，却达不到他国制度的效果，其重要原因之一就是没有掌握制度的精神。因此加强制度之精神、理念学习应是制度借鉴的关键。在制度借鉴中，另一方面问题，就是怎么对待德日法和英美法？这或许能从台湾地区民事诉讼发展历史中获得一些经验。过去 60 多年间，台湾地区民事诉讼法学发展是持续、不间断的，其理论形态从实务运用型转变为本土创造型，再到后修法时代民事诉讼理论，整个过程是和缓的，经由学术积累以及实务呼应而来。[1] 相较而言，60 多年间，大陆民事诉讼法学发展受到革命、运动等历史事件的打断，前 30 年民事诉讼法学几无收获，呈空白状态。将民事诉讼法学成长所需要的漫长历史压缩在后 30 余年走完，学界生产的注释法学、理论法学、实践法学基本上都是在后 30 年完成。[2] 由于缺乏历史积淀和学术积累，大陆民事诉讼法学根基不牢固，其发展漂浮不定，极易受到西方新理论的冲击。德日民事诉讼法学强调学术严谨性，英美民事诉讼法学强调实用性，台湾地区民事诉讼法学整体上维系了德日严谨的学术传统，而大陆民事诉讼法学在德日传统和英美传统之间游移不定。从其理论法学所包含的内容看，如民事诉讼目的、既判力、诉权等，似乎更加强调德日学术传统，而从实践法学所包含的内容看，发展多元化纠纷解决机制，更加注重实用性，似乎更接近英美学术传统。大陆民事诉讼法学这种无根性的游移不定，一定程度说明该学科的"幼稚性"，面对接踵而来的西方民事诉讼理论，应接不暇，完全丧失了批判力，进而难以养成民事诉讼法学学术自主性。当务之急，笔者以为，从外部而言，大陆民事诉讼法学发展应以德日民事诉讼传统为主轴，兼采英美民事诉讼的一些因素，具体做法如应派更多的留学生赴德日研习民事诉讼法，派立法机构、司法机构官员赴英美学习实用的诉讼制度。

---

〔1〕　熊云辉：《民事诉讼法修正研究——以我国台湾地区"民事诉讼法"修改为中心》，中国政法大学出版社 2017 年版，第 87~110 页。

〔2〕　齐树洁、熊云辉："中国民事诉讼法学成长的启示——以知识社会学为视角的分析"，载《现代法学》2012 年第 2 期。

第三章

域外民事诉讼制度生成考

第一节　法国民事诉讼制度生成考

一、法国简史

（一）法兰西王国建立前（古代到公元 987 年卡佩王朝建立）

根据图 3-1 可知，公元 395 年罗马帝国分为东罗马和西罗马，公元 476 年西罗马帝国灭亡，法兰克人入侵，克洛维斯建立法兰克王国，由于是墨洛温家族建立，史称墨洛温王朝。公元 751 年，法兰克王国宫相矮子丕平当选国王，建立的王朝史称卡洛林王朝。后来，法兰克王国作为国王的遗产被一分为三给其三个儿子，秃头查理分得西法兰克王国。经历数代，直到卡佩王朝建立，法兰西王国成立，法国走向封建君主时代。之前的法兰克王国，虽然称"王国"，实际上是一个家族而已，或者其他家族拥戴其首领为王，君权神授赋予其合法性。

（二）封建君主专制时代（卡佩王朝到 1790 年法国大革命）

从公元 987 年到 1302 年，法兰西封建国家建立。从 1302 年到 1790 年为君主专制时期，又称旧制度时代。

1. 等级君主制时期（1302~1515 年）

菲利普四世时期，王室会议分离出高等法院和审计院，高等法院负责审理来自外省的上诉案件，高等法院又分成大法院、调查院、审理诉状院、成文法听取院。财务与司法从混合走向分离，在英国司法史也可见。1307 年成立巴黎高等法院，成为常设机构，每年有固定会期。菲利普六世于 1344 年承

东罗马
罗马帝国　　西罗马（476 年灭亡）　　法兰克王国　　　　　　　东法兰克王国
墨洛温王朝（481~751）：克洛维斯建立
卡洛林王朝（751~987）：丕平建立　　　　中法兰克王国
查理
秃头查理　　　　　　西法兰克王国
………
路易五世
卡佩王朝（987~1328）：卡佩建立　　　　　　法兰西王国
路易六世（1108~1137）
路易七世（1137~1180）
菲利普二世（1180~1223）
路易八世（1223~1226）
路易九世（1226~1270）▲
菲利普三世（1270~1285）　　直系
菲利普四世（1285~1314）
路易十世（1314~1316）
菲利普五世（1316~1322）
查理四世（1322~1328）

菲利普六世（1328~1350）　　瓦卢瓦支系（1328~1589）
让二世（1350~1364）
查理五世（1364~1380）
查理六世（1380~1422）
查理七世（1422~1461）
路易十一世（1461~1483）
查理八世（1483~1498）
路易十二世（1498~1515）

弗朗索瓦一世（1515~1547）
亨利二世（1547~1559）
弗朗索瓦二世（1559~1560）
查理九世（1560~1574）
亨利三世（1574~1589）

亨利四世（1589~1610）　　波旁支系（1589~1792）
路易十三（1610~1643）
路易十四（1643~1715）太阳王
路易十五（1715~1774）
路易十六（1774~1792）

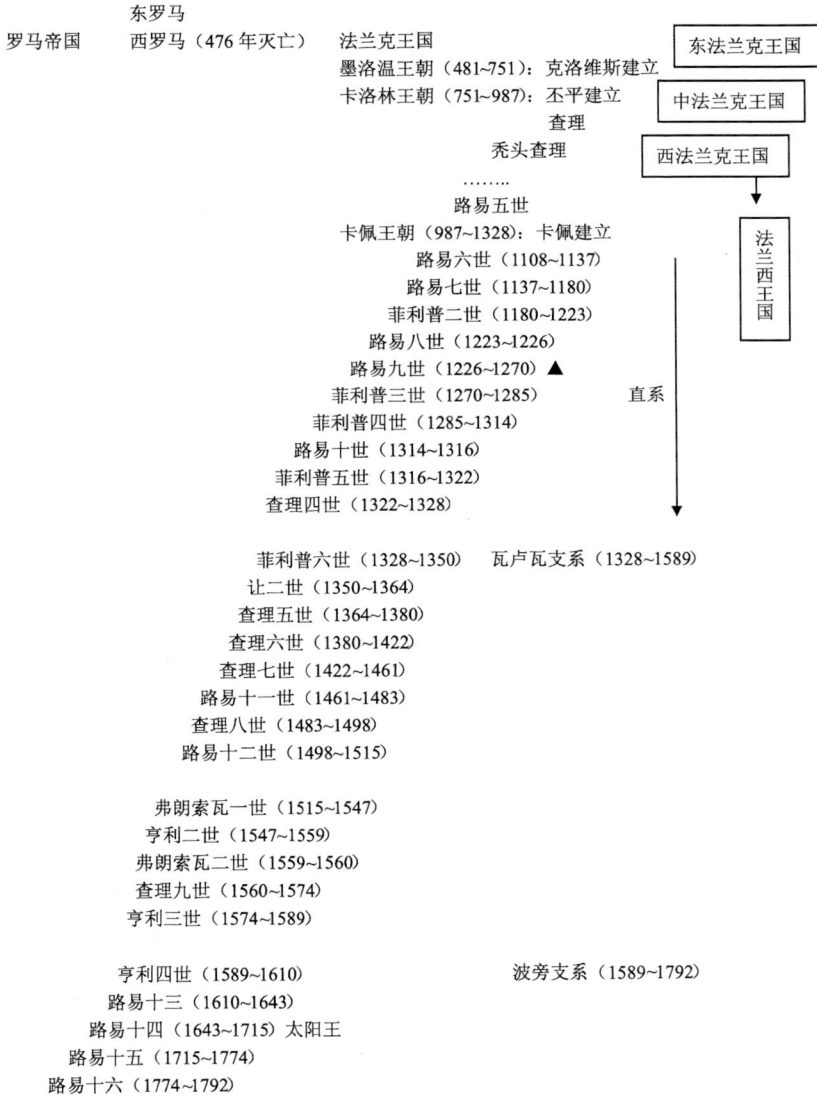

图 3-1　法国封建王朝历代君主

认高等法院拥有"谏诤权"，次年巴黎高等法院人员固定不变。1497 年，查理八世敕令规定司法的克制性。1498 年，路易十二世敕令改善司法。在路易十二世任国王期间，1501 年建立普罗旺斯高等法院。

15 世纪之前，法国只有一个高等法院，即巴黎高等法院。15 世纪中期，外省先后建立一系列高等法院，如普瓦蒂埃高等法院（1418 年）、图卢兹高等法院（1443 年）、格勒诺布尔高等法院（1453 年）、波尔多高等法院（1466 年）、布尔戈尼高等法院（1477 年）、普罗旺斯高等法院（1501 年）、卢昂高等法院（1515 年）。其原因就是王室领地扩大，王室会议的权限不断增多，法律事务增多且程序变得复杂。长期以来，巴黎高等法院居于主导地位，自恃老大，视其他高等法院为其分院，直到 18 世纪高等法院之间才地位平等。它们都是自主作出决定，撰写规则，登记国王文件且有权谏诤。在高等法院与王权之间，王权起主导作用，它决定了高等法院的产生、建立、安置地点、会期、有无谏诤权、是否确认它的规则等。

三级会议始于 1302 年首次召开，终于 1789 年最后一次召开。三级会议之前存在类似的会议，如民众大会。卡佩就是由民众大会选举为国王。就约束王权而言，以 1484 年为界，之前的三级会议主要为咨询性质，之后为代议性质。

这一阶段，法国历史主要有以下三大特点：第一，君权神授。国王的合法性来自神权。第二，王权与三级会议对抗教皇。国王力图自证其治下的世俗社会合法性，希望摆脱教皇的控制。第三，国王控制高等法院，高等法院拥有谏诤权。

2. 绝对君主制时期（1515～1700 年）

1527 年，在御临高等法院时，弗朗索瓦一世曾经郑重声明国王对于高等法院的权威。1539 年，国王改组司法，规定必须使用法语，法语因此成为全国统一司法语言。亨利二世时期，国王对司法机制进行改革，规定大法院专门审理与特权阶级相关的案件，高等法院负责审理一切刑事案件与比较重要的民事案件，初级法院分工审判普通民事案件。亨利三世时期，1587 年颁布了《亨利三世法典》，即将全部敕令汇编成册，便于查找和运用，以固君权。1562 年，宗教战争爆发。国王派人杀死天主教首领，后自己遇刺身亡。亨利四世时期，1598 年颁布"南特敕令"，承认天主教为国教，保证新教信仰自由，结束宗教战争。

路易十三时期，三级会议不受重视，外省三级会议甚至被取消。高等法院则继续存在和运转，但活动范围不许扩大，且不能干预朝政。1630 年路易十三参加"三十年战争"。路易十四，被称太阳王，1655 年御临高等法院时，曾宣布:"朕即国家。"他认为,"国王是绝对的主人""法出于我",这表明他拥有绝对权力。王室会议有四个专门委员会,即最高会议、文件收发委员会、王室财政委员会、秘密委员会,秘密委员会从事立法、司法方面的工作,相当于现今的最高法院,它的决议相当于法律,它还为国王准备诏书和敕令。路易十四时期进行了系统立法,法律由路易十四以敕令形式颁布,如1667年颁布民事诉讼法敕令,又称"路易法典",1670年颁布刑事诉讼法敕令。他宣布教士会议必须由国王安排,法国主教由国王任命。1682年,教士会议公布"四项声明",规定教皇和教会不得干预世俗事务,后者应由国君处理。罗马教廷愤怒谴责,但属于路易十四的军队包围,教皇被迫同意上述声明。

这一阶段,法国历史的特点为:第一,在王权和神权争夺中,王权胜出,取得世俗社会的统治权。第二,司法为王权的一部分,服务于王权,"朕即国家"深刻说明了这点。第三,在王权推动下,民事诉讼立法取得大发展,标志为民事诉讼程序敕令的颁布。

3. 绝对君主制衰微时期(1700~1789年)

路易十五年幼继位,路易十四死前留下遗嘱:建立摄政会议,奥尔良公爵菲利普为主席,其他成员包括若干亲王。奥尔良不愿受亲王们约束,与巴黎高等法院作交易,高等法院出面改变遗嘱,奥尔良允诺给其"谏诤权"。1715年9月2日,高等法院宣布废除遗嘱,12日奥尔良获得全部权力,15日敕令给予巴黎高等法院"谏诤权"。1718年,又以高等法院企图瓜分最高权力为由,限制了高等法院"谏诤权"。路易十五成年后,取得王权。为了增加国王收入,路易十五增加新税。雷恩、巴黎两地的高等法院反对新税,苏瓦瑟尔逮捕了雷恩总检察官,此举引起全国高等法院法官辞职,1770年路易十五被迫将苏瓦瑟尔革职。

路易十五时期,国王与高等法院的君臣服从关系出现了松动。国王压制高等法院,高等法院与王权进行多次较量。高等法院以"注册权"和"谏诤权"约束王权。前者对君主的敕令进行表决、讨论和登记,从而使之生效,后者对君主的政策提出告诫甚至指责,注册权的使用远远多于谏诤权。王权对付高等法院的手段主要就是御临高等法院,即君主亲自来到高等法院,强迫法官们立即登记有关敕令。君主还会采取极端办法,如下令解散高等法院与将法官们解职或逮捕。1753年,巴黎高等法院公布"谏诤书",宣布"当君主的权威与他所服务的利益发生冲突时,高等法院尊重后者",君主与臣民由"一种契约"联系,"君主幽闭宫中,不明宫外事",高等法院必须如实禀报,它应该成为全国的代表机关。路易十五对此谏净予以拒绝,并将高等法院驱逐到蓬图瓦茨以示惩罚,此事件引起较大影响。高等法院与保守的贵族共同反对改革,高等法院成为政府的一种障碍,他们联合起来反抗王权,终于成为"一种政治祸害"。如高等法院反对新税,不愿意为新税敕令登记。路易十五曾考虑取消巴黎高等法院。1766年,他御临巴黎高等法院,训斥法官们。[1]大臣莫普颁布"规章和纪律敕令",重申司法权力来自君主,要求高等法院绝对效忠国王。高等法院拒绝了该敕令,国王亲临强迫登记,法官们则罢工。后高等法院被改组,法官被撤职。

进入路易十六时期,1787年到1788年两年间,王权与法院的较量达到高潮。1787年,有关取消酷刑、征收印花税的两项命令被高等法院拒绝登记,路易十六御临巴黎高等法院,迫使其登记,不过登记后又被法院撤销。国王怒之,放逐法官。1788年,高等法院发布宣言谴责专制,要求法治,表示抗拒征税。他们认为"法兰西王国的原则是征税应征得纳税人的同意","法国为君主依法统治的国家"。路易十六御临高等法院,强行注册6项敕令,以保证司法改革的进行。此项改革旨在建立"全能法院",以取代高等法院的注册和谏净职能。全能法院由巴黎高等法院的大法庭、公爵及若干重臣组成,以后民事刑事案件归大司法区处理,各地共有大司法区47个。高等法院还原到初期水平,即取消了它对立法和财政的控制权。高等法院起来反对上述做法,也反对正在进行的三级会议增加名额的改革。但是召开三级会议则是各路共同的声音,贵族要求言论思想自由,教士要求参与权,第三等级要求平等权,所采用的方式就是递交陈情书。

这一时期,法国历史的特点为:第一,王权至高无上,教权置于其下。第二,权力世俗化后,司法权服务于王权,法院以国王的名义行使权力。第三,司法权在与王权的抗争中,逐渐成为保守的力量。第四,国王和高等法院是发展民事诉讼敕令的重要力量。

(三)现代民主宪政时代(法国大革命至今)

1. 君主立宪时期(1789~1792年)

1789年,三级会议召开,一个多月后被改名为国民议会,不到一个月后

---

〔1〕 郭华榕:《法国政治制度史》,人民出版社2005年版,第53页。

又被改为制宪议会。此时期，取消旧制度，如高等法院，取消习惯法区和罗马法区的界限，制定《人权与公民权宣言》。废除了旧法院系统，建立了新法院机制。实施新的司法原则，司法机构以国民的名义行使权力，它应该独立于国王、议会、政府之外，实行法律面前平等、法官选举、公开审判、陪审制度、律师协助等制度。先后成立国家一级法庭，即大理院和全国特别高等法院。前者受理违反法律和司法程序的案件和上诉案件，后者审理高级官吏犯罪的案件。两院都受议会约束。司法权不能完全对抗行政权，立法权则在二者之上。最基层的司法组织为调解法庭，上一级为县法庭，县法庭接受调解法庭的上诉，县法庭之间互相上诉。1791 年法国通过宪法。

2. 共和制时期（1792~1799 年）

第一，法国走向激进共和制。制宪会议闭幕，立法议会开始工作。因为法国采取了君主立宪制，欧洲君主们一同抑制法国革命。外患导致法国政治趋于激进。1792 年，第一共和国建立。立法议会通过决议，规定出生、婚姻、死亡的登记事宜由教会改为市镇政府办理。这是政教分离的第一步。同时，立法议会结束，国民公会开始运作，止于 1795 年。国王路易十六被捕入狱，国民公会审判国王，判处路易十六死刑。1793 年，国王命丧断头台，吉伦特派掌权。此时激进已显现，立法权兼有司法权，与分权理念不符。1793 年再制定宪法，由人权宣言和正文组成，规定整个共和国实行统一的民事与刑事法律的法典。司法事务分别由民事法庭和刑事法庭办理，全国设立一个大理院。人民委托选举会议选举行政官员、仲裁人、刑事法官、大理院法官。民庭和刑庭分工明确，大理院对明显的对法律程序的破坏与违背行为作出裁决。对民事案件，公民有权选择公共仲裁人，也拥有抗议权。调解和审判免费，审判公开，治安法官由公民选举产生。在实际政治运作中，派别斗争严重，司法机构走向集权化。正常的司法权力日益削弱和超常的司法权力不断加强，如成立特别法庭、革命法庭。革命法庭判决，立即执行，不得上诉。如刺杀马拉的科尔代就是交由革命法庭审判。后来特别法庭、革命法庭、特别高等法院也被取消。第一共和国走向山岳派专政（雅各宾派）后，人人自危，滥用暴力，流血事件不断，甚至喊出"共和国不需要科学家"。随着罗伯斯庇尔等未经审判死于断头台，山岳派恐怖专政结束了，时间是 1794 年，史称"热月政变"。

第二，法国于 1795 年重新制定宪法。议会改称立法团，由元老院和五百人院组成。宪法规定，司法机构依法行使权力，法官应如实执行法律，不准干预立法。确立回避原则，法庭审讯公开，全国设立一个大理院，特别高等法院根据立法提出对其成员和督政府成员控告，进行审判。司法独立，权力分立，成为原则。热月政权温和，王党复辟抬头。1795 年，路易十七死于狱中，路易十八发表宣言，要求恢复等级、高等法院、教会的特权，惩办弑君者，重建波旁王朝。法国于 1799 年再行制定宪法，重申"法兰西共和国统一和不可分割"。对民事案件，设立一审法庭和上诉法庭。全国设立一个大理院，处理有关上诉和撤销原判的事宜，法官终生任职。

3. 帝制与共和制的交替时期（1799～1958 年）

1799 年，拿破仑发动雾月政变，这也与外患有关。为保证第一执政权力，使权力集中，法国走向帝国成为可能。1802 年，公民投票决定拿破仑终身执政。1804 年，元老院组织法规定，现任共和国第一执政人拿破仑为法国人皇帝。拿破仑举行加冕典礼，建立第一帝国。1804 年公布民法典，1806 年公布民事诉讼法典，1808 年制定刑事诉讼法典。1791 年宪法就规定"应编制一部法典，以便适用于全国"。不过，一直以来法兰西大体分两部分，南部为成文法即古罗马查士丁尼法典，北方为习惯法，主要是 1580 年的巴黎习惯和 1585 年的奥里昂习惯。统一法典开启制度化管理。1815 年颁布《帝国宪法补充法令》，确立议会分贵族院和代表院两院制，皇帝与议会两院共同行使立法权。法官由皇帝任命，终身任职。帝国特别高等法院和最高法院依旧保留。拿破仑民意支持居高不下，滑铁卢一役，反法联军侵入法国，拿破仑放弃帝位。

元老院和立法团通过法令号召路易十八回国继位，路易十八也得到反法联军支持。此人在 1814 年公布了一部宪章，确立了"一切权力皆由国王一人掌握"，法律面前一律平等，国王人身神圣不可侵犯等原则。议会由贵族院和众议院组成。议会在王权之下，两院和国王一同拥有立法权。司法权来自国王，司法以国王的名义进行审判，法官由国王任命，终身任职。路易十八掌权后，实行白色恐怖和有限君主专制，如解散议会，打击拿破仑支持者等。1824 年，路易十八去世，查理十世即位。1830 年君主专制被推翻，贵族阶级从此不再掌权。

法国再次采用君主立宪制（1830～1848 年），史称奥尔良王朝。对 1814 年宪章修改，形成 1830 年宪章，确立君权不再神授，国王由议会任命。路易-菲利普一世为国王时，司法体制不变。宴会运动导致 1848 年临时政府成立，第二共和国诞生（1848~1851年）。第二共和国实行总统制。1848年制定宪章，同年路易·波拿巴当选总统，不过立法议会领导共和制最长。1852年，选民表决同意恢复帝制，第二帝国成立。路易·波拿巴为拿破仑三世。直至1870年，法军对德战争失败，巴黎人宣布成立第三共和国。第三共和国制定了1875年宪法，规定政府的共和国形式不得成为宪法修改案的对象，规定旧王族成员不得当选为共和国总统。该共和国下，限制君主派，曾经统治法国的家族成员不准选入众议院，不得担任公职，并增加了总理一职。此后，法国的权力体制基本稳定。1900年，党派政治开始形成。1940年，法西斯德国占领法国，第三共和国覆灭。1946年，第四共和国诞生。1958年，第五共和国诞生。

（四）小结

从法国发展简史，可以得出以下结论：

（1）从神权走向君权。1148~1150年，法国出现王权概念。12世纪末叶，王权明显加强，尚未达到足够强大的程度。13世纪末期，王权相当强大，菲利普四世是代表。

（2）从君权走向民权（共和）。[1]1789年，君权衰微，共和开始。此后，君权和共和不断循环往复出现在历史中，如出现第一帝国、第二帝国，君主专制再现，等等。几番沉浮，君权最终彻底走进历史。共和也是不断试错的过程，先后出现五个共和国。共和也出现过歧路，走向极权专制，如雅各宾派专制。不过，帝国兴起，共和再造，甚至极权专制，都是民意结果。从历史中可以看出，历史是有惯性的。法国历史发展除了内在力量推动外，还有外在压力，反法的欧洲诸国深深影响了法国的历史走向，如王族逃亡海外，在反法联军支持下，重返法国政坛。

（3）法国走向统一是一贯的。封建时期，诸侯共处。随着君主制建立，法国走向了家族式的王国，世代不易。到了共和国，统一和不可分割成为历次宪法所宣扬的精神。所以在法国，地方采用了行省制，而不同于德国的联

---

〔1〕法国学者的三阶段论：第一阶段从克洛维一世在高卢建立法兰克王国开始到公元987年于格·卡佩革命；第二阶段从公元987年开始到查理七世（1422~1461年）统治下的封建时代结束；第三阶段君主专制时代，从1461年到1789年大革命结束。这意味着从1789年大革命开始到现在为民主共和时代，这可为第四阶段。参见［法］艾涅斯特·格拉松：《法国民事诉讼程序的起源》，巢志雄译，北京大学出版社2013年版，第161页。

邦制。

（4）自由民主几次与帝制结合。帝制传统深厚，自由民主产生了欧洲第一个共和国，两者间在特定历史时刻，走到了一起，如第一帝国、第二帝国。拿破仑帝国却颁布了代表资本主义最高法治水平的法典。由于反复的流血牺牲，路易十六被推上断头台，开启了暴力革命。法国共和之路，十分崎岖。直到 19 世纪末期，贵族走进历史，王族不再染指权力，共和才彻底上路。这叫尾大不掉。"朕即国家"曾经不受质疑，人民主权也是缓慢实现的。大革命后，法国出现两个帝国和五个共和国，拿破仑创立第一帝国，拿破仑三世创立第二帝国。随着 1870 年法德战争失败，拿破仑三世在流亡英国的路上去世，法国建立第三共和国。从此，法国从君主社会走向共和社会。

（5）神权之下，司法难以独立，君权之下，司法为王权所控制（司法是君权的一部分），即便共和之下，司法也曾被取消。三权不分，教权和世俗权力不分，在共和之下，不是偶然现象，如对路易十六的审判，就是议会作出，这是立法权和司法权合一。国王裁判某人死刑，是行政权和司法权不分。国王颁布法令，就是政府和立法权不分。这些权力不分的现象在现代看来是不可理喻的，而在特定历史时期，则是不可置疑的。

（6）民事诉讼法发展史或许能从国家史中获得理解。1667 年民事诉讼救令与国王有关系，国王的救令经过高等法院登记，才生效力，成为"王"法。如果高等法院拒绝登记，则司法与国王的关系僵局。打破僵局，既有国王妥协之处，也有高等法院妥协之处。这对理解法国民事诉讼起源是有帮助的。正是救令的登记，形成了丰富的法律文档，为后来在自由民主理念和强权统治下制定法典打下坚实基础。只有强权，没有文档和法律档案积累，是不能成就法国闻名于世的法典的，包括民事诉讼法典。法官对国王救令登记，也造就了法官职业专业化和技术化，为法典积累了经验。

二、法国民事诉讼法的历史

关于法国民事诉讼法的起源，一般认为法国民事诉讼法来源于罗马教会法、法兰克习惯法，其中罗马法成为皇帝制定救令的蓝本。特别值得一提的是，从教会法中产生了法律证据制度，该制度采用调查程序代替了封建时代的司法决斗，从而促进书面程序的发展，书面程序从此与继承法兰克和封建时代的控辩式、对抗式口头程序并存。在民事诉讼法发展过程中，君权发挥着重要作用，因为司法权是君权的一部分。从这点说，民事诉讼法的历史是公法发展历史的一部分。也有学者认为，对于民事司法法而言，上溯到罗马法考察法律规范的历史沿革的习惯，并无意义——对于司法法来说，罗马法是一种死亡的法律。[1]不过，法国民事诉讼法的历史一般从1667年《民事诉讼程序敕令》开始。

（一）1667年《民事诉讼程序敕令》

（1）编撰整理。财政大臣科尔伯特（Colbert）发起了这部敕令的编纂工作，先由最高行政法院（Conseild'Etat）起草，随后提交大行政院（Grand Conseil）和巴黎最高法院[2]最有名望的法官们组成的会议审议。会议于1667年1月26日召开，巴黎议会首任议长 Lam. oignon（1616~1677年）主持，该年4月就公布了这份重要敕令。[3]另据学者分析，这敕令由科尔伯特完成，巴黎高级法院和法院院长拉莫农只是介入科尔伯特设立的委员会的最后阶段工作。[4]路易十四另外颁布了1670年《刑事诉讼程序敕令》，这是现代欧陆刑事诉讼法中极为重要的法律渊源。1667年《民事诉讼程序敕令》是法国历史上第一次对民事诉讼进行法典化编撰工作，结束了民事诉讼程序和刑事诉讼程序混杂不清的历史，确立了民事诉讼程序的独立地位。敕令根据诉讼程序的逻辑进程，从起诉、传唤到判决执行进行编排，为拿破仑法典提供了丰富养料。

就起源看，1667年《民事诉讼程序敕令》分为三个源头：第一，教会法

---

〔1〕 ［法］洛伊克·卡迪耶主编：《法国民事司法法》，杨艺宁译，中国政法大学出版社2010年版，第22页。

〔2〕 此处"巴黎最高法院"翻译有疑，郭华榕翻译为"巴黎高级法院"，杨艺宁翻译为"巴黎高级国王法院"，并解释到："高级法院属于旧制度时代国王法院一部分，源于13世纪中叶，1789年被法国大革命废止。先设立于巴黎，后又在各省设立，巴黎高级法院地位最重要。自1661年路易十四执政以来，改名'高级法院'。近似于今日的上诉法院，是实体审终审法院，判决不可上诉，仅可由国王本人或通过国王咨议院（相当于今日的最高法院）予以撤销，发回重审。不过，高级法院不仅承担司法功能，还承担行政和政治职能，如发布行政命令等。"［法］洛伊克·卡迪耶主编：《法国民事司法法》，杨艺宁译，中国政法大学出版社2010年版，第23页。

〔3〕 ［法］艾涅斯特·格拉松：《法国民事诉讼程序的起源》，巢志雄译，北京大学出版社2013年版，第44页。

〔4〕 ［法］洛伊克·卡迪耶主编：《法国民事司法法》，杨艺宁译，中国政法大学出版社2010年版，第23页。

诉讼程序。教会诉讼被移植到法国有两大原因，一是巴黎高级法院建立，二是罗马教廷迁入法国南部的阿维尼翁。教会法诉讼程序的特征为书面主义，教会偏爱书面文字，原因在于这种形式的证据不会灭失也绝不会被任意曲解。教会希望世俗生活和宗教生活的一切行动都被记录下来，教会从很早以前就强制规定起诉必须以书面形式。书记官制度也与此有关，因为起诉人不识字，代书官成为需要。第二，国王敕令。国王颁发的敕令，由高等法院登记生效，这些敕令经过整理，汇编成册，就成为《民事诉讼程序敕令》的直接法律渊源。第三，法学家。在登记国王敕令过程中，法官逐渐职业化，成为法律家。他们是推动民事诉讼程序敕令体系化的重要推手。

（2）内容。该敕令明确规定法院体系，普通民事案件实行三审终审制，大大简化诉讼程序，免除纯粹仪式性的手续，明确简易诉讼程序适用的案件范围，将先前严格的书面诉讼程式改为书面与言词相结合，将不公开审理改为公开审理，将诉讼法中一直使用的拉丁语改为法语，规定检察机关特定情形下可干预诉讼，等等。以现代眼光看，该敕令完全具备现代法典的特征，表明欧陆民事诉讼程序在独立性、体系性、一体化、合理性等方面达到了前所未有的水平。

（二）1806 年拿破仑民事诉讼法典

1789 年革命时，法国曾打算重新制定民事诉讼法，但不成功，民事诉讼敕令得以在新时期继续沿用。拿破仑政府时期，民事诉讼法典起草小组由 5 位法律职业人士组成，其中有一位起草人庇古（Pigeau）对 1667 年民事诉讼程序了如指掌，他曾写过一部专门研究 1667 年敕令的优秀著作。这些起草人从未打算起草一部全新的程序法典，也没有计划要制定一部充满理论色彩的程序法典。除了在第一章规定治安法院适用的民事诉讼程序外，1806 年《法国民事诉讼法典》的后续章节完全依次序照搬了 1667 年《民事诉讼程序敕令》。法典的起草们对第一审程序进行了全面规定，上诉程序、特别程序等其他诉讼程序均参考适用第一审程序之规定，仅就其他诉讼程序的某些细节作出特别规定。1667 年《民事诉讼程序敕令》未规定向最高法院申请复核审（pourvoien cassation）的救济程序，因此着力于法律"复刻"工作的 1806 年法典的起草者们也"忘了"把复核审程序列入程序救济。1806 年法典不仅沿用了 1667 年敕令的标题，而且在内容上也照搬了该敕令的大部分条文，并增加了借鉴巴黎夏特莱法院的审判实践的条款。《法国民事诉讼法典》的编撰者作为法国旧制度时代司法体系的成员或者司法辅助人员，并没有能够超越法国旧法规范，而是倾向于复制与法国旧制度时代法一样冗长的、形式主义的、成本高昂的程序。但是他们真的希望摆脱旧法吗？从当时的立法预备文件和立法宗旨说明材料来看，他们的保守态度也是一种政治上的选择：共和国二年雾月 3 日法令引发的司法无政府状态无疑促进了他们采取这种明智之举。1806 年法典在某种程度上集成了法国旧制度时代的法律传统和过渡时期法律的一些创新，正是这种集成式法典，使我们确立了以控辩式、对抗式口头程序为特征的便民司法制度，以及判决理由说明和判决公示制度。[1]不过另有学者认为，敕令的影响虽然重要，却也不应夸大。法国大革命后的法律并没有照搬所有旧法，相反，重要的一部分内容是对旧法的逆动，是对旧法的某些原则和做法的摒弃。如以司法的唯一性和公共性取代了法国旧制度时代司法的多元性和可买卖性。再如，对旧时代司法的危险性体认，革命后的司法法根据"法官不可信任"的思潮制定。[2]

（三）20 世纪三四十年代的修改

在整个 19 世纪，民事司法法并没有真正变化。除了 1851 年司法救助制度外，司法法在整个 19 世纪几乎是一成不变的，这种情况一直持续到 20 世纪前 25 年。19 世纪的程序法规范尽管形式是新的，但内容却是旧的，不能适应社会新的需要。直到一个世纪过去了，立法上才有所进展。1934 年成立民事诉讼法典修订委员会，其工作成果主要为 1935 年 10 月 30 日颁布的一项法令，该法律创设了负责跟踪诉讼程序的法官，即现在民事诉讼审前准备法官的远亲。这一委员会比较重要的工作成果还有：关于不动产扣押的法律（1938 年），关于上诉、先于执行和当事人亲自出庭的法律（1942 年），关于专家证据和非讼程序的法律（1944 年），关于保全措施的法律等。[3]1958 年以来，对新法典的编撰工作是通过行政法令实现的。它的效率是无疑问的，

---

〔1〕 ［法］洛伊克·卡迪耶主编：《法国民事司法法》，杨艺宁译，中国政法大学出版社 2010 年版，第 25 页。

〔2〕 ［法］洛伊克·卡迪耶主编：《法国民事司法法》，杨艺宁译，中国政法大学出版社 2010 年版，第 24 页。

〔3〕 ［法］洛伊克·卡迪耶主编：《法国民事司法法》，杨艺宁译，中国政法大学出版社 2010 年版，第 27 页。

但是也有可指摘之处，如外行否定法律机制。

（四）1976 年《新民事诉讼法典》

《法国民事诉讼法典》的修订工作，在让·福耶倡议下启动，在 1969 年成立的民事诉讼法典改革委员会工作的基础上逐步完成。起初，民事诉讼法典改革委员会的工作成果表现为四项行政法令的颁布，即 1971 年 9 月 9 日颁布的第 71-740 号法令、1972 年 7 月 20 日颁布的第 72-684 号法令、1972 年第 72-788 号法令和 1973 年第 73-1122 号法令。这四项行政法令"建立了新的诉讼规范"，"将构成新民事诉讼法典的一部分"，或者"将被融入新民事诉讼法典"。随后，1975 年颁布的第 75-1123 号法令将上述四部法令进行了法典化编排和补充，最终形成了《法国新民事诉讼法典》，并于 1976 年 1 月 1 日正式生效。[1]徐昕教授认为，1976 年《法国新民事诉讼法典》并非一部全新的法典。它是在 1806 年法典的基础上，整合多年来的法律修正案（尤其是 1975 年民事诉讼程序修正案）而编纂的新版本。[2]1806 年法典的部分内容仍原封不动地保留在 1976 年法典中，例如法典第 506 条"法官不得拒绝裁判"，第 701 条"诉讼费用的结算"，以及法典第四章"强制执行程序"等。实际上《法国新民事诉讼法典》体系并不完备，只有两卷内容，即第一卷"各司法机构的通用条款"，第二卷"各司法机构的专用条款"，而且第二卷只对几类司法机构作了规定。在随后的时间里，对这部法典的补充工作一直没有停止。直到 1981 年，随着第 81-500 号行政法令的颁布，即增加了第三卷"关于某些案件的特别规定"和第四卷"仲裁"，《法国民事诉讼法典》才成为今天的样子。[3]同时，旧的民事诉讼法典还没有被全部废除，直到执行措施改革完成之时，其部分条文（有些条文制定于 1806 年）仍然有效。自 1992 年起，旧民事诉讼法典只有第 505~516 条（法官个人责任追究程序）、第 673~748 条（不动产扣押程序）、第 749~779 条（被扣押不动产变卖所得分配程序）、第 832~838 条（自愿让与的竞买程序）、第 941~1002 条（遗产继承开始程序）继续有效。

---

〔1〕［法］洛伊克·卡迪耶主编：《法国民事司法法》，杨艺宁译，中国政法大学出版社 2010 年版，第 27 页。

〔2〕徐昕："法国民事诉讼法律发达史及其理论意义"，载《江西社会科学》2013 年第 9 期。

〔3〕［法］洛伊克·卡迪耶主编：《法国民事司法法》，杨艺宁译，中国政法大学出版社 2010 年版，第 28 页。

　　修订后的法国民事诉讼法典的特点为：一是体例优美，定义实用。从一般法（第一卷）到特别法（第二卷至第四卷），法典条文的编排体例，总体看来理性、典雅，而且语言上力求清晰、朴素、简练，使向来有过时、晦涩之恶名的司法语言焕发青春。尤为突出的是，法典使用了定义手段，来澄清所用概念的含义。二是理念革新，追求并成功实现了诉讼进程中和诉讼掌控方面当事人权利与法官权力之间的平衡。三是简化程序。许多规范变成了各种不同性质的司法机构的通用规范，特别是涉及诉讼行动和时限、证据的司法管理、异议程序或救济途径的法律规范。另外，在尽可能的范围内，努力统一和减少了程序形式，以简化程序。如只需向书记员作简单的声明，就可以向法官起诉；可以普通信件送达一般诉讼文书，可以卷宗记录代替法官裁定及应当事人请求更正判决。四是程序灵活。诉讼时限得到了更好的掌控。如设立了紧急审判程序和依请求直接裁定程序，对复杂案件进行预审准备，由职业法官或非职业法官介入。诉讼空间得到了更好的掌控，如预审程序多样化、弹性化，增加独任法官制度及各种程序"跳板"转换的可能。

　　（五）2007 年修正民事诉讼法典

　　1998 年第 98~1163 号法令对司法救济权以及友好解决争议作了规范，1998 年第 09~1231 号行政法令修改民事诉讼法典。这些修改是接受学者在民事诉讼报告中的建议。徐昕教授指出，2007 年 12 月法国议会通过了《关于简化民事诉讼程序的立法修正案》，该修正案以简化诉讼程序、提升司法效率为宗旨对民事诉讼程序进行了大幅修改，并首次明确规定："1806 年《法国民事诉讼法典》即行废止。"至此，我们才能把 2007 年《法国民事诉讼法典》称为《新民事诉讼法典》。[1]

　　（六）法国民事诉讼法发展的新趋势：国际化

　　根据《法国宪法》第 55 条规定，国际法规则具有超越国内法的价值，优先于国内法适用，且这种优先性具有溯及既往的效力。该规定直接产生了以下法律效果：第一，欧洲人权法院成为本国法院的上诉审。法国国内当事人可以在用尽国内救济的情况下向欧洲人权法院提起上诉。第二，《欧洲人权公约》成为国内法院裁判依据。法国最高法院可以根据《欧洲人权公约》第 6

─────────────

〔1〕　徐昕："法国民事诉讼法律发达史及其理论意义"，载《江西社会科学》2013 年第 9 期。

条"获得公正审判的权利"的规定审查本国民事诉讼法，决定是否适用甚至废除与其相冲突的条文。第三，欧洲人权法院作出的裁判对法国本国法院具有约束力。

三、法国民事诉讼法的内容

（一）民事司法机构

1. 第一审司法机构

（1）普通司法机构。大审法院，是法国大革命以来司法机构演变的结果。大革命废除了旧司法体系，在全国建立 545 个县法院。1795 年取而代之的是省级民事法院。1800 年取而代之的是 366 个专区法院，每个法院由 1 名院长、2 名法官、1 名检察官和 1 名书记员组成，专区法院是大审法院的前身；1958年司法改革，以省为司法管辖的基本单位，不像过去那样以专区为单位，改为大审法院，共有 181 个，一个大审法院最少由 5 人组成，分别是 3 名法官、1 名检察官、1 名书记员。审判组织包括合议庭和独任庭。小审法院创建于1958 年，以取代治安法庭，位于省首府或专区首府，共有 473 个，实行独任制审判。无院长，只有主任法官。（2）专门司法机构。一是商事法院。商事法院是法国司法体系最古老的司法机构，可追溯到中世纪，当时用于集市上现场解决纠纷。1563 年查理九世以救令形式建立商事法官制度，使该咨询性质的司法机构成为永久性组织。法国现有 191 个商事法院，法官由同行选举产生，实行合议制审判为主。二是劳资调解法庭。王权统治时期，劳资调解法庭产生于丝绸厂中的纠纷解决组织，1806 年获得正式名称"劳资调解法庭"，共有 271 个。下有五个法庭，如工业者法庭、农业者法庭、商业者法庭等。三是社会保障事务法院。该法院在二战后随着社会保障机构的建立而产生，分两类，管辖法律纠纷的社会保障事务法院和管辖医疗纠纷的技术性司法机构。四是农业租赁事务对等法院。该法院于 1944 年建立，由 1 名法官和4 个法官助理组成，管辖农村不动产所有者与租赁者之间发生的纠纷，共有431 个。[1]五是残疾诉讼法院，主要管辖与残疾状况相关的诉讼，审判人员为行政官员。

---

〔1〕 ［法］皮埃尔·特鲁仕主编：《法国司法制度》，丁伟译，北京大学出版社 2012 年版，第 56页。

2. 第二审司法机构

法国有 35 个上诉法院，跨省分布。上诉法院不是唯一的二审司法机构，除此之外，作为二审司法机构的还有国家残疾诉讼法院、商事法院、大审法院，它们分别对社会保障技术性诉讼、清算诉讼、未成年监护权的诉讼进行二审管辖。

3. 最高法院

最高法院起源于作为枢密院一部分的咨议院，法国大革命期间，咨议院随同枢密院被撤销。1790 年的制宪会议决议重建撤销法院，下设三个法庭。1804 年改名为最高法院，最高法院内设检察署，实行审检合署，设立了 5 个民事庭和一个刑事审判庭。一个审判庭由一位庭长、若干位大法官、若干助理法官、一位或数位大检察官、一位书记员组成。除此之外，在某些情况下，根据案件的性质，可以组建由几个法庭联合起来的最高法院联席审判庭和最高法院法官全席审判庭。[1]

（二）诉讼程序的基本原则

1. 对席原则

《法国民事诉讼法典》第 14 条规定："未经听审或传唤，不得对任何一方当事人作出判决。"该条为对席原则的规定，其内容如下：第一，对席原则贯穿诉讼全过程。在诉讼开始阶段，法官应当将诉讼情况通知各方当事人，应向被告发出应诉通知书，以便被告进行抗辩准备。在诉讼开始后，双方当事人应相互交换意见。《法国民事诉讼法典》第 15 条规定："当事人应当在规定的时间内就自己诉讼请求的依据、所依据的证据以及所援引的法律条文相互交换意见，以便各方当事人做好抗辩准备。"第二，对席原则不仅适用于当事人，也适用于法官。对当事人而言，《法国民事诉讼法典》第 132 条第 2 款规定，持有相关资料的当事人必须将该资料提交给诉讼其他各方当事人，否则法官可以决定对那些没有在庭前资料交换中出现的资料不予采信。对法官而言，法官负有保证对席原则得到贯彻实施的义务，在任何情况下都必须遵循对席原则。《法国民事诉讼法典》第 16 条规定："无论何种情况下，法官都必须保证对席原则得到贯彻实施。法官自身在任何情况下都必须遵循对席原

---

〔1〕〔法〕洛伊克·卡迪耶主编：《法国民事司法法》，杨艺宁译，中国政法大学出版社 2010 年版，第 108 页。

则。"这意味着，一方面，在当事人没有进行对席之前，法官不得采取预审措施，并且不得作出裁定；另一方面，在当事人就相关法律理由发表意见之前，禁止法官主动引用这些法律理由，更不允许法官以自己主动援引的法律理由为基础作出决定。

2. 合作原则

1806 年《法国民事诉讼法典》确立了法官消极中立的地位，法官只能根据当事人的请求指挥诉讼。1935 年以来，经过多次修法，先后引入诉讼监督法官和执行法官，法官在诉讼中的作用逐渐增强。法官加大了掌控诉讼的力度，这就将当事人之间控辩式民事诉讼结构改造为法官和当事人密切合作的结构。首先，民事诉讼的进行由法官和当事人合作推动。《法国民事诉讼法典》第 2 条规定当事人推动诉讼程序的进程，第 3 条规定法官确保诉讼程序良好运转。这表明当事人在推动诉讼进程中起着主要作用，推动诉讼进程既是当事人的权利，也是当事人的义务；法官拥有诉讼的掌控权，他有权规定当事人进行诉讼行为的期限，并采取必要的措施，如颁发限制当事人诉讼行为禁令、驳回当事人重开法庭调查、法庭辩论的请求。其次，诉讼客体由法官和当事人合作确定。一是事实方面，当事人在提供事实证据方面起着主要作用，法官对主张事实和证明事实拥有重要的权力。《法国民事诉讼法典》第 6 条规定，当事人在主张事实、证明自己的诉讼请求方面起着主导作用。但是法官可以在诸多法庭辩论的事实中自主决定有用的信息，采用当事人所忽略的事实和法官了解的事实作为裁判的事实基础。在非诉讼案件中，法官还可以采用当事人未主张的事实作为裁判的事实基础。二是法律方面，法官负责提供法律，解释法律，但是法官法律上的主导权受到了当事人的限制。如《法国民事诉讼法典》第 12 条第 3 款规定，在诸当事人依据明文协议，就其可以自由处分的权利，以拟予限制辩论的定性及法律问题约束法官时，法官不得改变当事人提出的名称及法律上的依据。该条导致法官在法律依据上失权。另外，和解协议也可以使法官在法律依据上失权。

3. 两审终审原则

旧制度时代，上诉救济主要出于政治考虑，保证王权司法的至高无上性。因为存在国王法院、领主法院、教会法院多元化的法院系统。大革命后，禁止法官扮演任何角色，上诉制度从政治羁绊中解放出来，上诉为司法公正的保障。纠纷经过两次审理即可，第二审既是事实审也是法律审。如果终审判决存在法律错误，当事人可以上告到最高法院寻求救济。

（三）适用不同的国家司法机构的特殊规则

1. 适用一审司法机构的特殊规则

（1）大审法院的特殊规则。第一，提起诉讼的特殊规则。一是实行强制律师代理，当事人在起诉、应诉时应完成律师聘任；二是单方以传唤的方式提起诉讼。原告方将诉讼请求以传票的方式通知被告方，紧急情况下，原告可申请大审法院院长授权原告在某个确定日期对被告进行传唤。三是双方以共同申请的方式提起诉讼。双方当事人就纠纷的司法解决取得共识，可以以共同申请书的方式提交法院书记处启动诉讼。第二，预审（准备）程序的特殊规则。一是预审由双方当事人以书面形式即诉答状进行，诉答状至少两份以上。二是审前准备法官主导预审程序。审前准备法官的权力广泛，包括要求当事人提供信息的权力、禁令签发权、无管辖权抗辩的裁定权、先行支付诉讼费用的裁定权、延期审理的裁定权等。第三，庭审辩论的特殊规则。一是当事人可以请求将案件提交最终辩论，法官有决定权；二是报告审。庭长或庭长可以要求审前准备法官起草包含诉讼请求、事实理由、法律问题等内容的书面报告，开庭辩论时，报告人应宣读报告。第四，专门规定了大审法院院长主持的审判程序。大审法院院长可以充任紧急审法官，依当事人请求直接裁定受理案件，对某些案件如商业租金纠纷进行实体判决的权力。

（2）小审法院的特殊规则。第一，当事人应亲自进行诉讼，不实行强制律师代理。第二，起诉前可试行调解，但调解非必经程序。第三，起诉方式简便、多元。除了以传唤、共同申请书方式起诉外，当事人还可以自愿到庭、向法院书记处提交声明的方式起诉。提交声明的方式起诉只适用于标的额为25 000法郎的消费纠纷。第四，可以非对席的方式审理案件。如法官可依一方当事人请求裁定作出支付令和作为禁令。

（3）商事法院的特殊规则。第一，口头辩论的开庭审理必不可少。第二，审前准备程序包括当事人之间的磋商和审前准备法官的预审。第三，商事法院院长拥有许多重要权力，如紧急审判程序权和依请求直接裁定程序权。

（4）劳资调解法庭的特殊规则。第一，可以挂号信的方式起诉。第二，原则上当事人应亲自出庭。第三，审理程序两阶段化。调解是必经程序。先由调解庭调解，调解不成，判决庭才可作出判决。第四，审理报告员预审制。

审理报告员通过预审使案件处于受理状态，从而实现调解程序向判决程序的转轨。

（5）农村租赁事务对等法庭的特殊规则。第一，起诉方式特定，只能以寄挂号信的方式或向法庭书记处寄执达员文书的方式起诉。第二，调解为必经程序。第三，法庭传唤当事人、送达判决书以挂号信的方式为之。

（6）社会保障司法机构的特殊规则。第一，提起诉讼以当事人必须先行向社会保障机构提出救济为前提。第二，法庭审理案件不收取诉讼费用。第三，法庭有义务进行调解。第四，案件标的额为 25 000 法郎以下，判决为不可上诉判决。

2. 适用上诉法院的诉讼规则

（1）普通程序的规则。第一，实行讼务代理人强制代理制度，当事人必须聘请上诉讼务代理人进行诉讼。第二，上诉人应将由讼务代理人签发的上诉声明书提交给法院书记处。上诉声明书提交后 2 个月内，当事人应提交庭期登记申请，案件才视为受理。第三，审理程序分为有审前准备程序的审理程序和无审前准备程序的审理程序，前者是原则，后者是例外。无审前准备程序的审理程序是一种快速程序，适用于对大审法院院长紧急裁判权的上诉和双方当事人共同请求的上诉。

（2）特殊程序的规则。第一，不实行讼务代理人强制代理。对于劳资调解法庭、农业租赁事物对等法院、社会保障法庭所作出裁决的上诉，当事人没有选任讼务代理人的义务。第二，递交上诉声明书、传唤当事人以邮件的方式进行。第三，上诉法院根据需要可以委托法官进行预审。第三，当事人必须亲自到庭进行言辞辩论。

3. 适用最高法院的诉讼规则

（1）提出上告规则。第一，上告应聘任最高法院出庭律师，否则上告不合法。上告声明书应经最高法院出庭律师签名。第二，当事人互换上告陈情书，上告陈情书即上告理由书。当事人提交上告理由书给法院书记处必须遵守法定期间，否则发生失权效。原告的期间为 5 个月，被告的期间为 3 个月。该期限可因路途遥远而延长，也可因一方当事人请求而缩短，还可能因提出司法救助申请而中断。第三，被告可以提出附带上告。第四，原告可以随时撤回上告。

（2）上告的审理规则。第一，最高法院各专门庭受理案件后，应组成法官 5 人的合议庭。第二，合议庭应公开审理案件。第三，合议庭作出判决前应听取报告法官的口头报告或书面报告。第四，听取报告法官的报告后，经律师请求可以听取律师意见，经庭长允许可以听取当事人意见。换句话说，合议庭听取法官报告为必经程序，听取当事人的意见为非必经程序。合议庭听取报告法官报告后，即可作出判决。

（3）上告终结规则。第一，驳回上告的判决。在原告上告被驳回情况下，如果法院认定上告属于滥诉行为，原告则可能被处于民事罚金和向被告支付赔偿金。第二，撤销原判发回重审。最高法院可以根据上告理由或自己提出的法律理由撤销原判。对案件进行重审的法院可以是原审法院，也可以是与原审法院性质相同的另一法院。需注意的是，最高法院指定了重审法院的，当事人还应向指定的法院起诉，才产生受理的效果。第三，撤销原判不发回重审。如果撤销原判但不需要对案件实体进行重新审理，或者案件事实已由实体审法官依法认定和评判，从而可以适用适当的法律时，最高法院可以作出无须移审的撤销判决。

四、总结

（1）与法国政治上激进革命相同，司法组织也趋于激进，如撤销旧的司法体系，确立新的司法原则。与政治上激进革命相反，民事诉讼法则走了非常温和的路线。1667 年敕令被复制到 1806 年《法国民事诉讼法典》中，而且整个 19 世纪未作多少变动。这是特别令人惊讶的现象！众所周知，法国大革命在政治浪漫主义主导下，告别旧秩序、建立新秩序，意图以理性建立现代民权社会。所以政治上是激进的，产生了大量的流血和牺牲，也是要彻底打碎旧制度。如宪法就制定数部，政治派别一波波走上政坛，一波波又被赶下政坛。法国在当时欧洲被称为最彻底的革命。然而，民事诉讼法几乎不受政治革命的影响，旧的民事诉讼敕令完全无争议地延续到大革命后。所谓拿破仑 1806 年《法国民事诉讼法典》不过是 1667 年民事诉讼敕令的复制品。之所以会出现政治上激进和民事诉讼制度保守相反相成的现象，或许与民事诉讼法自身特点有关。民事诉讼法是一套操作规程，与政治并没有密切的关系，不管政治上如何变化，民事审判的规则还是需要的。民事诉讼法在政治上是相对中立的部门法。另一个非常重要的原因，就是旧的司法人员被保留下来，从而使司法实践旧的法统得以延续。第三个原因，1806 年《法国民事诉讼法典》的制定者本身就是 1667 年民事诉讼敕令的研究专家，他们一开始就没有打算另外制定民事诉讼法典。第四个原因是当时司法上无政府状态，适用旧法是不得已的选择。

（2）进入 20 世纪 30 年代以后，法国民事诉讼法才开始不断被修改。修改方式以做加法为主，如 1976 年增加了两卷，内容不断充实。至今，法国民事诉讼法从理念到制度、从形式到内容都发生了重大变化。理念的变化体现为从当事人主导诉讼到当事人与法官合作进行诉讼，制度最深刻的变化就是法院类型的变化，当然也包括每一类型法院的特别程序的变化。形式的变化为民事诉讼体系的变化（两卷变为四卷）、法律语言的变化（定义增多），内容的变化为大量的条文被翻修，1806 年法典被废止，保留在新法中的旧条文不占多数。

（3）程序简化是法国民事诉讼法典修改的主基调。在制定 1806 年《法国民事诉讼法典》时，制定者就力图简化诉讼程序，使民事诉讼变得有效率，只是不是很成功，因为受到历史惯性和传统羁绊的影响。后来的历次修改都是朝着简化程序的方向前进。2007 年民事诉讼法修改在程序简化、破除形式主义方面取得了实质性进展。不过，法国现行民事诉讼法依然规则复杂，不同的法院有不同的诉讼规则。多元化的程序规则是法国民事诉讼法的基本特征。

（4）三权分立不是从天上掉下来的，它是在反对王权、反对教权的斗争中产生的。王权和教权斗争中，世俗权力独立，世俗司法产生。世俗司法对抗王权中，产生了司法独立。议会与王权斗争中，产生了独立立法机构。独立性从斗争中逐渐产生，并固定化。当然在实际历史上，反复出现了议会与司法合一（议会审判国王）、国王与议会合一（国王制定王法），权力的独立性并未阻挡权力合一的现实。有的权力合一还源自人民的同意，而不完全是王权的飞扬跋扈。要走出历史的阴影，知识分子最为重要。更确切地说，是独立的知识分子提供的反思、经验总结，产生了三权分立理论。中国要走向三权分立，首先知识分子必须走向独立；其次，必须走出传统的逻辑，即走出道德意图的逻辑和跨越圣王思想。

第二节 德国民事诉讼制度生成考

一、德国简史

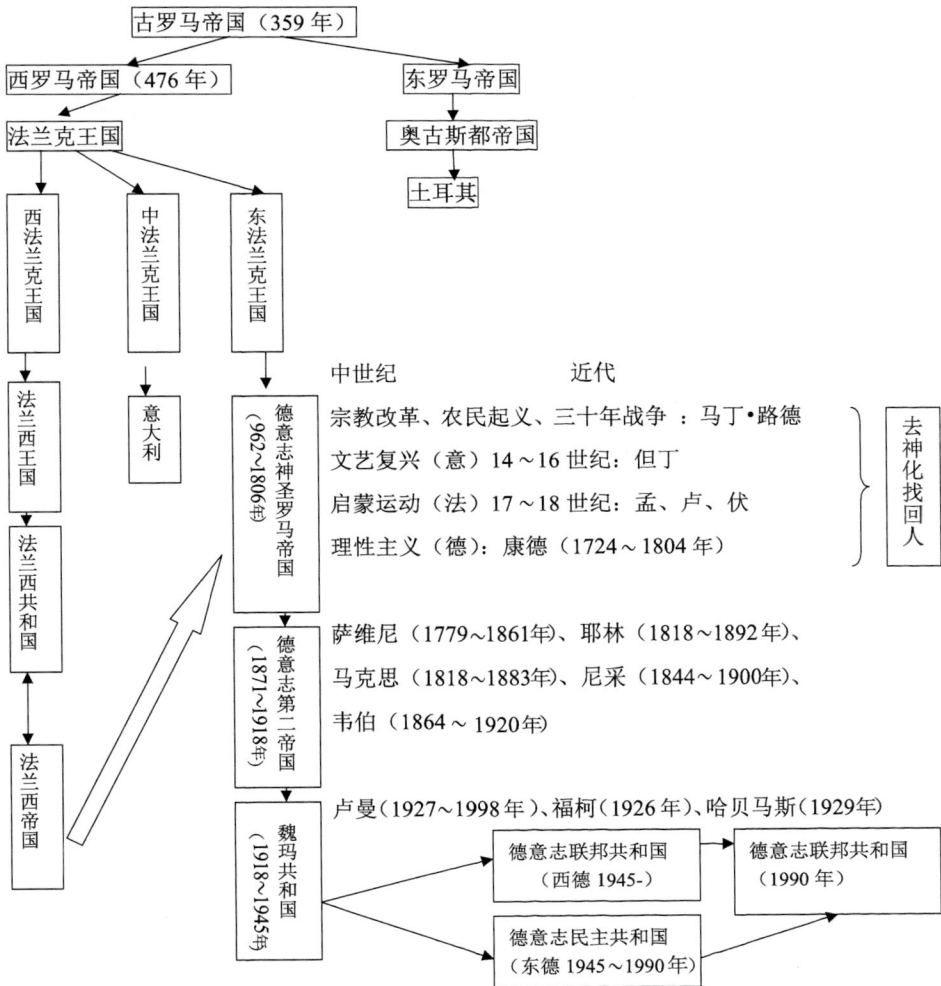

图3-2 德国的历史发展

根据图 3-2，德国的历史发展可分为第一帝国、第二帝国、魏玛共和国（第三帝国）和现代德国。

（一）第一帝国：产生现代精神

（1）神权与王权之争，确立了神权至上。公元 845 年，在东法兰克王国，部落公国林立，奥托一世势力最大，被各诸侯选为国王。国王并无政治中心，为旅行之王。961 年，由罗马教皇加冕，成为皇帝，即德意志神圣罗马帝国，又称第一帝国。教皇有权任命主教和废除皇帝。11 世纪后半叶，发生了神权与王权之争，即亨利四世与格列利高之争。1077 年卡若沙觐见，教皇暂时胜出，因为格列利高后来被流放。不过，国王都以罗马为中心，如腓特烈一世曾穿过阿尔卑斯山，来到罗马，得到教皇任命，成为德国和意大利的皇帝，长期居住罗马。国王四处征战，靠的是骑士，骑士精神得以产生。当时社会阶层由国王、贵族、骑士、农奴组成。

（2）王权与诸侯之争。当诸侯的实力逐渐壮大，则会挑战王权，从而引发王权和诸侯之间的战争，如腓特烈与亨利之争，普鲁士腓特烈与奥地利女皇之争。

（3）神性与人性之争。中世纪，神权社会下，人是上帝之子，人间秩序是上帝的安排，国王、贵族、骑士、农奴等身份，男女、夫妇、父子等角色，都是上帝的安排，人间的一切苦难和痛苦都是上帝的安排。总之，人间秩序是神的秩序在人间的投影。文艺复兴、启蒙运动，产生对神的怀疑。人从神中解放出来，确立人的神圣性。文艺复兴的艺术作品，要么是男人强健的身体，要么是女性丰满的身体。这就是发现人是世界最完美的动物，人拥有理性，人能主宰自我。文艺复兴、启蒙运动产生了一个后果，即社会世俗化，那么如何构建世俗社会的秩序？卢梭提出社会契约论，以民意来建立公权力。阿克顿认为，权力生产腐败，绝对的权力，绝对会生产腐败！如何防范公权力滥用权力？洛克首先提出分权思想，在其基础上孟德斯鸠提出三权分立理论，即以权力制约权力。这意味着中世纪向近代转变。

（4）教派之争。教会腐败，如赎罪券，马丁·路德倡导直接和上帝对话，1521 年颁布 95 条，开启宗教改革，新教产生。新教的传播，得益于媒体和印刷术的发展，如将《圣经》《新约》翻译成德语。天主教与新教之争，即 30

年战争（1618~1648 年），始于窗户事件，新教诸侯、国王（如瑞典）与天主教诸侯（如慕尼黑）战争不断。这是事关权力与信仰的斗争，信仰自由就是从教派之争中产生。

1806 年，拿破仑战争，德意志神圣罗马帝国解体。德意志民族主义产生，普鲁士王国崛起。

（二）第二帝国：建立现代民族国家

（1）从邦国林立到民族统一。在 1871 年之前，德国境内诸侯公国林立，1848 年多达 38 个，相当于一个州就是一个公国，有王室家族，如巴伐利亚公国、萨克森王国，普鲁士王国是其中之一，实力最强。德国南部公国还与法国结盟。1870 年的普法战争，因法国对德宣战，导致南北德国公国统一对法作战，法国战败（拿破仑三世流亡英国），德国建立第二帝国。普鲁士国王成为德意志皇帝，德国统一，产生了帝国议会，宰相由皇帝任命。统一前，萨维尼对民族精神的讨论，深刻影响了当时的法律学人，直接影响了当时立法进程和立法结果。

（2）政党政治（1861 年）。工业革命前，德国的社会阶层由国王、贵族、骑士、农民组成。1848 年，德国人口为 3700 万人，有三分之二是农民。工业革命后，德国走向资本主义（工厂、股市），城市新兴一个阶级，即工人阶级。1890 年，工业人口首次超过农业人口。柏林成为继伦敦、巴黎、纽约之后第四大都会，人口达 200 万。公民运动兴起，普鲁士出现了第一届国民议会，1861 年产生民主党派。新兴的阶层工人阶级组织组建自己的政党，即德国社会民主党，以捍卫工人利益。在国家顶层，依然是君主制。君主制维护的是整个帝国的利益，工人运动争取的是个人权利，二者难免冲突。俾斯麦站在帝国角度是反对工人运动的。

（3）结束君主制。皇帝威廉二世参与俄国与奥匈帝国的战争，并宣布对法、英战争，第一次世界大战爆发。1918 年，德国在一战中失败，需要有人对其负责，德国皇帝被总理宣布退位，君主制结束，政权交给德国社会民主党，第一共和国产生，即魏玛共和国。

第二帝国对德国社会产生的影响为：首先，推动了统一的民事诉讼法典制定，促进国家统一也是制定民事诉讼法典的应有之义。其次，民族意识兴起。为祖国而战，法典制定体现了民族尊严。民事诉讼法典的内容则体现了自由主义的精神。

（三）魏玛共和国和第三帝国：现代民族国家的异化

一战失败，德国结束帝制，建立魏玛共和国。1919 年颁布《魏玛宪法》。魏玛共和从建立之始就形势严峻，四面楚歌。对外，对法国割地赔款；对内左翼社会主义干扰不断，右翼纳粹党进攻不断，工人罢工（法占领区消极对抗法国，该区为德国工业区），通货膨胀。社会民主党执政的魏玛共和国一开始就处于风雨飘摇中，社会动荡不安。尽管扑灭了德国共产党的激进革命，但是无法阻挡纳粹党崛起。民族主义高涨（为了祖国，不计自我），导致纳粹党执政，德国走向法西斯极权主义，即一个元首，一个主义，一种信仰。在希特勒主导下，德意志第三帝国建立。

（四）现代德国：分裂与统一

二战后，德国一分为二，分为德意志联邦共和国和德意志民主共和国，即西德和东德。随着柏林墙倒塌，东德并入西德，德国统一，走向复兴、文明。

从上述德国历史中，可以看出德国经历了以下变化：

（1）从神权到君权，从教会统治到贵族统治。在第一帝国初期，神权至上，王权屈服于教权之下，表现为王权的合法性来自神授、教皇有权罢免国王。随着王权的强大，便有冲破神权统治的冲动，教皇和国王之间的战争就不可避免。随着国王的胜出，以国王为代表的贵族取代教会，统治世俗社会。此时的社会为农业社会，农奴为社会的最底层。

（2）从贵族政体到民主政体。随着第一帝国解体，德国长期处于分裂状态，大小公国林立。各诸侯国保留了贵族统治，但是随着工业革命扩展开来，资产阶级登上历史舞台，城市工人阶级逐渐兴起，工人阶级取代农奴成为社会变革的主要力量。他们要求参与政治，表达诉求，以代议制为表征的民主政体成为工业社会的新型组织形式。

（3）从帝制到共和。普鲁士完成德国统一后，德国的民主政体实际上是君主立宪的民主政体。由于德国皇帝的野心，德国统治者四处征战，建立殖民地，成为欧洲强大的帝国。不过，因为在第一次世界大战中失败，德国被迫结束君主立宪制，皇帝退位，国家走向共和，即魏玛共和国。遗憾的是，魏玛共和国是一个非常不成熟的民主国家，在高涨的民族主义冲击下，被纳粹政权所取代。

（4）从邦国林立（分裂）到统一大国。德意志第一帝国解体后，德国陷入第一次分裂状态。第二次世界大战后，德国走向第二次分裂。不过，德国在每一次分裂后都能走向统一。第一次统一是由德国上层精英阶层强力推动，建立起现代民族国家。第二次统一则是由民众的强烈统一愿望而促成。

（5）从极权国家到自由人权国家。纳粹政权是现代民族国家的变异，纳粹党在德国建立极权统治。极权统治之下，个人毫无尊严，不服从极权统治的个人，被国家"依法"惩罚，人权被肆意践踏。第二次世界大战后，德国人痛定思痛，为了彻底告别极权社会，确立了人的尊严至高无上原则，并将国家至于其下，即国家有尊重人的尊严的义务。德国从极权国家转身为自由人权国家。

总之，德国经历了欧洲社会历史进程中的所有政体，集苦痛与荣耀于一身。经历的战争包括宗教战争、农民战争、第一次世界大战、第二次世界大战；经历的社会包括民主社会、极权社会、社会主义社会、人权社会；经历了由君主、贵族、骑士、农奴组成的社会和由工人、农民、士兵、资本家组成的社会。德国从中古走向近代，再过渡到现代，确实经历了"社会大转型"。社会世俗化是一大特征，走向"分"，即分而治之。相比较而言，中国秦汉之后，都是家天下，定于一尊，社会结构没有变化，确实是"停滞的社会"。德国历史就像弹簧状，一圈一圈从中转出来。德国民事诉讼法的发展也应该从"社会大转型"中去理解。

二、德国民事诉讼法的发展

（一）德国民事诉讼法的起源

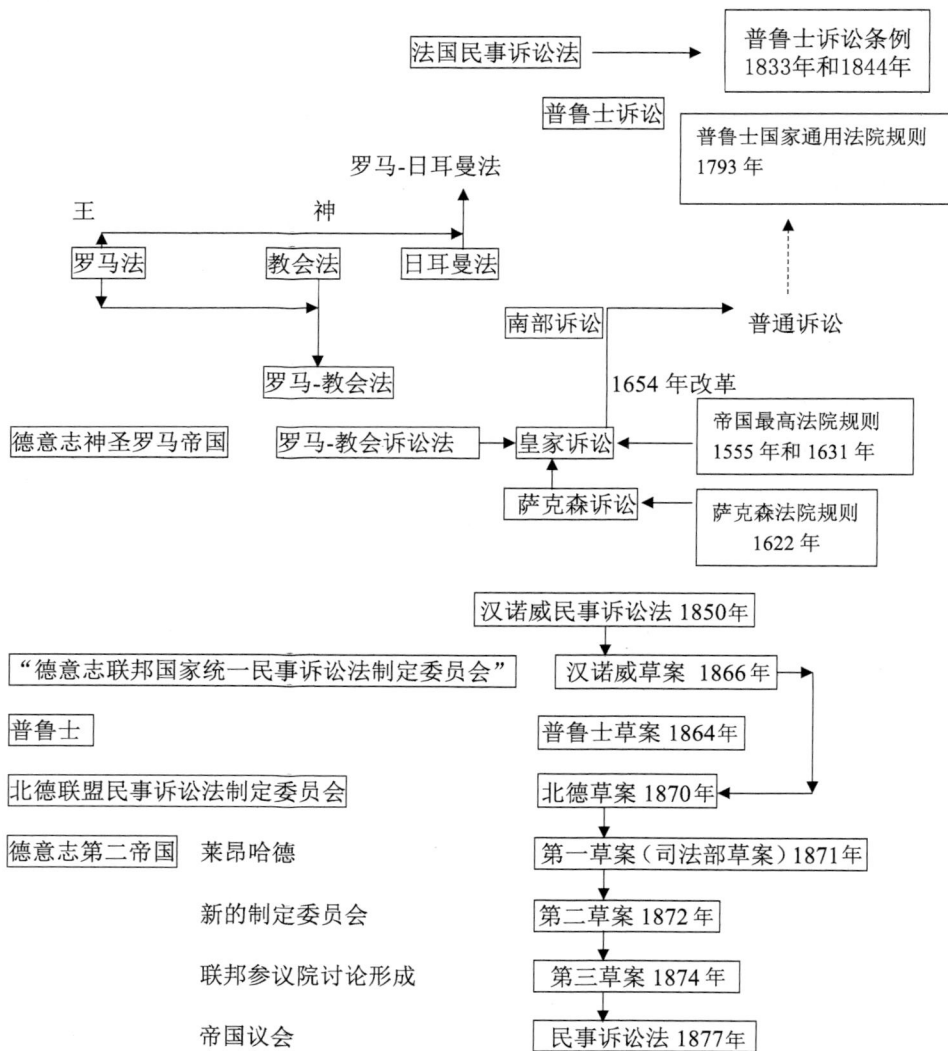

```
法国民事诉讼法 ───────────▶  普鲁士诉讼条例
                              1833年和1844年

          普鲁士诉讼

                             普鲁士国家通用法院规则
                             1793 年

        罗马-日耳曼法

    王              神                          ↑

  罗马法    教会法    日耳曼法

                               南部诉讼        普通诉讼

                                    1654 年改革
        罗马-教会法

德意志神圣罗马帝国   罗马-教会诉讼法 ▶ 皇家诉讼 ◀  帝国最高法院规则
                                             1555 年和 1631 年

                      萨克森诉讼 ◀  萨克森法院规则
                                    1622 年
```

```
                      汉诺威民事诉讼法 1850年

"德意志联邦国家统一民事诉讼法制定委员会"   汉诺威草案 1866年 ▶

普鲁士                           普鲁士草案1864年

北德联盟民事诉讼法制定委员会        北德草案 1870年 ◀

德意志第二帝国  莱昂哈德           第一草案（司法部草案）1871年

           新的制定委员会        第二草案 1872年

           联邦参议院讨论形成     第三草案 1874年

           帝国议会              民事诉讼法 1877年
```

图 3-3　德国民事诉讼法的起源

根据图3-3，德国民事诉讼法的起源具有多源头、多地区的特点。

1. 多源头

德国民事诉讼法的来源包括罗马-日耳曼法、罗马-教会法、普通诉讼和法国法。罗马民事诉讼先后经历了法定诉讼时期、程式诉讼时期和非常诉讼时期，前二者实行法律审理和事实审理相分离，采用口头、公开审理，后者不区分事实审和法律审，采取职权进行主义、书面审理、秘密审理。日耳曼民事诉讼分为早期程序和晚期程序，前者实行口头公开审理，贯彻当事人主义，证据向对方提出，法官消极，后者法官权力加强，书证增多，证据向法官提出。日耳曼民族入侵罗马帝国后，日耳曼民事诉讼与罗马民事诉讼相互融合，形成日耳曼-罗马民事诉讼，"这种诉讼对德国民事诉讼发展至关重要"。[1]教会民事诉讼实行书面审理、法定顺序主义和同时提出主义，世俗的罗马法受教会民事诉讼的影响，形成罗马-教会民事诉讼法，德国早期宗教法庭、佃农诉讼都是采用罗马-教会诉讼。皇家诉讼为德意志帝国最高法院适用的程序，继受于罗马-教会诉讼，采用书面审理、不公开审理。萨克森诉讼适用于萨克森地区，表现为萨克森法院规则。受萨克森诉讼影响，皇家诉讼进行了改革，演变为普通诉讼。普通诉讼采用非公开审理、书面审理、当事人进行主义、同时提出主义。普通诉讼经过普鲁士改革后，保留了书面审，取消当事人进行主义、同时提出主义，加强法官与当事人交流。普鲁士民事诉讼条例受法国法的影响，1819年的日内瓦诉讼规则和1869年巴伐利亚诉讼规则完全是按照法国民事诉讼法制定的。

2. 多地区之制

德意志帝国解体后，德国各地区适用不同的诉讼规则。首先直接适用普通诉讼的地区，包括南部德国、萨克森、北部德国、汉诺威、黑森和汉莎同盟城市；其次是普鲁士诉讼地区，就是德国东部的普鲁士邦国；最后是法国法诉讼地区，主要集中在德国西部的莱茵河地区。

（二）德国民事诉讼法的制定

1. 制定德国民事诉讼法的成因

1806年德意志第一帝国解体，德国境内诸侯公国各自为政，都制定了自己的民事诉讼法。普鲁士有普鲁士诉讼条例，萨克森有萨克森法院规则，巴

---

〔1〕 李大雪："德国民事诉讼法的历史嬗变"，载《西南政法大学学报》2005年第2期。

伐利亚有巴伐利亚诉讼规则，汉诺威有汉诺威民事诉讼法。法律的割据状态严重影响法律适用的公正性。德国人强烈地希望结束法律分割的局面，统一法制，制定统一的民事诉讼法。

2. 制定德国民事诉讼法的过程

德国人于 1862 年成立了德意志联邦国家统一民事诉讼法制定委员会，以《汉诺威民事诉讼法》为基础形成民事诉讼法草案，史称"汉诺威草案"。普鲁士以法国法为蓝本起草了一个民事诉讼法草案，史称"普鲁士草案"。后由普鲁士组织，北方公国参与下，在德意志境内形成北德联盟。1867 年北德联盟成立民事诉讼法制定委员会，该委员会以汉诺威草案为基础，形成"北德草案"。1871 年德国完成统一后，原普鲁士司法部长阿道夫·莱昂哈德开始主导德国民事诉讼法制定。由于他是汉诺威草案、北德草案的负责人，他直接对北德草案进行修订，形成德国民事诉讼法的第一草案，即 1871 年第一草案。德意志第二帝国成立了以莱昂哈德为主席的新的民事诉讼法制定委员会，该委员会对第一草案进行了细微修改，形成德国民事诉讼法的第二草案，即 1872 年第二草案。第二草案提交德意志第二帝国议会讨论，形成第三草案，即 1874 年第三草案。该草案于 1877 年经德意志第二帝国议会通过，于 1879 年正式实施。

3. 1877 年《德国民事诉讼法》的评价

德国民事诉讼法制定过程受意识形态和主义的影响至深，民事诉讼法不仅仅以实践性和技术性考量为取向。当时德国意识形态就是国家意识，德国人希望建立一个帝国和一个国家，建立统一的德国成为德国民族的强烈愿望。统一的民事诉讼法为德国意识形态发展的逻辑产物，制定统一的民事诉讼法成为当时的政治任务。影响德国民事诉讼法制定的主义包括言词主义与书面主义、公开主义和秘密主义、直接审理主义与间接审理主义，采用何种主义取决于当时的"时代精神"。当时的时代精神就是自由民主的观念，如汉诺威民事诉讼法就是按照自由主义精神制定的。自由民主的观念要求民事诉讼法采用言词主义、公开主义、直接审理主义，抛弃书面主义、秘密主义、间接审理主义，因为它们是专制主义的管理方式。追求自由民主成为当时德国的共同趋势，以至于民事诉讼法采用言词主义还是书面主义不再是单纯的技术性问题，而是"政治正确"的问题。莱昂哈德说："出于政治上的必要性，需

要将言词主义的基本原则作为民事诉讼法的基础。"〔1〕

（三）德国民事诉讼法的发展——重大修改及评价

1. 二战前的修改

（1）1898年修改。1896年和1897年德国《民法典》和《商法典》相继制定，1898年《德国民事诉讼法》进行了第一次全面修订，以保证程序法与实体法的一致性。修订后条文由872条增至1048条，基本形成目前的规模。

（2）1909年修改。受1895年《奥地利民事诉讼法》所取得的成就的影响，《德国民事诉讼法》在1909年修订时，对初级法院程序进行了重塑，将初级法院管辖案件的标的额从300马克提高到600马克，强化法官的积极角色，引入职权进行主义（Amtsbetrieb），即由法官决定诉讼程序的进展，尤其是引入了法官的准备义务和释明义务。

（3）1924年修改。对自由主义原则进行了修正：限制当事人的控制权，以增强法官的权力，引入集中审理原则、径行审理，在州法院实行独任审判程序，初级法院实行调解程序，实行有理由上诉原则等。同时，在民事审判机构的组成方面，将州高等法院审判庭的组成人员由5人减为3人，帝国法院审判庭的审判人员由7人减为5人。此次修订依然以奥地利民事诉讼法为蓝本，其核心目标是促使整个民事程序集中化，通过限制当事人主义来强化法官权限（例如废除当事人对庭审期日和期间的处分），从而彻底改变了民事诉讼程序。尤其值得注意的是，在1924年修订中，确立了目前第139条（实质诉讼指挥）的基本内容，此外还规定了强制和解程序。

（4）1933年修改。规定了当事人的真实义务，采取措施遏制诉讼拖延，用讯问当事人代替归责的宣誓或者法官的宣誓。确立了证据调查的直接原则，并为遏制诉讼拖延规定了相应的措施。增设的当事人真实义务包括完整陈述的义务与真实陈述的义务，即当事人应当全面真实地陈述案件事实，不允许主张自己明知不真实或不能确信的事实；在当事人知道以及明确对方陈述是真实的情况下，不允许反驳对方的主张。1933年修订延续了1924年修订的使命，大量移植了奥地利和瑞士民事诉讼法中的成功经验，确立了当事人的真实义务、由法官掌控案件的集中审理、证据调查的直接原则和以当事人讯问

---

〔1〕［德］米夏埃尔·施蒂尔纳：《德国民事诉讼法学文萃》，赵秀举译，中国政法大学出版社2005年版，第54页。

取代当事人宣誓的原则。

2. 二战后的修改

（1）1976年修改。此次修改引入斯图加特模式，实行集中审理。二战后，随着经济的再次繁荣，民事法院案件负担过重、当事人拖延诉讼、法律救济耗时过多等老问题重新出现。经过广泛调研，1976年《简化修订法》得以通过，提出以刑事诉讼的高效庭审为参照，结合斯图加特模式的实践成果对民事诉讼程序进行修改，内容涉及《德国民事诉讼法》的150余个条款。它以众所周知的斯图加特模式为基础，对民事诉讼程序进行了结构性的修订，内容有：集中言词辩论、简化缺席判决、实现督促程序自动化、重塑假执行和简化判决书。改革强调了审前的书面准备程序以促进言词辩论的快速与集中，引入了假执行制度和督促程序，简化了缺席审判程序和回复原状制度。改革后，民事诉讼程序通常得以在一次或两次辩论期日内即告终结，诉讼周期得到了明显改善。斯图加特模式的理论由福里茨·鲍尔（Fritz Baur）教授提出，被称为该模式的"学术界之父"。斯图加特地方法院院长罗夫·本德尔（Rolf Bender）则为斯图加特模式实践创始人，被称之为该模式的"实务界之父"。本德尔院长专门新设立一个庭来试行鲍尔教授的理论。经过试验后，发现审理结案期间大为缩短，大多数案件三个月内终结第一审，且只开一次言词辩论。这种被称之为"斯图加特模式"在德国各地法院推广，影响很大。斯图加特模式最大特点就是贯彻集中审理原则，合议庭三名法官全程参与证据调查。经过近十年实践后，促成了德国民事诉讼法1976年修正，即"简速修正法"。此次修正被认为是德国民事诉讼法实施百年以来最重要的修正。此次修正延续了1924年所采用的集中审理原则，并予以强化。除了明确设置两种言词辩论之准备措施供选择，以及强化失权规定外，最特别的是创设了"诉讼促进义务"这个连接集中审理原则的概念。由于过分强调失权制裁以实现一次言词辩论期日而终结，曾引发德国学界关于目的与手段是否符合比例原则的合宪性争论。

（2）1990年修改。1990年，分离四十余年的"两德"重新合并为德意志联邦共和国，原联邦德国的所有法律原则上适用于原民主德国的区域。根据过渡条款，《德国民事诉讼法》进行了相应的调整。1990年《司法简化法》引入小额诉讼程序。1990年的《司法简化法》以加速诉讼程序、简化法院工作以及完善替代性纠纷解决机制为改革重心，完善了程序细节，并引入独立的证明程序，简化了督促程序。

（3）1993 年修改。1993 年的《司法减负法》提高了初级法院、控诉审法院、书面程序及小额程序的价额界限，并扩大了州法院独任法官的适用范围。

（4）2000 年修改。2000 年的《民事诉讼法施行法》规定，各州立法机关可以在一定的案件中适用类似法院调解的强制性前置调解程序，以减轻法院负担。

（5）2001 年修改。民事诉讼法的不断修订导致程序规则日益复杂，难以为普通人所理解。为使诉讼程序更加贴近民众并达到高效、透明裁判的政治要求，民事诉讼法以《德国民法典》中的债法改革为契机，于 2001 年经历了前所未有的重要改革。近 30 个法律修正案都涉及民事诉讼法，较为重要的有《民事诉讼改革法》《同居伴侣法》《租赁法改革法》及《改革诉讼程序中送达程序的法律》等。其中，《民事诉讼改革法》所涉及修改的条文达 100 余条，主要涉及以下六个方面：强化一审功能；导入和解辩论，使诉讼的和解理念制度化；强化法官的指示义务和阐明义务；放宽提起上诉的价额制约；重构控诉审使其成为监督和排除错误的工具；在州法院实行固有型独任法官制度等。此次修改强化了法官的诉讼指挥权，扩大了独任法官的管辖范围，重新建构了整个复审制度（包括控诉、上告和抗告）。

（6）2001 年后的修改。[1] 2003 年的《欧共体证据调查执行法》对欧盟范围内证据调查与送达方面的司法协助作出了规定，德国以此为基础对《民事诉讼法》进行了补充。2004 年新增第十一编专门规定欧盟送达条例和执行条例等司法协助内容，主要就欧盟内民事司法统一的相关举措进行规定。随着欧盟一体化的深入及相关条例的增加，该编内容不断得到调整与丰富。2004 年的《第一次司法现代化法》对 2001 年民事诉讼改革中存在的不足加以弥补，完善了证据规则，调整了司法从业人员的职责范围，改进了法院工作流程；同年的《关于侵犯法定听审请求权之法律救济的法律》对民事诉讼中当事人法定听审请求权的救济制度进行了修正。2005 年的《关于在司法中使用电子交流形式的法律》在法院系统内全面引入电子文档的使用，并明确了电子文件的效力。2006 年的《第二次司法现代化法》以进一步提高诉讼效率为动因，为鉴定人提交鉴定书设定了期间，取消了法院和鉴定人进行的诉讼

---

〔1〕《德国民事诉讼法》，丁启明译，厦门大学出版社 2016 年版，第 4~5 页。

告知，并规定律师提出的督促程序申请一律采用机读格式。2008 年的《家事案件和自愿诉讼管辖事务程序法》于 2009 年 9 月 1 日生效。据此，原本分别规定在民事诉讼法第六编和第九编的家事案件和公示催告程序适用专门法律，不再规定在民事诉讼法中。2009 年的《账户扣押保护改革法》对强制执行中的扣押保护账户制度进行了修改，同年的《强制执行中的情况说明改革法》对债务人信息获取制度进行了改革，赋予执行员从特定数据库获取债务人信息的权限，力求解决强制执行程序中债务人财产信息获取困难的问题。

3. 德国民事诉讼法的新变化。[1]

德国民事诉讼法经过一百多年的发展，已呈现出不同于立法之初的新面貌，出现的新变化表现为：第一，强调当事人主义与职权主义协调运作，但仍以当事人主导诉讼为主。第二，程序的简化与法院的减负。如引入小额诉讼程序、简化督促程序，强制审前调解，促进诉讼和解，等等。第三，审级功能进一步分化与强化。强化一审的纠纷解决功能，将事实审重心向一审移，限制二审提出新的攻击防御方法。第四，保障诉权与改善诉讼环境。加大对弱势群体的诉权保护，扩大了诉讼救助费用的适用范围；引入电子信息技术以改善诉讼环境。第五，民事诉讼国际化、宪法化。国际化表现为适应欧盟发展的需要，修改国内法。宪法化表现为听审请求权、公正程序请求权、适时审判请求权、武器平等等宪法性权利的确认。

三、总结

（1）德国政治上激进，走向极权，但是民事诉讼法并未受到多大影响。德国民事诉讼法经受住了纳粹政权考验，辩论主义和处分主义作为民事诉讼基本原则的地位岿然不动。[2]法国也有同样的现象，民事诉讼法一旦制定下来，较少受政治影响。出现这种现象，原因有多方面：一是民事诉讼本身具有非政治化特点。不像宪法、司法组织法、刑事诉讼法等直接受政治意图的影响，民事诉讼法几乎不太受政治意图影响。这应该是由民事诉讼"民事"的质的规定性所决定。二是民事诉讼法修改掌握在民事诉讼法学者手上。也

---

〔1〕 丁启明："德国民事诉讼法百年发展述评"，载齐树洁主编：《东南司法评论》（2015 年卷），厦门大学出版社 2015 年版。

〔2〕 任重："纳粹时期德国民事诉讼基本原则"，载中国民事诉讼法学研究会编：《民事程序法研究》（第 8 辑），厦门大学出版社 2012 年版。

许政治人物打算根本修改民事诉讼法，如纳粹时期曾打算全面修改民事诉讼法，但是必须靠专业人士去进行修订，专业的逻辑使他们认为大规模修法是不可能的。相比较而言，中国大陆修法是一种政治行动。政治政策的变化对民事诉讼法修改的时机、进度、范围、方向、内容等都会产生影响。另一方面，我国民事诉讼法修改过程中学者的作用是辅助性的。

（2）强化了法官对程序的控制权。德国民事诉讼法发展的一个显著特点，就是民事诉讼在"公"的方面有所增强。这不仅体现在法官权限的增强，也体现在当事人义务增多。由于诉讼延迟现象日益严重，德国战后的民事诉讼修改朝向加快诉讼进程的方向而努力，增加了当事人诉讼促进的义务，加强了法官诉讼指挥的权限。

（3）民事诉讼自由主义的基调没有改变。德国民事诉讼法的产生得益于德国形成的两种精神，首先是现代精神。路德的宗教改革，使个人直接与上帝对话，将人从教权中解放出来，消除中世纪教会对人的压制，形成"恺撒的归恺撒，上帝的归上帝"，个体和世俗世界都获得了自由。文艺复兴运动进一步认识到人的价值，该时期所产生的"大卫""蒙娜丽莎的微笑"等画作，都是对人体自身美好的歌颂，"人是万物之灵"，人的地位获得了肯定，从而冲击了宗教的专横。启蒙运动则为从中世纪解放的人走向新的组合提供了理论依据，社会契约论、三权分立等都是关于人如何重新组织起来和权力如何重新建构的理论。而理性主义则进一步论证人的理性力量，人可以通过理性构建世界。宗教改革、文艺复兴、启蒙运动、理性主义所产生的力量为两方面：一是破，破除中世纪既有的生活方式和权力结构，重新厘定了人和神的关系，解放了人，提升了人的地位；[1]二是立，回答了国家的起源、政府的组成、社会的构成，初步厘定了个人和社会、国家的关系。形成了所谓现代精神，现代精神最为核心的是自由主义，个人自由主义的理念形成，宗教变为个人信仰，成为个人自由的一部分。德国民事诉讼法就是建立在自由主义精神上的，而被称为自由主义民事诉讼法。这也大不同于后来制定的奥地利民事诉讼法。其次是现代民族精神。就德国而言，民族精神成为德意志民族立国的重要基石。民族精神凝聚了分裂德国的人心，塑造了"德国人"，实现

---

〔1〕　查尔斯·泰勒用"大脱嵌"来表述当时社会大转型。参见［加］查尔斯·泰勒：《世俗时代》，张容南等译，上海三联书店 2016 年版，第 169 页。

了德国的统一。就法律而言，萨维尼则是民族精神的扛鼎者，后来者将民族精神贯穿到立法中。正是由于民族精神的贯彻，塑造了德国法的不朽，无论是《德国民事诉讼法》还是《民法》都深受其影响。民族精神实现了德国统一，也推动了立法统一，民事诉讼法就是在这种背景下产生的。这样一种民族精神也使德国民事诉讼法比法国民事诉讼法更胜一筹。由于现代个人自由精神和民族精神的双重塑造，德国在第一次世界大战前迅速成为世界强国。遗憾的是，民族精神的发展使得德国走上对外殖民扩张的路，发展为帝国主义，直接发动第一次世界大战。战争形成了国内新的压迫，个人自由主义成了民族精神的刹车装置，所以战后德国建立了魏玛共和国，在实现各阶层自由的前提下走上共和。遗憾的是，各阶层主张不同，短时期内并未形成共识，结成良好秩序。资本主义自身弊端也暴露出来，经济萧条恶化了人们的生活，而战败割地赔款的屈辱，使得民族精神急剧抬头，个人自由主义反而退其次。不受约束的民族精神走向了极端，发展为纳粹主义，国家因而被拖入危境，个人尊严受到无尽摧残，个人自由主义进入寒冬，国家陷入战争的深渊，结果是德国因战败而分裂。不受约束的民族精神发展极致，就是使国家走向分裂。只有在对民族精神的极致——纳粹主义深刻反省后，对个人自由主义重新唤醒的前提下，结束分裂的现状才有可能。20 世纪 90 年代，德国终于迎来了新生，重新走向统一。卢曼的反思理性、哈贝马斯的沟通理论是战后德国人理论反思的结果。虽然德国宪法几经变迁，重新制定，但是德国民事诉讼法则一直延续下来，其后的历次修改也是有线索可循的。如个人自由主义精神受到一定抑制，带来当事人主义的限制，民族精神的错位造成了法官权力的扩大，如民事诉讼中法官诉讼指挥权的强化，阐明义务的强化就是其表现。当事人被赋予了更多义务，如真实义务。阐明义务的强化和真实义务的设定，使得民事诉讼法走向职权主义还是协同主义，造成了学术界的不同争论。适度引入社会民事诉讼，不丧失自由主义的传统，应该是德国民事诉讼法的基调。除了民事诉讼上述社会分析外，即民事诉讼发展受外在环境影响，民事诉讼有其自身的发展逻辑，这也是不能否认的，如德国 1976 年修改、2001 年修改便是源于民事诉讼自身发展的需要。

第三节 英国民事诉讼制度生成考

一、英国简史

（一）盎格鲁–撒克逊时期（5 世纪中叶~1066 年）

英国在 5 世纪以前为罗马统治时期，5 世纪中叶，盎格鲁人、撒克逊人、朱特人（都是日耳曼人）入侵不列颠。从盎格鲁–撒克逊人入侵英格兰到诺曼人 1066 年入侵英格兰之时，英国进入"盎格鲁–撒克逊"时期，其中 6 世纪末至公元 870 年为"七国时代"。此时制定了埃塞伯特法典、伊凡法典，这些法典是对习惯的重申。违反习惯法的国王会受到惩处，被剥夺王位。当时以文书赐地，有专门管御玺的文书官，英国文书审盛行源自于该历史实践。国王是从军事首领演变而来，贤人会议则是国王身边的贵族会议。王权受贤人会议（Witan）制约，贤人会议可以确定王位继承。贤人会议集行政、立法、司法权一身。

（1）中央司法机构。贤人会议为中央司法机构，审理贵族与王室的纠纷。贤人会议还是最高法庭，作出的判决，国王无权更动。贤人会议有时凌驾于国王之上，如贤人会议因国王要求对戈德温叛逆作出判决，后为避免内战贤人会议又将该判决撤销。[1]

（2）地方司法机构。地方司法机构包括郡法庭、百户区法庭、村法庭，地方政府为郡。设郡守（sheriff），郡出现前，由方伯管理，由国王和贤人会议任命，多为王室宗亲。后郡守取代方伯。郡会议，非常设，一年两次，郡会议又是郡法庭，郡法庭受理郡内诉讼，为二审机关。郡下有百户区，设百户长，百户会议每周开一次。设百户区法庭，处理财产讼案。百户区下有村，设村长，处理邻里纠纷，缉捕盗贼。村有村法庭，法庭的裁判方法为神判法，包括神誓法、热铁审法等。

（3）私人法庭。领主可以在其领地上设立庄园法庭，每三周开庭一次，审理农奴之间的土地纠纷、公用地使用权案件以及破坏农业生产活动的违法

---

〔1〕 阎照祥：《英国政治制度史》，人民出版社 2012 年版，第 13 页。

行为。[1]庄园法庭为领主的私人法庭，主要用来对农奴严加控制。这些私人法庭不受国王干涉，具有较大的独立性，司法成了个人的财产。[2]

（二）普通法时期

普通法产生于诺曼时期，形成于安茹王朝，在金雀花王朝、都铎王朝得到进一步发展。随后几百年英国都是在普通法的统治之下。

1. 诺曼时期（1066~1154年）

诺曼人威廉一世率军征服英格兰，英国进入"诺曼时期"。威廉一世在英国实施了法国的土地分封，封臣获得土地，并根据土地大小向国王提供骑士。诺曼时期继续保留郡制，国王任命郡守，百户区职位由骑士担任。威廉一世保留了盎格鲁-撒克逊原有法律，促进了教会法庭和世俗法庭的分离。当时教皇宣布"唯有教皇有权任命主教、制定教会法规、决定教区划分"，并有权废除皇帝国王。威廉一世便针锋相对地规定：未经国王赞同，教皇的一切命令不能在英国生效；教徒不得承认任何教皇，不得私自接受教皇涵令；未经国王许可，教会法庭不可审判男爵和政府官员，不得将他们开除教籍或施与刑罚。王权和教会的斗争，导致教会法院从郡法院分离出来。

威廉一世将贤人会议改成大会议，由教会贵族、世俗贵族、王室官员构成。每年召开三次，设小会议为常设性机构。大会议职责有三：一是作为最高司法机构，处理王室与贵族利益冲突；二是作为议事咨询机构和立法机构，协助国王制定法律；三是作为中央行政机构，处理行政事务。司法为大会议的主要工作，司法中主要工作是处理贵族间地产诉讼。小会议由王室要员和国王亲信组成，兼理立法、行政、司法，也是王室法庭。陪审团起源于神誓法，由威廉一世从法兰克、加洛林王朝引入英国。陪审团不仅用于审理案件，还用于了解民情、监督考核地方官和调查地方税务。

国王同时管理诺曼和英格兰，因为两区治理，国王经常不在英格兰，委托宰相管理。这使得国王下的治理依赖当地习惯，国王的权力受到贵族的制约。

2. 安茹王朝（1154~1216年）

安茹王朝最为杰出的国王为亨利二世，因为他进行了卓有成效的改革。

---

[1] 程汉大、李培锋：《英国司法制度史》，清华大学出版社2007年版，第13页。

[2] 程汉大主编：《英国法制史》，齐鲁书社2001年版，第35页。

亨利二世时期的现实是神判法继续流行，决斗从诺曼底引入英格兰。亨利二世进行了改革，改革措施有二：一是扩充王室法庭的管辖权，二是削弱领主法庭的权限。亨利二世宣布，凡自由民（骑士、市民和自由农）缴纳一定费用可把案件从领主法庭转移到王室法庭，可越过领主法庭直接向王室法庭起诉。亨利二世还宣布，从此王国只通行一种法律，即由御前会议制定和王室法庭颁布的法律。这是英国普通法的起源，亨利二世被视为英国习惯法的奠基人。他于1178年指示小会议的5名成员组成中央常设法院，驻威斯敏斯特，受理各地起诉。这被视为英国高等法院的起源。巡回法庭被不断得到利用，亨利二世经常派法官赴各郡开庭审案，也促进了陪审团制的推广。陪审团人数固定为12人，一身多职，兼具起诉人、证人、法律执行人身份。陪审团体现的原则具有双重性。一是亨利二世根据"国王是正义之源"的法律原则，规定国王有权组织陪审团，不准私人法庭仿效。二是案件由12名正直者审理，体现了"法律来源于人民而非由国王臆断"的正义原则。由此确立了陪审团制是英国司法制度的核心，展现了英国普通法系与欧洲大陆罗马法系的主要区别。亨利二世还将盎格鲁-撒克逊时遗留下的习惯法（刑事）和诺曼人的封建民事财产法融为一体，促成了全国统一的法律制度——普通法的形成。

在王位继承中，大会议发挥重要作用。1188年，亨利二世欲将王位留给幼子约翰，次子理查德怒，与法王结盟，战胜王军，亨利二世被迫将王位传给理查德。理查德在位10年，留居英国仅5个月，在不列颠的事务由大会议办理。约翰曾经叛乱，企图夺王权，被贵族抵制，大会议以"王国普遍同意"的名义，判约翰背叛国君之罪，没收土地和庄园。理查德弥留之际，指定约翰为继承人，大会议讨论良久，承认约翰有继承王位的优先权。约翰在英国继位后，重返诺曼底，与法军战，失败，结束了一个多世纪的"跨海而治"。英国丧失诺曼底，国王留居英格兰，宰相被废弃。财政署从小会议分离出来，不仅处理财务，也处理财务争端。约翰王大举征税，引发贵族叛乱，兵败后，被迫和贵族签订《大宪章》。《大宪章》规定国王征税应得到"全国人民的一致同意"，这里的一致同意是指以大贵族为核心的大会议的同意。《大宪章》规定，若不经"合法裁决和本国法律的审判，不得将任何人逮捕监禁，不得剥夺其财产，不得宣布其不受法律保护，不得处死，不得施加任何折磨，也不得命我等群起而攻之和肆行讨伐"；规定监督国王和反抗政府暴政的权力。

大宪章并没有创设新制，"陈述了旧法律，却未创制新法律"，[1]但是确立了议会至上的原则。

3. 金雀花王朝（1216~1399 年）

约翰国王去世，亨利三世即位。亨利三世时期，大会议逐渐变成议会，更多其他平民身份的人（乡村骑士和市民）加入。议会由教士、贵族、平民组成。由于身份差异，导致各自自行开会。如教士会议和平民会议，1332 年贵族和平民首次分院议事。1341 年，两院制正式成立。两院制起因于，指控大主教斯特拉夫不善理财要求议会审判，斯特拉夫辩解称，根据古法旧制，唯有贵族可审判他。贵族同意，另行聚合开会。下院经常要和上院讨论，就派总发言人去禀报，觐见国王，后来演变成议长。上议院还是最高上诉法院。

至此，英国世俗体制基本形成。一是形成了议会制，议会制的形式先后经历了贤人会议、大会议、议会、两院制。二是形成了内阁制，内阁的形式先后经历了小会议、咨议会、枢密院（都铎王朝）、内阁（即斯图亚特王朝的外交委员会，具有秘密性，被称为内阁，意为秘密小集团）、内阁制。三是形成政党制。政党最原初的形式为议会中两个政治派别，后来形成两党，即辉格党和托利党。四是形成普通法。①普通法产生之前，盎格鲁-撒克逊时期的习惯分散，有《爱德华律令》。司法分散，有王室法庭、郡法庭、百户区法庭、领主法庭、市镇法庭、教会法庭、大学法庭。王室法庭为国王的法庭。在国王的加冕仪式上，国王要承诺维护和平并为争端当事人提供公正判决。国王四处巡视，自己或他的法官接受诉请，审理案件，"国王为正义的源泉。"王室法院越来越受欢迎，在实践中逐渐明确了受案范围，如《亨利律令》就是代表。国王令状对各法庭管辖权进行界定。郡法庭每四周开庭 1 次，受理的案件包括土地权案件、暴力或盗窃的违法行为以及与教会有关的案件，开庭前应提前 7 日通知，审理时间一天。百户区法庭每月开庭一次，审理轻微案件，受理百户区居民之间的案件或发生在百户区辖区内的违法行为，不少案件为土地纠纷。领主法庭经常开庭，受理与领主有关的财产人际关系案件，也受理侵害人身或财物的案件，管辖领地上的人和事，就是属人属地管辖，不过有的案件也被划出归王室诉讼管辖。教会法庭审理与教区的法律有关的

---

〔1〕 阎照祥：《英国政治制度史》，人民出版社 2012 年版，第 45 页。

案件，如神职人员犯罪、教士之争，也审理俗人的纠纷。②从诺曼时期到安茹王朝，普通法产生。亨利二世为主要推手，盎格鲁-撒克逊习惯和诺曼习惯融合统一，机制就是巡回法庭。③普通法的进一步发展表现为：第一，专职法庭产生。中央法庭包括高等民事法庭、理财法庭、王座法庭（前身为御前会议中的国王法庭）、巡回法庭，地方法庭有财政署法院。第二，专职法官、律师阶层产生。专门的律师学院产生。14世纪，四所律师学院出现，即内殿、中殿、格雷、林肯律师学院。出现了普通法著作和案件汇编，如格兰威尔《论英国法律与习惯》为普通法著作，布莱克顿《英格兰法律和习惯》为案件汇编。此时，欧洲大陆正在复兴罗马法。总之，13世纪中叶，普通法是指王室法院适用的、效力高于地方习惯的常规法律。[1]五是衡平法的发展。①衡平法的萌芽。都铎王朝建立前，在普通法发展时期，1474年，大法官托马斯·罗瑟拉姆签发第一个令状，标志着衡平法的产生。②衡平法产生的原因。普通法庭诉讼当事人不满，向国王、议会、咨议会请愿，咨议会授权大法官签发令状提供救济。③衡平法的形成。都铎王朝时期，大法官托马斯·沃尔西是衡平法的重要推动者，建立大法官庭。衡平法院包括大法官庭和皇室法庭。前者负责审理民事案件，后者负责审理刑事案件。随着令状逐渐消亡，衡平法院于1875年被《司法组织法》废除。

六是治安法官的形成。郡守助手治安员是治安法官最初的形态。治安法官产生的标志为，1195年理查德一世任命超过15岁的骑士，宣誓维护王国和平。大宪章为治安法官提供法律依据；1264年，各郡由国王任命的治安法官一人，负责逮捕犯罪嫌疑人；1330年，爱德华三世授权治安法官受理案件、临时羁押犯罪嫌疑人，交付巡回法庭审判，由兼任上院议长的大法官任命；1360年，颁布法令，每郡任命三四名显要知晓法律者为治安法官，治安法官不仅逮捕监禁犯罪，还以国王名义聆听裁决案件，治安法官成为长久性地方管理职务的职位。

（三）普通法改革时期

直到完成资产阶级革命即"光荣革命"，英国普通法传统都得到延续。英国"光荣革命"给英国带来的新变化为：第一，王权走向衰弱。"光荣革命"后，王权受到议会和法律的限制，仅仅保留了一些特权，如立法否决权、封

---

〔1〕　［英］约翰·哈德森：《英国普通法的形成》，刘四新译，商务印书馆2006年版，第30页。

赐贵族、主持内阁会议等。19 世纪 30 年代后，英国"虚君"制逐渐建立，国王保留象征性权力，不再实质行使行政权，行政权由以首相为领头的内阁行使。第二，议会至上。1832 年后，英国议会经过几次改革，贵族势力被削弱，议会中的托利党和辉格党分别演变为保守党和自由党，议会的地位得到强化，促进了责任内阁的发展。随着国王权力的衰弱，英国普通法进入了改革时期。到了 19 世纪，程式诉讼逐渐成文化，被吸纳为司法规则。这些成文法就是先后颁布的《统一程序法》（1832 年）、《普通程序法》（1852 年）、《司法法》（1875 年）。1875 年衡平法院和普通法院被统一到同一法院体系中。进入 20 世纪后，证据法和民事诉讼规则也先后颁布，如 1995 年民事证据法和 1998 年民事诉讼规则。

（四）几点总结

通过对英国历史的梳理，可以获得以下启示：第一，国家与社会互动。在历史发展中，习惯成为法律，如普通法来源于盎格鲁-撒克逊习惯和诺曼习惯；传统受到尊重，如贵族传统得以延续。这表明英国诉讼制度在渐进中得到发展。第二，国王与议会相互制约。国王和议会的关系先后经历君临议会、王在议会（都铎王朝）、议会至上的样式，最后确立了议会至上的原则。第三，英国王室更迭受到欧洲战事影响。百年英法战争，英国失败，导致王朝更迭。第四，教会对国王王位影响大。缺乏教皇的支持，王位失去一翼。第五，英国普通法包括实体法和程序法，其产生又与令状制关系密切。尤其是程序法和令状不可分离，有令状方可获得司法救济。如果令状与自己的诉求不符，则无法获得司法救济。这就是英国早期的诉讼程序——"程式诉讼"。第六，理解英国民事诉讼法起源，有三端：一是法庭（院）设置。法庭的不同建构，是英国诉讼形式发展的依托。在地方司法层面，有郡法庭、百户区法庭、村镇法庭、领主法庭。在中央或国王司法层面，有王室法庭。王室法庭是属于国王的领主法庭。令状和普通法就是从王室法庭中逐渐产生。国王为了加强中央集权，维护"国王安宁"，常常通过令状形式对地方法庭的当事人予以救济，从中发展出普遍适用的普通法。衡平法是从普通法的缝隙中发展而来，同样依赖于令状，当然前提就是衡平法庭根据国王建立。二是令状。令状代表了君权，是国王给予臣民的救济。三是普通法是英国民事诉讼法早期表现形式。上述三端的社会、政治基础，则是国王和议会相互制约的关系。

由于诺曼人入侵后，国王跨海治理，甚至大量的时间不在英格兰，或者忙于欧洲战事，无暇顾及朝政，国王通常将事务交给贵族们组成的会议处理。如此一来，绝对的君主制难以产生，而实现了君臣共治。这样就实现了国王所代表的国家和贵族们所代表的社会之间的互动，社会所发展下来的盎格鲁撒克逊习惯和诺曼习惯得以保留。国王强势的时候，国王的作用则是加强了两种习惯的融合，这也就使习惯变为普遍适用的普通法成为可能。另外可以确定的是，英国普通法形成的关键时期，就是 11 世纪到 13 世纪。15 世纪后，令状制开始逐渐走向衰弱。第七，国家和社会互动的装置包括国王、法庭、议会、陪审团、普通法、令状。

二、英国民事诉讼法的发展

（一）神权社会下的民事诉讼程序

在盎格鲁-撒克逊时期和诺曼时期，人的认知能力低下，人们普遍相信超自然的力量来判断是非。如当时英国人相信全知全能的上帝主宰世界，上帝公正无私，能够明察秋毫。当遇到是非曲直难以分辨时，便诉诸上帝神灵来辨别真伪，伸张正义。英国人生活在神权所支配的社会网络中，盎格鲁撒克逊时期和诺曼时期的社会可称之为"神权社会"。神权社会之下，民刑不分，世俗案件与宗教案件不分，诉讼为个人行为。神权社会下的英国民事诉讼程序为（见图 3-4）：

（1）起诉和答辩。原告向法庭起诉前，应在法庭面前进行宣誓，保证自己在法庭所说的一切"准确无误"。宣誓完后，原告向法庭起诉，即以口头的方式向法庭提出诉讼请求和理由。法庭接受原告请求后，确定开庭时间和地点，由原告传唤被告到庭。被告到庭答辩前也必须先进行宣誓，宣誓完后，陈述自己的主张。

（2）审判。被告答辩完，由法庭裁判。如果法庭自己不能判断是非，就必须借助特殊的验证方法。验证方法有三种，即起誓、神明裁判和决斗。这些验证方法不是现在的审理程序，只是证明方式。只有遇到疑难案件时才采用起誓、神明裁判和决斗进行判断是非，[1]如果能用通常方法能够证明案件

---

〔1〕　[英] 约翰·哈德森：《英国普通法的形成》，刘四新译，商务印书馆 2006 年版，第 84 页。

事实，就不会用这三种方法。起誓包括证人誓证法、公证人昭雪法，主要是被告用来证明无罪。神明裁判包括水审、火审等。在盎格鲁撒克逊人时期，决斗是缺席的，没有被使用。[1]与起誓、神明裁判比较，决斗出现较晚，由诺曼人引入，到12世纪，在严重犯罪的上诉案件和土地争端出现是时才采用决斗的证明方法。[2]1215年后，因教士不再参加与审判有关的宗教活动，神判法逐渐废弃。英国于1290年废除了神明裁判法。[3]至于决斗裁判和誓证裁判的废除则要更晚些，它们被废除的时间分别为1819年和1833年。

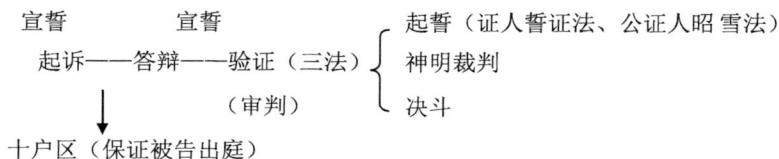

<pre>
宣誓   宣誓   ┌ 起誓（证人誓证法、公证人昭 雪法）
起诉——答辩——验证（三法）┤ 神明裁判
            （审判）   └ 决斗
  ↓
十户区（保证被告出庭）
</pre>

图3-4　神权社会下的英国民事诉讼程序流程

（二）君权和社会共治时的民事诉讼程序

随着君权力量的壮大，神权与君权难免发生冲突。因为君权以军事实力为基础，神权最终不得不让位给君权。不过，在英格兰君权并没有独大，君权受习惯、贵族约束较大，其结果就是君权和社会实现了共治，这集中体现在1215年《自由大宪章》中。此后数百年君权和社会的格局没有大的变动，由此形成的民事诉讼程序具有独特性。如陪审诉讼代表了民众的力量，令状诉讼则代表了王室权威。

1. 令状诉讼

令状就是指王室令状，由国王或代表国王的王室法庭签发的命令。英格兰王室令状与法国国王敕令本质是一样的，都代表了国王的权力，不同的是，英王没有法国国王那么大的权力。令状是中央王室对地方官员的指示，是国王进行行政管理的措施。所以，令状最初的形式是行政令状，后来逐渐变为司法令状。（1）行政令状。行政令状是通过强制命令恢复占有或补偿来对非

---

〔1〕　［英］R.C.范·卡内冈：《英国普通法的诞生》，李红海译，中国政法大学出版社2003年版，第83页。

〔2〕　［英］约翰·哈德森：《英国普通法的形成》，刘四新译，商务印书馆2006年版，第87~123页。

〔3〕　毛玲：《英国民事诉讼的演进与发展》，中国政法大学出版社2005年版，第52页。

法侵害进行矫正和救济，它是对案件是非曲直进行简单调查后采取的警察式（行政）措施。[1]如国王命令"图斯丁得毫不迟延地恢复土地占有"，该令状没有要求庭审就直接下结论，授权当事人恢复对土地的占有，完全是单方武断行为。（2）司法令状。国王及其大臣认识到，基于一方陈述而签发令状，势必导致不公平和秩序混乱，他们对令状进行了改进，让其司法化，即在令状中增加案件事实、双方诉答及证据要素的内容。如国王命令"召集了解迈尔顿、邓吉及赛斯特堡这些百户区真相的守法臣民，经过宣誓来查证是否直到沃尔特·菲茨·吉尔伯特前往耶路撒冷那一天，伦敦圣马丁的教士们依然占有他们在迈尔顿的湿地。如果查证属实，我命令你们立即恢复占有"。[2]该令状依然是国王对地方法官的指示，与前一令状不同的是，增加了内容，即要求地方法官进行证据调查。随着国王派法官到各地巡回审判，当事人能不能绕过地方法官直接起诉到巡回法院，关键就取决于当事人能不能得到国王签发的令状。这些令状格式逐渐固定，成为王室法庭开始诉讼程序的公文，司法令状便产生。该司法令状命令当事人到王室法官面前接受审判，而不同于行政令状，后者是命令地方法官对当事人进行救济。最初的司法令状包括占有诉讼令状和权利令状。[3]占有诉讼令状又分为新近侵占诉讼令状、收回继承地令状、地产性质诉讼令状、最终圣职推荐令状。权利令状分为起始诉讼令状和指示令令状。后来又出现了债务令状、抵押令状、违约之诉令状等。令状导致民事诉讼的格式化，当事人能否得到王室法庭的救济，取决于能否得到令状以及令状的格式和类型是否符合要求，所以有"无令状便无权利"之说。不过，令状诉讼已于1875年被废除。

2. 巡回诉讼

巡回诉讼源自国王的巡视。国王在领地内四处巡视，了解地方行政、司法弊病，帮助百姓解决问题。后来国王派遣王室官员代表国王到地方行使王权，如到地方各郡处理财政事务和财政纠纷，以解决财政问题，巡视官员也有权检查郡长的工作、征收税款、调查和处理国王关心的事务。巡视官员处

---

〔1〕 ［英］R. C. 范·卡内冈：《英国普通法的诞生》，李红海译，中国政法大学出版社2003年版，第43页。

〔2〕 ［英］R. C. 范·卡内冈：《英国普通法的诞生》，李红海译，中国政法大学出版社2003年版，第51页。

〔3〕 毛玲：《英国民事诉讼的演进与发展》，中国政法大学出版社2005年版，第108页。

理的事务包括行政、司法问题,审理案件只是其中一部分工作内容。巡视官员应该是巡视法官的雏形,不过王室官员到地方巡视并没有制度化,是偶然的、非正式的。1166 年《克拉伦登法令》颁布后,王室法官被派遣参加全国巡回审理。王室法官巡回审理依然是非制度化的,既没有稳定的职责,也没有固定的路线。[1]随着社会的发展,巡回审判的经验日益丰富,巡回法官便逐渐分化出来,组成巡回法庭,目的是将国王的恩惠运送到全国。根据亨利二世时期《北安普顿法令》,英格兰全境分为 6 个巡回区,成立了 6 个巡回审判小组,每组 3 名法官,分赴各巡回区受理案件。[2]巡回诉讼常规化、制度化后,英国确立了总巡回审(the general eyre)和民事巡回审。总巡回审基本程序为:一是开庭前准备。由国王颁发令状通知郡长,由其组织出席庭审的人员。出庭人员规模往往达一两千人。二是开庭调查。开庭调查分两步程序,先是检查郡长和地方官员的财政记录,然后是进入陪审团调查程序,陪审团回答巡回法官展示的问题清单上的问题。问题清单涉及内容繁多,如本地治安状况、刑事犯罪案件、民事纠纷、官员违法行为等。因此总巡回审不仅是审判机构,也是国王收集地方信息、监督地方政府、增加财政收入的手段,"与其说它是巡回法庭,不如说是巡回政府"。[3]民事巡回审,其法官为法律专业人员,负责审理民事案件,主要是地产纠纷。当事人要到民事巡回法庭打官司,必须预先取得司法令状。巡回法官通过询问陪审团并根据他们的回答作出判决。巡回审判将国王正义运送到个人,促进了陪审团产生,并有效地利用了当地习惯,实现了王权和社会的共治。巡回法官保留至今。

3. 陪审诉讼

陪审诉讼由威廉一世从法兰克、加洛林王朝引入英国,亨利二世通过巡回法庭将其推广。陪审团是王权和社会共治的精巧装置。这是因为,一方面陪审团能在英格兰推广,王权起着重要作用;另一方面,陪审团代表了民众声音,取代了神明裁判中普通人无法理解的"神的声音"。在英格兰,陪审团经历了从知情陪审团向事实裁决陪审团的转变。(1)知情陪审团。陪审团起源于神誓法。为一方当事人起誓的人越多,该方当事人胜诉的机会越大。能

---

〔1〕 于明:《司法治国——英国法庭的政治史(1154-1701)》,法律出版社 2015 年版,第 131 页。

〔2〕 程汉大、李培锋:《英国司法制度史》,清华大学出版社 2007 年版,第 29 页。

〔3〕 J. H. Baker, *An Introduction to Legal History of England*, Oxford University, 2007, p.16.

够帮助当事人起誓的人，一定是了解案情、知悉当事人的人。最早的陪审团就是从辅助起誓人演变而来，引入英格兰，其最初的功能是王室进行财政调查的工具。[1]1164 年，亨利二世颁布《克拉伦登宪章》（Constitution of Clarendon），第一次以法令的形式规定采用陪审制审理地产案件。后来又颁布了《克拉伦登法令》《北安普顿法令》《大程序法令》，确立了不动产诉讼使用陪审团审理。陪审团由 12 名当事人的邻居或与当事人无亲属关系的案件知情人组成。这就是所谓"知情陪审团"，其作用是协助法官查明土地的归属，实际上相当于证人，所以又被称为"咨询陪审团"和"证人陪审团"。知情陪审团裁决意见的形成以全体一致为原则，这应该是陪审团证人性质决定的。随着社会发展，知情陪审团扩展到侵权、契约领域，最后经由《大宪章》规定适用于一切民事诉讼。（2）事实裁决陪审团。其审理案件的方式为：双方当事人在陪审团和法官面前进行诉答辩论，在听取了双方当事人陈述后，由法官就事实争点和相关法律问题向陪审团作简要的指示。陪审团便进入陪审室评议案件，作出裁决。陪审团评议秘密进行，不准记录、旁听和对外泄露。裁决采用多数一致原则，不再采用全体一致原则。裁决意见由陪审长报告法庭，只告知裁决结果，不说明理由。一般情形下，即事实问题和法律问题界限分明时，裁决内容为陪审团对原告的主张是支持还是反对的意见。特殊情形下，即事实问题和法律纠缠在一起时，法庭在双方当事人同意基础上将事实问题剥离出来，陪审团的裁决对当事人是否实施过某一行为提出意见，至于行为的性质交由法官判断。

4. 衡平诉讼

由于令状诉讼过于形式化，一方面当事人未得到令状或得到的令状与自己诉求不符，都不能获得国王法院的救济；另一方面普通法院审理案件受限于令状，作出的判决形式合法，但是与事实不符。当事人转而向国王申诉、喊冤和投诉。这些申诉书、冤诉状、请愿书等主要由咨议会的秘书处受理，案件审理由秘书处下的大法官庭负责。15 世纪时期，大法官法庭发展为大法官法院，在大法官法院进行的民事诉讼就是衡平诉讼。（1）衡平诉讼的受案范围。大法官法院受理民事案件，包括信托案件、土地用益权案、合同违约、

---

〔1〕　［英］R. C. 范·卡内冈：《英国普通法的诞生》，李红海译，中国政法大学出版社 2003 年版，第 94 页。

欺诈案件、债务抵押案等。（2）衡平诉讼的审理程序。原告起诉不用起始令状，而用起诉书。起诉书没有严格的格式要求，一般只要写明冤情和诉由即可，但是必须写明案件无法通过令状诉讼获得救济。[1]收到原告起诉书后，大法官应向被告发传票通知被告出庭应诉。案件审理没有陪审团，实行大法官独任审判，采用纠问式审理方式。当事人宣誓后，回答大法官提出的问题。法官认定被告行为的违法性采用"不否认即承认"原则。重视书面证据，证人不必出庭，提交笔录证言即可。法官可以向当事人或证人发出强制携带文件到庭的传票，强制他们出示自己拥有的法令文书。（3）衡平诉讼的裁判方法。大法官裁判案件依据良心和道德裁判，摆脱了令状诉讼中格式化、程式化的束缚，"大法官不认为自己应受法律准则的严格束缚，每一个大法官都有相当大的按照自己是非观进行自由裁量的自由"。[2]就法律行为的合法性而言，大法官不仅仅审查行为形式上是否符合法律，更审查行为人的主观意图和主观目的。大法官没有停留在追求"表面正义"上，而是实现实质正义。因此，大法官法院被称为"良心法院""道德法院"。[3]

（三）宪政议会社会时民事诉讼程序

17世纪的资产阶级革命和18世纪的资本主义发展，英国社会进入新的发展阶段，政治上议会至上、君权虚置，经济上实行自由资本主义。原有的司法制度、诉讼程序不适应新时代的需要，走向了改革之路。

1. 统一法院体系

（1）建立统一的高等法院。第一，1875年《司法法》对法院体系的改革。该法规定："自本法案颁布之日起，下面提到的各法院将被合并，在本法案有关条款的规定下，组成英国最高法院。这些法院是：大法官法院、王座法院、普通诉讼法院、财政法院、海事法院、遗嘱检验法院、离婚法院和伦敦破产法院"，"上面所说的最高法院将包括以下两个常设法院：一个是女王陛下的高等法院，另一个是女王陛下的上诉法院"。按照此规定，高等法院接管所有原普通法法院和大法官法院的初审司法权和来自下级法院的上诉司法

---

[1] 起诉书的内容可分为三部分，一是叙述部分，主要描述起诉的缘由，二是指控部分，即对被告的指控，三是质问部分，申明被告行为的违背道德和正义。参见毛玲：《英国民事诉讼的演进与发展》，中国政法大学出版社2005年版，第156页。

[2] F. W. Maitiland, *The Constitutional History of England*, Cambridge University Press, 1926, p.235.

[3] 程汉大、李培锋：《英国司法制度史》，清华大学出版社2007年版，第67页。

权；上诉法院接管原属大法官上诉法院和财务署上诉法院的上诉司法权。取消了议会上院大部分上诉司法权。从此英国两套法院分立并存的体系宣告结束，法院组织体系实现了一体化。第二，1880年维多利亚女王将普通诉讼法庭和财政法庭并入王座法庭。第三，1970调整海事、遗嘱检验和离婚法庭。将该法庭更名为家事法庭，还接管原属于大法官法庭管辖的监护事宜；遗嘱检验司法权并入大法官法庭；海事司法权并入王座法庭，在其下新设立海事分庭。高等法院的建立标志着英国长期分立的两套法律体系和法院组织合二为一。

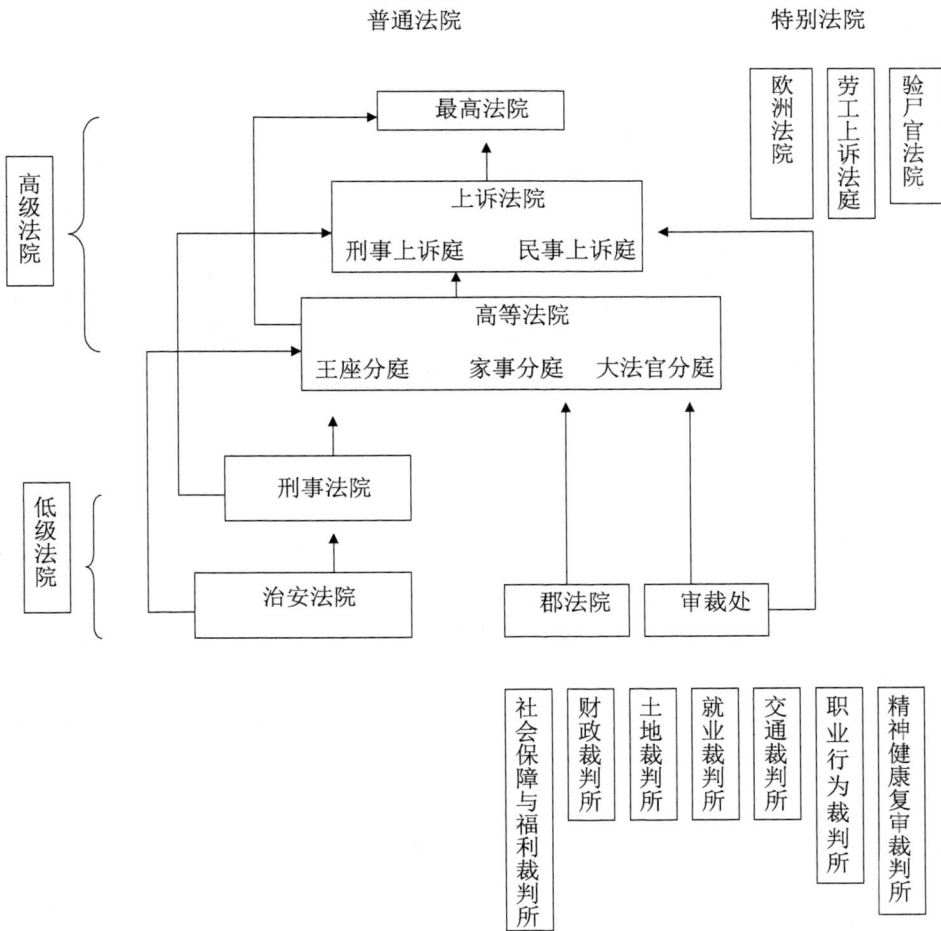

图3-5　英国统一的法院体系

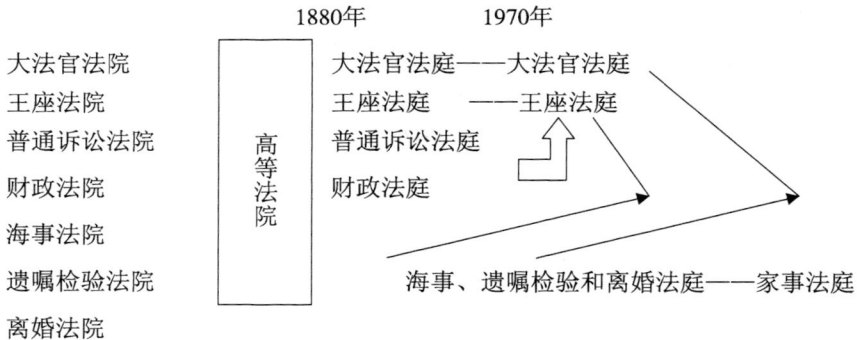

图 3-6　英国统一的高等法院

（2）建立统一的上诉法院。统一的上诉法院是逐步建立起来的。首先，在 1830 年以前，上诉法院包括王座法院、财务署上诉法院、第二财务署上诉法院、议会上院。王座法院受理来自普通诉讼法院的上诉；财务署上诉法院建立于 1358 年，受理来自财政法院的上诉和王座法院一审及上诉审；第二财务署上诉法院建立于 1589 年，专门受理来自王座法院的上诉。其次，1830 年建立新的财务署上诉法院。议会法案决定，废除旧有的两个财务署上诉法院，取消了王座法院对普通诉讼法院的上诉审权；新的财务署上诉法院负责受理来自三大中央法院（王座法院、普通诉讼法院、财政法院）的上诉案件。第三，1851 年衡平法民事上诉改革。议会法案决定，成立专门的大法官庭上诉法院，由大法官和两名专职上诉法官组成，负责审理卷档主事和副大法官的错判案件。从此以后，大法官不再参与衡平法民事初审。最后，1875 年建立统一上诉法院。《司法法》将普通法和衡平法的上诉司法权统一起来，由新建立的上诉法院统一行使管辖权，受理来自高等法院各法庭和各地郡法院的一切民事上诉案件。

（3）建立最高法院。2005 年《宪政改革法》从上议院分离出一个全新的部门，即最高法院，取代上议院成为英国最高终审司法机构。2009 年最高法院正式挂牌运营。最高法院共有 12 名法官席位，均由女王书面任命。最高法院为英国最高上诉法院，审理对公众有重大影响的案件。

（4）地方法院之重建。1846 年英国议会通过《郡法院法》。根据该法，在全国建立 500 个郡法院，作为专门受理民事案件的基层法院。这些郡法院分布在英国 60 个巡回区内。[1]郡法院受理标的额较小的民事案件，采用简易程序审理案件。

2. 统一程序法

（1）普通法院统一程序。第一，1832 年颁布《统一程序法》。根据该法，取消了形式多样的起始令状，三大法院（普通法院、大法官法院、海事法院）使用统一的传唤令状。这种传唤令状不再由大法官法院统一签发，而由案件受理法院自行发出。传唤令状不再送交所在郡郡长，而直接送达于被告。如果被告未及时出庭，原告可依法获得缺席判决。第二，1833 年颁布《不动产时效法》。根据该法，废除了约 60 种不动产诉讼令状，只保留了不动产回复之诉等三种重要令状。第三，1819 年取消决斗审判法和 1833 年《民事诉讼程序法》废除公证昭雪法，并授权法官制定程序规则。第四，1852 颁布《普通法诉讼法》。根据该法，取消了旧的诉讼形式，按照现代的部门法分类，将民事诉讼分为契约、侵权等几大类。至此，沿用七百年之久的令状制度宣告终结。第五，1854 年颁布《普通法程序法》。该法允许普通法院采用"辅助衡平"原则，授权普通法院使用询问调查程序强制当事人披露有关文件。在以前，这种程序只允许大法官法院使用。

（2）大法官法院统一程序。第一，1852 年的《大法官法院程序法》。该法取消了封建的传唤令状方式，改用送交原告起诉书副本的方式传唤被告出庭，起诉书简要写明原告起诉事由以及要求赔偿的数额等；授权大法官法院可以决定诉讼过程中出现的任何法律问题，而无须将其提交普通法法院，从而避免了法院之间因相互转送案件而延误审判过程。第二，1858 年《大法官法院补充法》。该法授权大法官法院可以对侵权和伤害案的赔偿金额作出裁定，而此项裁定权以前只属于普通法法院；裁定的方式可以是法官单独裁决，也可以采用陪审制裁决。

3. 民事诉讼规则及其革新

（1）民事诉讼规则的制定。第一，制定主体为最高法院规则委员会。1833 年议会首次把制定《法院规则》的权力授予高级法院。最高法院规则委员会的成员为高级法院法官，1894 年吸收开业律师参加。1909 年最高法院规

---

[1] 新的资料显示，目前英国共有 240 个郡法院，分布在 50 个巡回区内。参见齐树洁主编：《英国民事司法制度》，厦门大学出版社 2011 年版，第 53 页。

则委员会的人员组成包括枢密大臣、首席大法官、案卷主事官、遗嘱庭庭长、四名法官、两名开业大律师、两名开业律师。1925 年最高法院规则委员会的人员组成，包括枢密大臣与其他四五人，前者具有否定权。上诉法院由案卷主事官代表参加；高等法院由每个庭的庭长参加；枢密大臣指定上诉法院、高等法院的两名法官、三名大律师、两名律师参加。第二，最高法院规则委员会的权限。规则委员会行使立法权，起草《法院规则》，由议会通过。规则委员会权限很广，涉及最高法院的全部诉讼程序。第三，最高院规则委员会的工作程序。各方面的建议通过枢密大臣的办公厅转交给委员会。办公厅起着秘书处的作用，保管全部档案，包括规则草案的修改方案和各方面对修改规则提出的意见；枢密大臣的办公厅同时担任郡法院规则委员会秘书处的工作；修改方案的起草工作亦由枢密大臣的办公厅担任。

1965 年制定《最高法院规则》，总共有 114 条命令，每条命令分为若干规则。1981 年制定《郡法院规则》，最高法院规则委员会于 1959 年获得法律授权制定郡法院民事诉讼法。[1]

（2）民事诉讼规则的革新。1999 年制定新《民事诉讼规则》，截至 2011 年，该规则已修订 55 次。新《民事诉讼规则》来源于沃尔夫勋爵关于民事司法改革的中期报告（1995 年）和最终报告（1996 年），报告提出了 300 多项有关改革的具体建议。理解新《民事诉讼规则》应注意以下方面：第一，民事诉讼规则的哲学基础——分配正义。分配正义理论核心思想，就是认为民事司法是一种资源，具有有限性，所谓分配正义就是根据案件特征将司法资源在民众间进行合理分配。这要求法官不仅要在个案中公平裁断，更要超越个案考虑民事司法资源在国民中合理分配。[2]第二，民事诉讼规则的首要目标。保障当事人的地位平等，节省诉讼费用，采取与如下因素相适应的方式审理案件：案件涉及的金额；案件的重要性；争议事项的复杂性；各方当事人的经济状况；保证高效、公平地处理案件；适当地分配法院资源，并考虑其他案件配置资源的需要。第三，民事诉讼规则的基本内容。统一了高等法院和郡法院的诉讼规则；加强了法院对诉讼程序的干预，引进案件管理制度；提高诉讼效率的制度安排，如对小额程序实行限制上诉，快速程序规定了时

---

〔1〕 沈达明：《比较民事诉讼法初论》，对外经济贸易大学出版社 2015 年版，第 3~5 页。
〔2〕 齐树洁主编：《英国民事司法制度》，厦门大学出版社 2011 年版，第 31 页。

间表，当事人和法院应严格遵守之；严格控制诉讼费用；提倡采用替代性纠纷解决方式。第四，审前程序。审前会议是其核心，审前会议由诉答程序中的案情声明和证据开示制度及其他审前事项构成。民事诉讼规则增加了诉前议定书，其运作如下：原告向法院提交诉状后，法院让双方签订诉前议定书，以促进双方协商、谈判、和解。原告只能在签订议定书3个月后起诉。如无法和解，议定书签订后三个月提起诉讼，进入诉答程序。有些案件可以审前处理，包括撤诉、缺席判决、即决判决、基于自认的判决等。最后是审前救济。法院在此阶段居于主导地位。第五，审判程序。郡法院的审理程序，包括小额程序、快速程序、多轨程序，适用小额程序的案件为，人身伤害案标的额不超过1000英镑，其他案件不超过3000英镑；适用快速程序的案件为，超过小额诉讼标的额限度和并不超过1万英镑的案件；适用多轨程序的案件为超过1万英镑的案件，后修法改为1.5万英镑。第六，上诉程序。郡法院审理的案件，要经过上诉法院的允许；高等法院的上诉案件由上诉法院受理，不接受证人作证，上诉只能针对法律问题或者在上诉许可的法律和事实问题；上诉法院审理的案件可上诉至最高法院，但当事人应得到上诉法院或最高法院的同意，只有涉及公共利益的案件被允许上诉到最高法院。蛙跳上诉，即直接从高等法院上诉至最高法院，这必须得到双方当事人和高等法院的同意，而且需成文法律的支持或有先例可循。新证据的限制规定，使上诉程序由复审制向续审制和事后审的方向转变。新证据包括以下三种，一是在下级法院的听审中虽经合理的努力仍难以获得；二是将很有可能对案件的结果产生重大影响；三是具有明显的可信性。符合上述三种情形的新证据可以接受。

4. 英国民事诉讼程序的新变化

第一，在坚持公正优先原则的前提下，更加重视效率的提高。第二，在尊重程序公正价值原则的前提下，更加重视实体公正的价值。第三，在注重被告人权利保护的同时，也给予其他相关人员（如原告、被害人、证人）的权利以及社会公共利益（如保障社会安全）以足够的重视。第四，在继承当事人主义传统的前提下，适当增加职权主义因素，进一步向"管理主义模式"靠拢。第五，在保持对抗结构模式的前提下，加强诉讼双方的合作性。

总之，未来英国民事诉讼审判制度总体框架不会根本改变，但在具体层面与环节上将继续不断地进行调整，发展的总趋势是更加注重各种不同角色、权利、资源、价值之间的统筹兼顾与综合平衡，力求通过多元利益的折冲樽俎达致有机统一，从而促使民事审判更加公平、合理、高效、接近正义。[1]

三、总结

（1）令状制度的废除，与王权社会走向宪政议会社会有关。在君主时代，在地方打官司的当事人，要获得国王的救济，必须获得国王的令状许可。后来国王的这项许可权力由代表国王的中央司法机构行使，代表国王的中央法院给予地方法院当事人救济，即以令状的方式给予救济。不过到了19世纪30年代，令状开始走向消亡。这其中原因，与国王的权力走向君主立宪有关，"虚君"制实行使得令状制的原动力丧失了，令状变成死的程式诉讼。面对混杂的诉讼形式或诉讼程式，职业的法律家采取了动手术的方式对其进行开刀，理性作用下，开启了程序法的统一化运动。旧的规则经过整理、裁剪，有现代意义的保留在新程序法典中，同时引入了一些现代观念如侵权、契约等。

（2）取消了普通法院和衡平法院差别，建立统一的法院体系。不管是普通法院还是衡平法院都代表了国王对地方法院当事人的救济。衡平法院则是从普通法院救济不力中横向开出代表国王的法院，它是与普通法院地位并行的给予地方法院当事人救济的法院。都是同等地给予在低级法院诉讼的当事人的救济，二者经常的会产生矛盾，判决难免会出现相互抵牾，相互的抱怨就不可避免。这样的冲突是统一普通法院和衡平法院的根本动力，建立统一的高等法院体系就消除了普通法院和衡平法院的差别。

（3）取消了郡法院和高等法院的民事诉讼规则的差别，统一了民事诉讼规则。高等法院结束了普通法院和衡平法院并立的局面，统一了诉讼规则。不过作为地方的郡法院则依旧运行于自己的规则中，地方法院诉讼规则和高等法院诉讼规则二元并行运行。1995年启动司法改革，司法改革研究的成果最终落实于1999年民事诉讼规则。该规则结束了地方郡法院和高等法院诉讼规则二元分立的局面，实行统一的民事诉讼规则。考虑到既有的程序差异，民事诉讼规则采用了多轨道的程序，以适应法院差异性。

（4）统一的民事诉讼规则制定之前，运行于郡法院和高等法院的规则分别为《郡法院规则》和《最高法院规则》，这两规则都由最高法院委员会制定，即都是由司法机构制定。这是因为在19世纪30年代，议会授权民事诉

---

〔1〕 陈汉大、李培锋：《英国司法制度史》，清华大学出版社2007年版，第366页。

讼规则由法官制定。实际上，制定民事诉讼规则的委员会组成人员除了法官外，还有律师。这是法律人制定规则的历史事实。1999 年民事诉讼规则则是根据沃尔夫勋爵司法改革的两个报告制定，说明民事诉讼立法依赖于代表第三方的专家制定。英国这样的由法院制定规则到由专家制定规则，是一个值得认真研究的现象。后者具有委托立法的本质。由法院制定规则的事实也没有把民事诉讼规则变成法官的规则，而增加科以当事人责任的规定。这其中的原因，就在于制定规则的法官是高等法院的法官，而法官又是从律师中来，基本确保制定规则的是最卓越的法律人。另一方面，在三权分立体制下，司法代表着正义，独立惯了的法官自然会秉持正义理念制定规则，法院并无自己的利益，是正义的代表，规则制定者能保持较大的中立性。而我们的司法体系则是分享着权力，立法本身就是权力的展现。在权力意志支配下，最高法院制定的规则自然是扩大自己权力或者为法官们尽可能减轻责任，对当事人则是增加他们运行诉讼的责任。所以这是两国都是由法院制定规则，然而制定的规则却南辕北辙的原因。也许考虑到法院制定规则的角色冲突，所以英国 20 世纪 90 年代的司法改革委托第三方进行，这是立法社会化的表现。

（5）民事诉讼程序统一化运动。在 19 世纪 30 年代，英国开启了民事诉讼程序统一化运动，这是特别值得注意的现象。之所以会出现统一化运动，有的人认为是受学者的影响，如民事诉讼统一化改革源于边沁批判的压力，[1] 有的人认为是议会君主制、自由主义思想影响所致。[2] 笔者认为，当时民事诉讼程序弊病丛生，如程序僵化、效率低下，这是民事诉讼程序统一化运动的实践动因，而学者将实践中的问题揭示出来，并提出法律改革意见，为民事诉讼程序统一化运动进行了理论准备。有了实践动因和理论准备，并不必然导致民事诉讼程序走向统一化运动，这里最为关键的原因在于英国在 19 世纪 30 年代已经具备了完成民事诉讼程序统一化运动的机制，即在自由主义思想指引下，议会君主制或宪政议会制为民事诉讼程序统一化提供了管道和渠道。换句话说，思想的力量和制度的力量合力推进了民事诉讼程序统一化运动。

---

〔1〕　徐昕：《英国民事诉讼与民事司法改革》，中国政法大学出版社 2002 年版，第 424 页。

〔2〕　牛淑贤：《英国近现代司法改革研究》，山东人民出版社 2013 年版，第 103～108 页。

第四章 程序自由

第一节　程序自由之原理

一、自由主义传统之论说

（一）古典自由主义

在自由主义传统中，穆勒应该是古典自由主义的代表，他提出了自由两原则。自由的第一原则，就是个人的行为只要不涉及他人，而只涉及他个人本身，个人无须对社会负责。如果他人为了他们自身利益认为有必要对他进行劝告、教诲以及回避，那是社会对其行为表示厌恶或不赞同的唯一合法的手段或措施。自由的第二原则，就是对于有损于他人利益的行为，个人应负责。而且可以受到社会或法律的惩罚，如果社会认为这种或那种惩罚是为了保护自身。[1]穆勒的自由包含两方面：一是个人自由，二是社会责任，即对损人行为负责。

如果说穆勒是英美法系古典自由主义的代表，那么康德则是大陆法系古典自由主义的代表。康德认为，人本身是目的，人才有尊严。人应互为目的，所以人应有各种权利。人人自由独立思考，保持独立精神，才能搞好国家。法律为什么要保障言论自由，因为当我们每个人表达权利，才能合作，才能产生力量，国家才能好起来。自由在法律、道德节制之内才能搞好国家。解决问题不是某一个人的事，而是每个人的事。自由的思想，独立的精神，比较容易将好的知识集中起来。康德的哲学思想一面是知识，一面是自由。前

---

〔1〕　[英] 穆勒：《论自由》，谢祖钧译，河南文艺出版社2014年版，第96页。

者是理论哲学探讨的内容，体现了理论理性，后者是实践哲学探讨的内容，属于实践理性，解决道德至善的问题。[1]首先必须清楚的是，康德的"实践"是指人的道德行为，而不是马克思哲学的实践概念（人类的行为）。其次，其实践哲学核心内容是：人是自由的，这是道德的前提。自然界，人受自然规律支配，如生老病死、欲望。但是人做事有章法，即人是按行为准则做事，这就是意志的主观原则，因为准则是自己定的。易言之，人是有目的的，有目的的行动是有准则的，而准则是自己定的。人会自问，在诸多准则中选择哪个准则，如出门可以选择不带伞，这时人是自由的，是自律的。人进而有两面性，一是生物人，人受七情六欲支配；二是精神人，自由是一种信念，是先验的设定，不是理论问题。

根据康德的实践哲学，人可分为自然之物和自由之人。前者受偏好欲望支配，属于自然的因果性，是他律。后者是怎么评价的问题，属于自由的因果性，是自律。即按照我自己决定的准则去行动，它的根据就是先验自由。揭示了人是按行为准则行事的，康德没有在这里止步，而是进一步思考，要有普遍的法则或原则去决定行为准则，要在诸多准则中进行选择，这就是涉及评价准则的普遍原则，即客观的实践法则。该法则为"如此地进行活动，以致使你的意志的准则，能永远同时地像一个普遍立法的原则那样有效"。[2]康德把它叫作绝对命令，如道德、良知，它对所有人都有约束力。人是需要道德法则的，否则社会难以形成，如欠债还钱、相互帮助，如不遵守，则谁也借不到钱，谁也得不到帮助。那么道德法则是什么呢？道德法则是无条件的，因为它与人的一个特性有关，即人不同于一般的生命体，人是自由的，我是我行动的原因，此观点与儒家"反求诸己"见解相似。不过康德认为，绝对命令是个召唤（这里借鉴了上帝的观念）。服从召唤是义务，即道德义务。义务只有当自由存在着才可能。道德义务的基础为先验自由。康德的自由属于内心的那种决断，不为物欲所役。在英美自由主义者看来，德国学者比较软弱，不能反抗专制，英美自由是在法律许可范围内主张权利。康德的自由包含以下内涵：一是自由是先验的、无条件的，不证自明，具有超越性；二是这种自由更多的是意志的自由，内心决断的自由；三是崇高的道德义务，

---

〔1〕 ［德］康德：《实践理性批判》，邓晓芒译，人民出版社 2003 年版，第 90 页。
〔2〕 高宣扬：《德国哲学概观》，北京大学出版社 2011 年版，第 164 页。

在面对外在压迫下，也可勇敢选择善。委曲求全一辈子，但是最后一刻选择做一回自己，也是好样的。康德的自由，便是要求有做出善的勇气。这也是汉娜·阿伦特特别看重的一点。

（二）现代自由主义

伯林是现代自由主义的代表。伯林对自由采取二分法，区分积极自由和消极自由。积极自由是指人是决定的来源，自己做决定。决定的来源是自己，而不是外部力量。所谓消极自由，不告诉你自由是什么，而是给你空间，在领域、空间里是自由的，如法治，法律范围里即是自由。消极自由是根据自己意思做事的领域和空间，不问自由的内容，只问有没有做事的空间和空间有多大，是必要的自由。没有这个自由，其他都是假的，赋予这种自由的必要条件就是法治。消极自由是从 16 世纪对抗宗教和政治迫害中演变出来的。经受 20 世纪左翼极权和右翼极权考验，而逐渐完善。消极自由是不受外界干扰的独立空间，不问你如何做决定，有没有能力做决定，因为这是自己的问题。这里预设了两个条件，一是每个教派的人不受外界干扰，信教自由；二是社会的基本制度有能力有资源提供做人的教养和训练。在俗世化的冲击下，教会学校家庭松动，甚至失落，欧美人权法治已建立起来，消极自由对抗的对象消失了，过去的针对性没有了，即宗教政治的迫害没有了。以个人为中心的倾向越来越强，没有资源继续扩大消极自由的范围。出现了有资格做决定变成有能力做决定的混淆，产生了任性和放任。在全球化背景下，物质主义宗教影响下，任性放纵与寂寞在一起，世界变成没有人味的原子社会。总结起来，消极自由在西方，一方面是消极自由在反抗宗教、政治迫害产生重大贡献。另一方面现在出现很大问题，伯林的学生还在强调消极自由，面对新问题很迟钝。当然在东方极权社会和带有极权因素的威权社会，消极自由仍是必要的。

积极自由是一个人做这件事而不做那件事的决定的来源是什么，是自己决定，而不是别人叫他做决定（如国家、流行的风尚）。做决定的来源是自己是积极自由。自己做自己的主宰，积极自由是人的创造活动（科学、艺术）的动力，是道德高尚的动力。这意味行为的自律而非他律。问题是，这里的"我"是什么，是小我还是大我。融入大我（如民族、国家），小我就不重要，就会变成政治人物的玩物。所以有必要区分本能的民族主义和反思的民族主义，本能的民族主义不能提出建国方案，必然依赖其他意识形态，从而成为政治人物的玩物。所以需要反思的民族主义，这是托克维尔《论美国的民主》最有洞见的发现。[1]积极自由要求自己做自己的主宰，但是如果没有做自己主宰的需要，没有做自己主宰的思想文化道德的训练，就会变成自我陶醉，自我中心主义，很自恋，这不是自我，而是自我的奴隶。

现代自由主义另一位大师就是哈耶克。哈耶克认为，自由就是免于强制。自由为人的一种状态，在这种状态下，"社会中他人的强制被尽可能减到最小限度"。[2]个人自由，就是"一个人不受其他某人或某些人武断意志的强制"。[3]历史地看，自由的传统将自由解释为"不受他人武断意志的支配"。[4]显然，哈耶克是从人与人之间的关系界定自由的，与他人无涉、处在自然之中的人如鲁滨逊是自由的。"一个人是否自由，并不取决于选择范围的大小，而是取决于他能否根据自己的意愿行事。"[5]个人自由不等同于政治自由，尽管后者也是自由的一种状态。政治自由是人们选择政府、参与立法和控制行政的权利，之所以要将其与个人自由区别开来，乃是因为存在这样的历史事实，即人们可能票选同意成为奴隶，受制于暴君。所谓民族自由、集体自由同样如此。自由也不同于内在的自由，内在自由强调人应深思熟虑或根据持续长久的信念行事，而不是感情的奴隶。以上混同还不是最糟的，最糟糕的是进入现代社会尤其是极权社会，即将自由等同于力量（如如愿以偿的能力），结果出现国家以自由的名义剥夺个人自由。哈耶克强调他的个人

---

〔1〕　在该书的"美国的公共精神"这一节，托克维尔首先介绍了本能的爱国主义，因为久居一处，产生的热爱，记忆跟一地的关联，对传统和习惯的熟悉和感知，这样的情感就是本能的爱国主义。而理性的爱国主义，因为知识和理性，个人权利和公共福利联系在一起，并随着法律的加强，个人权利扩大，带来公共福利提高，公共福利提高也成为个人权利的一部分。基于知识和理性，个人权利优先，法律保障随后，公共福利因个人权利而增大，反过来公共福利因个人贡献而使得个人对公共福利认知感加强。这就是反思的爱国主义。而当时法国社会，正是在这两者之间进退失据。[法]托克维尔：《论美国的民主》（上），董国良译，商务印书馆2009年版，第294页。

〔2〕　[英]弗里德里希·奥古斯特·哈耶克：《自由宪章》，杨玉生等译，中国社会科学出版社2012年版，第27页。

〔3〕　[英]弗里德里希·奥古斯特·哈耶克：《自由宪章》，杨玉生等译，中国社会科学出版社2012年版，第28页。

〔4〕　[英]弗里德里希·奥古斯特·哈耶克：《自由宪章》，杨玉生等译，中国社会科学出版社2012年版，第30页。

〔5〕　[英]弗里德里希·奥古斯特·哈耶克：《自由宪章》，杨玉生等译，中国社会科学出版社2012年版，第31页。

自由概念是消极意义的，免于强制也隐含了个人不成为他人的工具。

为什么需要个人自由？个人自由的根据在哪？哈耶克认为，个人自由的论据是承认自己对决定我们是否能够实现目标以及获取福利的许多因素都具有不可避免的无知。假如真有无所不知的人，知道我们实现愿望的一切因素，并了解我们将来的需求和愿望，那就没有理由倡导自由了。为了给不可预见和不可预言的事情留有发展的余地，自由是必不可少的。〔1〕政治学上假定大多数人是非常无知的，政治精英是先知先觉的，自由的倡导者把自己和最聪明的人都看作无知者。〔2〕自由的价值不是因为它会给我们带来确定性可预见的结果，"我们相信自由，不是因为那些在特殊情况下可以预见的结果，而是因为我们相信总的来说自由会为好的事情而不是为坏的事情释放出更多的能量"。"我从自由中得到的好处大部分还是出自别人对自由的利用，而且主要出自我自己不能利用、但他人可以利用的自由。"〔3〕自由并不限于思想自由，还包括行动自由。"思想发展的过程实质上只是一个阐述、选择和消除既存思想的过程。在很大程度上，新思想之流发源于行动（通常是非理性的行动）与物质性因素发生相互撞击的地方。如果将自由仅限于思想领域，新思想的源头便要干涸。"〔4〕自由不反对组织，前提是组织必须是自愿形成的并置于自由的氛围中，这样的组织才是有利和有效的。反之，则会扼杀造就思想的力量。

哈耶克对西方的洞见，就是认为个人自由产生秩序。个人自由是最好的资源，能产生合作，在法治之下，使得社会资源整合起来。人的行为在其他人做事中获得预期。"个人自由产生秩序"是推论出来的，这个秩序不是由服从命令产生，是自生自发的秩序，也是多元中心的秩序。哈耶克的这些想法受博兰尼的启发。博兰尼在《自由的逻辑》一书中探讨了学术自由，学术研究反对计划安排，而应由科学家自由安排。比如拼图，不能对几个人给予计划，每个人拼一部分。拼图最后还可以找设计者确认答案，科学是无人可找

---

〔1〕［英］弗里德里希·奥古斯特·哈耶克：《自由宪章》，杨玉生等译，中国社会科学出版社2012年版，第53页。

〔2〕［英］弗里德里希·奥古斯特·哈耶克：《自由宪章》，杨玉生等译，中国社会科学出版社2012年版，第54页。

〔3〕［英］弗里德里希·奥古斯特·哈耶克：《自由宪章》，杨玉生等译，中国社会科学出版社2012年版，第57页。

〔4〕［英］弗里德里希·奥古斯特·哈耶克：《自由宪章》，杨玉生等译，中国社会科学出版社2012年版，第60页。

的，所以只能靠科学家的自由协助，而不是计划安排。自由协助恰恰是最佳的合作方案。[1]这对东方社会而言，个人自由产生秩序是不可想象的。中国后代以前一直是定于一尊，多元中心的秩序更是不可想象的。自生自发的秩序要在中国落实，就必须依靠法治。法治的"法"两个特点，一是普遍适用，二是不对具体问题规定。

罗尔斯强调正义二原则，[2]第一原则就是平等的自由，限于政治方面的权利，如言论、表达、"不服从的抗争"等；第二原则是机会均等和尊重差异，限于社会方面的权利。机会均等优先，社会地位、财富的差异，以会给弱者带来最大实惠为前提。罗尔斯区分了理想状态的正义实现和现实状态的正义实现，前者即"原初状态"下正义的要求，后者则承认差异的存在。在两原则间，保障了第一原则，才能进行第二原则。罗尔斯坚持自由优先，从而维系了自由民主传统不坠。他对正义的实现进行了非常精密的设计，甚至是公式化处理，从而具有可操作性。总之，政治层面，自由优先；社会层面，机会均等和尊重差异。

自由主义不仅仅体现在理论层面，亦被规定于法律中。如法国《人权宣言》强调"自由就是指有权从事一切无害于他人的行为"，这应该是对穆勒自由原则的重申。《世界人权宣言》第 1 条规定，"人人生而自由，在尊严和权利上一律平等"；第 3 条规定，"人人有权享有生命、自由和人身安全"。《欧洲人权公约》第 5 条第 1 项："人人享有自由和人身安全的权利。"《德国基本法》第 1 条第 1 项规定："人之尊严不可侵犯，尊重及保护此项尊严为所有国家机关之义务。"

二、程序自由

（一）程序自由之内容

1. 程序多元

林毓生指出，自由就是社会多元。我想将自由的理念推到民事诉讼中，

---

〔1〕　[英] 迈克尔·博兰尼:《自由的逻辑》，冯银江、李雪如译，吉林人民出版社 2002 年版，第 38 页。

〔2〕　[美] 约翰·罗尔斯:《作为公平的正义:正义新论》，姚大志译，中国社会科学出版社 2011 年版，第 56 页。

所以主张程序自由，并引申出程序多元、程序多层两组概念。程序多元一方面当然指多元化多轨道的程序，如小额、简易、普通程序的多元，另一方面我想也指角色分化，即角色多元。程序自由，应包括主体的分殊。因此，法官、原告、被告为诉讼的当然的三角结构。但是如果原告被告皆称为人民群众，居上只称法院，法官角色都淡化，则程序没有自由了。或者说，只有法院审判，没有法官独立审判，只有人民群众，没有原告被告，这样的程序是直线型结构，是垂直压制型结构，这样的程序是没有自由的。

2. 程序多层

程序多层是指审级的多层次。程序的多层级为当事人自由选择提供了保障。一般而言，当事人获得多层级的救济越多，当事人自由的保障越充分。从程序层级救济看，世界范围内存在一审终审、两审终审、三审终审等程序层级模式。在同一个国家民事诉讼中，也存在三种程序层级共存的现象。我国民事诉讼法设立的审级制度，以两审终审为原则，以一审终审为例外。我国缺乏三审终审的审级设计。程序自由意味着程序多层。三审终审满足了程序多层的要求，我国应在现有的审级制度基础上，引入三审终审制，确立一审终审、两审终审、三审终审多元并存的审级模式。

3. 程序理性

对于理性，西方学者有过深入的分析。马克斯·韦伯在《新教伦理与资本主义精神》一书中揭示了欧洲社会从传统社会走向现代资本社会的主要过程，即揭示了从价值理性向工具理性的转变。在韦伯那里，理性存在工具理性和价值理性之分。民事诉讼法属于工具理性还是价值理性，不能一概而论。只能说存在侧重于工具理性的民事诉讼法或侧重于价值理性的民事诉讼法。民事诉讼中有的制度更加强调工具理性，有的制度更加强调价值理性。我国民事诉讼法过去特别强调其目的是实现实体法的结果，即民事程序的最大目的是实现民法内容，此种民事诉讼法可以归属工具理性的民事诉讼法。再审制度、行为的举证责任、既判力等都属于工具理性的制度设计。随着程序正义推行和当事人主义的落实，我国现行民事诉讼法给程序公正留了一些空间，程序公正的信念在法官头脑里也获得了一些位置。民事诉讼法获得了一些价值理性。违反公开审判制度、审判组织违法、剥夺当事人辩论权等重大程序错误列入再审事由，说明再审制度给价值理性腾出了空间。康德将理性分为理论理性和实践理性，前者指知识的真理性，主要解决人认识世界的方法问题，涉及人与世界的关系；后者指人的意志自由，主要解决人作出决断的根据问题，涉及人与人的关系。民事诉讼法是实践理性，主要规范法官、原告、被告三者之间的关系，其中法官裁判是实践理性最集中的体现。法官裁判是否为法官意志自由之物，是评价民事诉讼规范优劣好坏的原则。哈耶克将理性分为构建的理性和进化的理性，前者是指通过人的精心设计可以构建完美的社会秩序，后者是指一个好的社会秩序是对过去逐渐改进的结果，即社会进化的结果。本书主要在哈耶克意义上使用理性的概念。

　　我国民事诉讼法所呈现的秩序终究是人设计的产物，体现的是人意，而非神意，非上帝的安排。因而，我国民事诉讼法更凸显的特征是人的理性。哈耶克恰恰批判了这种人为理性，批判了构建论唯理主义。构建唯理主义起源于笛卡尔的理性主义，后经笛卡尔的追随者霍布斯、卢梭进一步发展，在英国则是得到边沁的进一步发展。构建唯理主义者认为，人凭着理性就能重构社会。"构成上述信念之基础乃是这样一种基本假设，即人主要是经由他所拥有的从明确前提中进行逻辑演绎的能力而成功主宰其周遭环境的。"[1]这当然是错误的，因为构建论首先在知识上犯了错误。构建论者认为我们知道充分解释或控制社会进程所必须的每一个事实，然而"每个人对于大多数决定着各个社会成员的行动的特定事实，都处于一种必然的且无从救济的无知状态之中"。[2]人们对于深嵌于大社会秩序之中的大多数特定事实所处于的上述那种必然无知的状态，乃是我们认识社会秩序这个核心问题的根源。[3]或许在原始社会中，人们因为面对的事情具有相似性，所以能够获得应对周遭的全面知识。但是在大社会或开放社会，情势就不同了。在这个社会里，一个文明的个人可能极为无知，甚至比许多野蛮人更无知，但是他却仍然可以从他所在的文明中获得极大益处。他可以利用他所未掌握的知识，尽管他不清楚这后面的决定因素是什么。其次，构建论错误地认为心智实体独立存在于自然秩序之外，拥有这种心智的人类能够设计出他们生活于其间的社会制度

---

〔1〕　[英] 弗里德里希·A.哈耶克：《法律、立法与自由》，邓正来译，中国大百科全书出版社2000年版，第7页。

〔2〕　[英] 弗里德里希·A.哈耶克：《法律、立法与自由》，邓正来译，中国大百科全书出版社2000年版，第8页。

〔3〕　[英] 弗里德里希·A.哈耶克：《法律、立法与自由》，邓正来译，中国大百科全书出版社2000年版，第9页。

和文化制度。事实并非如此。心智是人们对其周遭环境的调适，是在与决定社会结构的制度互动过程中发展出来的，当然反过来也会修正制度。这其中原因，是人先行而后思，而不是先懂而后行。人们遵循某种规则，乃是因为这些规则使人获得成功，获得力量。大多数行为规则只是在个人行动中被遵守，但是不是以阐明形式（如行诸文字）为行动者所知道。"我们受着那些我们知道如何遵循却无力陈述的规则的指导"。[1]最后，建构论第三个错误就是化抽象为具体。"建构论唯理主义之所以如此而更偏好于具体者而非抽象者，亦即更偏好于特定者而非一般者，乃是因为它的信奉者并没有认识到他们因此而在多大程度上限制了理性真正能够控制的范围"，他们自欺欺人地认为理性能够直接把握所有的特定细节。其结果，就和非理性主义携手联合起来，"只有在为那些归根结底必定是理性不及的特定目的服务的过程中，建构才是可能"。[2]

哈耶克的思想给我们的启发是什么呢？民事诉讼的研究由于继承了德国法传统，其属于欧洲大陆笛卡尔以来的理性主义，所以是理性建构论。这样的理性建构论已经成为民事诉讼法学研究不言自明的规则，一种普遍流行的学术作风。无论是权威学者还是初出茅庐的研究生，无不是以制度的理性建构为民事诉讼学术研究的起点和终点。他们都一定会为民事诉讼制度进行具体、细致的"人的设计"。这样的研究进路，都不自觉地成为民事诉讼法学者研究前提，甚至成为未加阐明的学术纪律，以至于非建构论没有容身之地。这样一种接近于"理性万能论"，实与哈耶克所批判的建构唯理主义相差无几。民事诉讼构建论发端于法律实证主义，它和科学实证主义犯了同样错误，即学者所获得的认识是客观的。所以认为构建论是可欲的、可行的。民事诉讼建构论者没有认识到，理性是一种方法和手段，而不是目的。理性就是以理性的分析了解理性的限度。

哈耶克将规则分为内部规则和外部规则。内部秩序是自生自发的秩序，依托于内部规则；外部秩序来自于人的构建和组织，依托于外部规则。对于法官而言，他只服从于自生自发的规则。政府和议会服从于具有组织功能的

---

〔1〕 ［英］弗里德里希·A. 哈耶克：《法律、立法与自由》，邓正来译，中国大百科全书出版社2000年版，第18页。

〔2〕 ［英］弗里德里希·A. 哈耶克：《法律、立法与自由》，邓正来译，中国大百科全书出版社2000年版，第39页。

外部规则。根据哈耶克的观点，民事诉讼法为法官裁判的规则，应该属于内部规则，人为的构建应尽量避免。哈耶克的内部秩序，其实就是个人自由形成的社会秩序。内部规则就是个人之间自由互动形成的规则。民事诉讼秩序应该就是个人自由所产生的秩序，人为的设计应尽量减少。这不同于外部规则和与其适应的外部秩序，因为后者体现"人为的设计"，一种理性的建构。就民事诉讼研究而言，理性应该利用，但是在什么限度里呢？笔者以为，就是理性只能针对现实（包括过去和现在），理性不能设想未来，这就是理性的限度，见图4-1。理性只关心"是什么"的问题，而不关心"应当是什么"的问题。这样看来，黑格尔对理性的诠释，即"现实的就是合理的，合理的就是现实的"，是对理性性质的规定性界定。

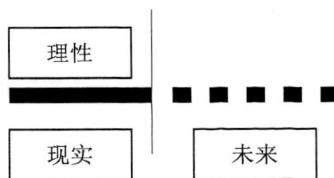

图 4-1　理性的限度

从民事诉讼法历史来看，理性主义兴起以前，民事诉讼法主要还是以自生自发的规则为主。在大陆法系，不管是法国还是德国，民事诉讼规则主要来自于实践，来自于传统。如法国 1667 年敕令不过是对既有的实践规则的整理。德国 1877 年之前，民事诉讼规则来自于罗马教会法传统和日耳曼习惯。启蒙运动后，随着人的理性张扬，民事诉讼法的理性建构因素逐渐加强。或者说，民事诉讼法典化不过是理性运动的结果。这场理性化运动一直持续到二战，二战后，理性化运动逐渐衰弱，人们只是在既有的基础上对民事诉讼法典做适当的调整和修改。还需注意的是，即便是由于理性的张扬，民事诉讼法典化也未能阻挡司法实践部门承认判例的效力，判例即是对理性运动的修正。在东亚，由于后发的文明，中国和日本只有被动接受欧洲的理性化运动。像哈耶克这种对理性的反思，并没有出现在亚洲学者身上。将理性推之为绝对化的莫过于新中国废除"六法全书"。共和国缔造者认为可以构建全新的法律体系，自然也包括民事诉讼法。后来的历史证明，这是理性的谬误。在英美法系，民事诉讼规则主要表现为普通法和令状制度，它们都是来自司法实践的逐渐累积，几乎就是哈耶克所谓的自生自发的规则。19 世纪后，英国才开启了统一程序法运动，这自然也可视为欧洲理性化运动的一部分。不过，在英国理性化的力量并不强大，甚至是柔弱的。因为英国直到 1998 年才制定统一适用高等法院和地方郡法院的民事诉讼规则，2008 年才成立独立的最高法院。而且判例制度在民事诉讼运作规范上发挥着更积极的作用。

通过对民事诉讼构建理性的反思和对两大法系民事诉讼法历史发展的经验的粗略考察，可以得出一个结论，即民事诉讼法的发展应遵守以下两法则。

第一，对抽象原则的确认，反对具体的理性建构。民事诉讼法对抽象原则的确认，包括对自由、民主、人性化、人权等价值的确认。在具体制度微观设计上，理性是做不到的，要看到理性的限度。

第二，对具体制度的否定，反对抽象的否定。民事诉讼法的修改或民事司法改革，应该对具体制度进行否定，而不能进行抽象否定。如新中国视民国时期"六法全书"为反动的法律，废除一切"伪法统"，这就是抽象的否定。抽象的否定不是改革，而是破坏，贻害无穷。因此对制度的变革，应采取具体否定的方法进行。

（二）程序自由在民事诉讼的体现

在英美法系国家，自由的传统得以维持，并落实于法令制度和国家机构设置安排上。如在英国历史上就实现了国王征税权力受限制、议会至上等现象，自由无疑是英国的传统。在大陆法系国家，康德的自由思想因纳粹政权曾一度受阻，直到二战后，德国才确立法治国理论，从而延续了自由的传统。自由思想传播到中国后，民国时期胡适是自由主义的积极倡导者，陈寅恪先生提出"自由之思想、独立之精神"，主要是指涉知识分子的思考自由，陈先生自由思想应该是继承了康德"意志自由"之观念。1949 年后，自由主义在我国大陆地区受到冷遇。在我国台湾地区，殷海光先生自称自由主义者，强调办刊自由。殷海光先生的弟子林毓生发展了自由主义思想，提出自由就是社会多元的观点。

当前，应重拾自由主义传统，拓展法学研究。就民事诉讼而言，就是要将自由的理念推到民事诉讼中。自由主义对民事诉讼的构造是有启发意义的，民事诉讼运作是由双方当事人自由的进行，还是在国家指导下有计划的进行，按照自由主义的逻辑当然应该是前者。所以，笔者主张程序自由。程序自由不仅仅是自由主义在民事诉讼的逻辑延伸，也是民事诉讼固有的传统，原因在于：

第一，现代民事诉讼发展之基都是自由主义。无论是 1806 年《法国民事诉讼法典》还是 1877 年《德国民事诉讼法典》、1891 年《日本民事诉讼法典》，都坚持了自由主义诉讼观，[1]强调当事人自由进行诉讼。

第二，德国法理论上存在自由民事诉讼和社会民事诉讼的区分，自由民事诉讼是现代民事诉讼中一种重要的类型。[2]如《德国民事诉讼法》堪称百年自由主义民事诉讼法典，即便奥地利民事诉讼法典属于社会民事诉讼类型，但也没有根本放弃自由主义传统。因为社会民事诉讼只是增加了当事人真实义务，是自由诉讼的适度修正。

第三，程序自由之核心乃当事人自由主张，自由提出证据，所以德法民事诉讼理论传统有自由顺序主义之说。所谓自由顺序主义，是指对当事人的诉讼行为不设一定顺序，允许当事人于言词辩论终结前可随时主张事实、提出证据，并无时期、态样之任何限制。因当事人在言词辩论终结前，无论何时均可提出攻击或防御方法，又称随时提出主义。后来的适时提出主义是对自由诉讼的规范化，而不是消除自由诉讼。

第四，法官自由心证制度。自由心证制度最早规定在 1808 年《法国刑事诉讼法》中，后来意大利、德国、俄罗斯、西班牙、奥地利等国也相继在立法中确立该制度。根据自由心证制度，法官判断证据证明力依赖良知和经验法则，形成内心确信，这完全是自由判断。

三、程序责任

（一）自由与责任

自由之理念，乃是精英、贵族式意识，所以自由之奉行，要与高素养的人相匹配。否则就容易陷入散漫主义，只要权利，没有担当。高素养人奉行自由，往往是相伴高度自律，其实就是责任。自由与责任的关系，康德和哈

---

〔1〕　江伟、肖建国主编：《民事诉讼法》，中国人民大学出版社 2015 年版，第 13 页。

〔2〕　[德] 米夏埃尔·施蒂尔纳：《德国民事诉讼法学文萃》，赵秀举译，中国政法大学出版社 2005 年版，第 86 页。

耶克都有论及。

康德认为，自由是先验的，无条件的。根据先验的自由，人可以自行选择其行为方式。对行为方式评价则需根据普遍的客观法则。此种客观法则为两方面，一是道德义务，二是法律的限制。道德义务类似上帝的召唤，追求至善，其实就是个人责任。这样自由就和责任实现了结合。自由同时意味着至高的道德责任，另外自由必须在法律的限度内。总之，康德的责任包括道德责任和法律责任，有学者称之为内在自由义务和外在自由义务。[1]

哈耶克系统地论述了自由和责任的关系。第一，自由和责任不可分。"自由不仅意味着个人拥有选择的机会和承受选择的负担，它还意味着个人必须承担自由行动的后果，并接受对自己行动的赞扬或非难。"[2]第二，责任要求人有责任能力。责任的条件在于人有行使自由的能力，或者具有做出理性行动的能力，由于幼儿、精神病患者缺乏这方面的能力，就不能让其承担责任。"自由和责任的这种互补关系，意味着要求自由的论据只适用于那些能够承担责任的人，而不适用于婴儿、白痴或疯子。"[3]第三，区分政治责任和法律责任。"如果要使自由行之有效，政治上的责任和法律上的责任区别必须泾渭分明，而且必须根据一般化和非个人的准则来进行区分。在我们确定某人应是自己命运的主人，还是应服从他人的意愿时，必须看他能否承担责任。"[4]第四，个人自由和个人责任范围一致。责任一定是个人责任，而不是集体责任。"自由社会里，不可能有某种一个组织成员的集体责任，除非他们通过协调行动已经使每人都各负其责"，[5]集体负责，结果便经常是无人真正负责。第五，责任的意义在于让人选择不做出某种行动。"声称某人要为他的所作所为负责，其目的在于，使其具有责任观念时的行动不同于缺乏责任观念时的行动。我们让某人承担责任，……，而是想使他做出不同的行动"，"它会强

---

〔1〕 卢雪昆：《康德的自由学说》，里仁书局 2009 年版，第 234 页。

〔2〕 [英] 弗里德里希·奥古斯特·哈耶克：《自由宪章》，杨玉生等译，中国社会科学出版社 2012 年版，第 107 页。

〔3〕 [英] 弗里德里希·奥古斯特·哈耶克：《自由宪章》，杨玉生等译，中国社会科学出版社 2012 年版，第 115 页。

〔4〕 [英] 弗里德里希·奥古斯特·哈耶克：《自由宪章》，杨玉生等译，中国社会科学出版社 2012 年版，第 116 页。

〔5〕 [英] 弗里德里希·奥古斯特·哈耶克：《自由宪章》，杨玉生等译，中国社会科学出版社 2012 年版，第 122 页。

迫我比以前更加注意此类行动可能招致的后果"。[1]

(二) 程序自由与程序责任

因此,程序自由和程序责任的关系,表现为以下几方面:

第一,自由先于责任,程序责任以程序自由为前提。如果没有自由,只有责任,那就是压制性程序法,是没有灵魂的程序法。

第二,程序自由之推行,还在于程序责任的配匹。责任有自律的责任和他律的责任,对于精英贵族式人而言,他们在享受自由时,往往自觉担负责任,能够很好的自律。但是对于普通人而言,大多数时候要自由,不愿担责任,他律的责任强加才有必要。

第三,程序责任中道德责任居于优先地位。在民事诉讼上,诚实信用原则已被立法列为民事诉讼基本原则,意在强调法官和当事人的道德责任。该原则是程序责任的立法体现,属于道德责任法律化的表现。除此外,当事人应适时、适式地进行诉讼,法官应善尽阐明义务,都可视为程序上法律化的道德责任。

第四,程序责任以法律责任为主要表现形式。道德自律不足,则需法律上的他律。这也是奉行程序自由的英国、德国、法国,民事诉讼上有大量惩罚性规定的缘由,如起诉提出法律明显无理由的主张会被罚款、上诉缺乏法律理由也面临处罚等。我国民事诉讼法规定了妨害民事诉讼的强制措施,如罚款、拘留等。

第五,具备责任能力是承担程序责任的条件。无诉讼行为能力的未成年人、精神病患者,由于不具备责任能力,所以应由法定诉讼代理人代其进行诉讼。另外,程序运作日趋复杂化、专业化,享有程序自由的当事人因能力不足而难以应对,严格实行自我负责的归责机制,程序则略显不公。为了解决当事人责任能力不足的问题,所以德国民事诉讼上实行律师强制代理制度。

---

〔1〕 [英] 弗里德里希・奥古斯特・哈耶克:《自由宪章》,杨玉生等译,中国社会科学出版社2012年版,第113页。

第二节　法官判断自由与司法责任

一、司法责任的一般原理

对于法官而言，程序自由主要体现为法官事实判断的自由心证，程序责任则表现为法律职业伦理责任和法律责任。法官的程序责任是个人的，而非集体的。法官的个人责任以个人事实判断的自由为前提。2015年制定的《最高人民法院关于完善人民法院司法责任制的若干意见》（以下简称《司法责任意见》）明确了员额制下法官的司法责任，是规范司法责任的重要司法文件。它是否符合司法责任的一般原理，值得分析。

二、《司法责任意见》的内容

（1）废除了判决书审批签发制度。在以往的审判模式下，裁判文书的署名权和签发权相分离，即"法官署名、领导签发"。《司法责任意见》明确了独任审理案件的裁判文书由独任法官直接签署，合议庭审理案件的裁判文书由合议庭成员依次签署，院长、副院长、庭长对其未直接参加审理案件的裁判文书不再进行审核签发，使法官的裁判职权得到落实。

（2）改革的地方，包括以下内容：独任制改为以独任法官为中心，法官助理、书记员、其他司法辅助人员相配合的团队式审判，并且规定适用于基层和中级两级法院；增设法官会议，实行法官会议与审判委员会并存制；明确了审判委员会讨论案件的范围，只讨论涉及国家外交、安全和社会稳定的重大复杂案件；明确了承办法官、审判长、书记员、法官助理各自职责权限；明确了院长、副院长、庭长、审判委员会、合议庭、独任庭各自职责范围。

（3）明确了司法责任类型，确立了违法审判责任范围，排除了错案责任追究的情形。将司法责任分为审判责任和职业伦理责任，审判责任存在两种类型的责任，一是违法审判的责任，二是错误裁判的责任。对于前者特别采取列举的方式列出违法审判的情形，对于后者则采取排除的方式将一些情形排除错误裁判之外。职业伦理责任则是指法官有违反职业道德准则和纪律规定、接受案件当事人及相关人员的请客送礼、与律师进行不正当交往等违纪违法行为时，所承担的责任。这是对司法责任的内涵和外延进行限定，意在避免司法责任漫无边际。

（4）确立了司法责任追究程序。出现需要追究司法责任的情形，由院长提出初步意见，交审判委员会进行认定，审判委员会对违法审判的事实进行了初步认定后，由法院的监察机构负责调查。根据调查的结果，院长决定是否送交法官惩戒委员会审议。法官惩戒委员会在涉嫌违法法官和监察机构参与下进行审理，提出是否追责的建议。法院人事部门、纪检部门和有关司法机构根据违法的程度追究法官的司法责任。其程序流程如下，见图4-2：

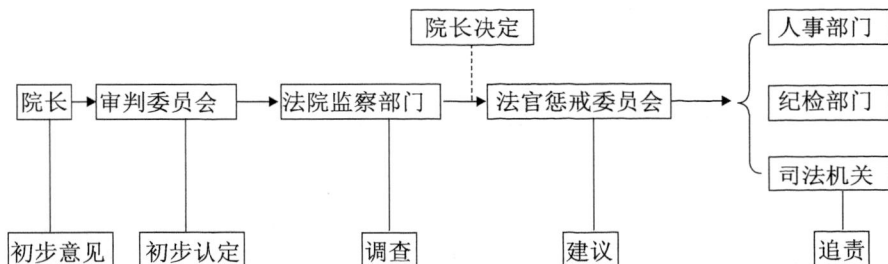

图4-2　司法责任追究程序

三、《司法责任意见》的评析

在司法责任制度下，由于"山头并立、诸侯林立"，旧制难废，立新制，造成制度叠床架屋，制度、人员膨胀，恐难收成效。

（1）《司法责任意见》使法院严重官僚化、科层化，见图4-3。一方面，法官之上，有院长、副院长、庭长、副庭长、审判长，至少存在三个层级的领导。审判长虽为合议庭主持人，但由于常设化、职位化，实际变成合议庭的领导人。法官之下有法官助理、书记员、其他司法辅助人员，他们服务于法官的审判活动，这意味着法官是法官助理、书记员、其他司法辅助人员的领导，变相地将法官职位行政化。另一方面，审判组织层级化，独任制和合议制之上，有法官会议、审判委员会、院长，而审判委员会只讨论重大、疑难、复杂案件的法律适用问题，实质上是分享二审所享有的法律审权限，变相成为一审中的"二审"。

```
                        院长
                    ↗           ↖
            副院长                   审判委员会
              ↑                        ↑
            庭长                     法官会议
              ↑                        ↑
            副庭长                      │
              ↑                        │
            审判长 ─────────────────── 合议庭
              ↑
            法官 ──────────────────── 独任制
           ↗    ↖
      法官助理    书记员
```

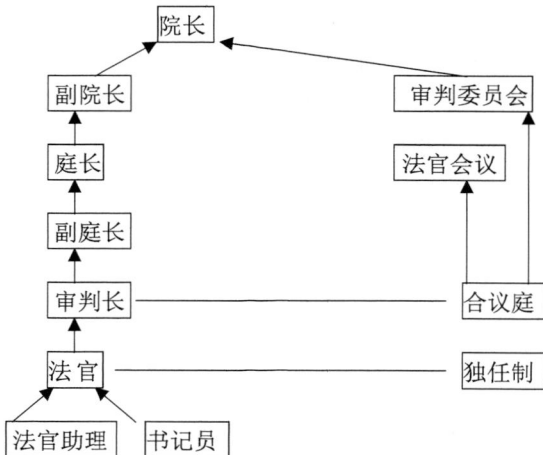

图 4-3 法院的科层化

（2）《司法责任意见》所确立的责任具有外在性、强制性、人身性的特点。根据前文分析，责任具有道德自律的责任和法律他律的责任。道德自律的责任要求法官应自觉的维护法官职业的名誉和形象，慎言慎行，谨慎注意社会交往，提升法官职业的信赖度。这就是康德提出的道德义务，具有召唤性。《司法责任意见》在法官道德自律的责任方面，似乎着墨较少。只是规定法官有违反职业道德准则的行为，依照法律处理。至于法律的他律责任，体现为故意违法审判责任和过失裁判错误责任。这两种责任符合法律责任的一般特性，即外在性和强制性。较为特殊的地方是确立了法官责任的人身性。《司法责任意见》规定法官应当对其履行审判职责的行为承担责任，在职责范围内对办案质量终身负责。这种具有人身性的司法责任虽具独创性，但是否合理仍存疑义。

（3）《司法责任意见》规定的责任追究程序缺乏独立性。其表现为：第一，要不要追究法官责任，最初决定权和最终决定权在院长手里。第二，法官的追责前期调查程序依然在法院之内，负责调查的人员为法院内部的监察部门。第三，独立的惩戒委员会所作出的决定无终局的效力，只有建议权。追责程序缺乏独立性，或许"这是法院（尤其是基层法院）在上级压力和保护法官之间寻求的一种动态平衡"。[1]

---

〔1〕 王伦刚、刘思达："从实体问责到程序之治——中国法院错案追究制运行的实证考察"，载《法学家》2016 年第 2 期。

（4）实现了从集体责任向个人责任的转变。以前承办法官作出的判决，要经庭长、分管副院长签发才能发布，这样的判决书实际上是层层把关，集体负责，确保案件质量。如果案件出现差错，真正追究责任，要么一竿子插到底，所有签字的人都负责。实际上，不太可能做到。因此集体负责，往往是无人负责。《司法责任意见》确立的"审理者裁判，裁判者负责"的目标，其隐含的逻辑就是追责个人化，把司法责任落实到个人身上。具体表现为，首先将审判长、承办法官、书记员、法官助理各自责任范围予以明确，确立了法官个人负责制。其次，把审判委员会集体负责改为集体讨论、个人对自己意见负责的模式，实现了个人负责法定化。

四、几点建议

（1）法官个人责任以个人自由为前提。个人责任的前提是个人自由，没有个人自由，也就无所谓个人责任。所以，我们在确立法官个人责任时，要追问法官个人是否有裁判的自由。如果裁判不是法官自由意志的产物，让法官对裁判自负其责，则缺乏依据。判断裁判是不是法官自由意志的产物的关键，就要看自由心证制度是否得到落实，即法官能否对事实和证据进行自由判断。

（2）形成法官自由判断的"隔音空间"。法官自由判断依赖于给法官营造独立的"隔音空间"，以确保法官独立裁判。应依法划定法官自由裁判的空间，法的空间之内由法官秉持职业精神自由判断，只对法律负责，不受任何影响。因此最高人民法院颁布的《人民法院落实〈领导干部干预司法活动、插手具体案件处理的记录、通报和责任追究规定〉的实施办法》对法官独立裁判是有积极意义的，值得肯定。当然其在客观上能否起到阻止权力干预司法效果，则是另一回事。

（3）提高法官自由判断的能力。排除干预只是法官自由判断的外部条件，法官自由判断的内部条件则是法官自由判断的能力是否具备。这也是追究法官个人责任的关键一环。如果法官缺乏自由判断的能力，由此而造成冤假错案，即使对其严厉惩罚，让法官承担极重的个人责任，也不能整体上提高办案的质量。法官个人责任制则会变异为法官队伍淘汰机制，让缺乏自由判断能力的法官淘汰出局，留下有自由判断能力的法官。不过人都是理性人，能力不足的法官并不会坐以待毙，他们会行动起来。有的法官可能选择提高自己业务能力，以防被追责；有的法官可能千方百计逃避追责，采取"上有政策，下有对策"的规避策略。面对严苛的法官责任，两种类型的法官都会出现。如果是前者，可以整体提高法官水平，提高裁判质量。如果是后者，则会整体降低法官队伍水平和裁判质量。因此，最高人民法院应该因势利导，采取积极措施提高法官自由判断的能力，而这方面工作显然做得不够。笔者以为可以采取以下方式：第一，加强法官独立审判的心态建设。一是积极鼓励法官追求意志自由，让法官做自我意志的主人，以克服"身不由己"之障碍；二是求善的决断力，要求法官在裁判的那一刻能秉持至善的原则，以防范"平庸之恶"。[1]第二，让法官日常工作回归审判本职工作。第三，加强法官的专业能力培训。

第三节　举证自由和举证责任

一、德国法上举证责任及在我国的演变

（一）德国法上举证责任

1. 学理上的举证责任

关于举证责任的争论，德国学界已经持续了长达一个世纪。普维庭的《现代证明责任问题》基本上终结了上述争论，宣告德国举证责任的研究从此告一段落。普维庭关于举证责任的核心思想如下：第一，就历史发展来看，客观证明责任一开始是一个学术概念，而非法律概念。第二，证明责任指客观证明责任，这是抽象的证明责任。具体的证明责任与证明评价是分不开的，它与证明责任分配规范没有关系。[2]第三，客观的证明责任是规范，具体证明责任是事实。"抽象证明责任是独立于每个诉讼的风险分配，因此它纯粹是一个法律问题；而具体的证明提供责任则取决于每一次的证明评价，即属于事实问题，原则上它仅仅是作为法官对事实评价的附随而存在"。[3]第四，证明责任规则为法官裁判规范，表现为实体法上的规范，而非程序法上的规范。

---

〔1〕［美］汉娜·阿伦特：《反抗"平庸之恶"》，陈联营译，上海人民出版社 2014 年版，第 19 页。

〔2〕［德］汉斯·普维庭：《现代证明责任问题》，吴越译，法律出版社 2006 年版，第 13 页。

〔3〕［德］汉斯·普维庭：《现代证明责任问题》，吴越译，法律出版社 2006 年版，第 15 页。

具体证明责任始终是主观证明责任，它取决于法官的证明评价，而不是依赖于证明责任规范，因此它可以在双方当事人之间反复转移。[1]客观证明责任不是当事人的"责任"。客观证明责任只针对法院，它独立于当事人的诉讼活动，并为克服真伪不明提供途径。[2]第五，诉讼责任与诉讼义务不同。违反义务要受到制裁，如赔偿、处罚等，这是违背当事人意志的强制手段。诉讼责任的意义在于推进和加快诉讼的进程，独立于当事人行为，不能因为没有履行诉讼责任就被视为违法。不遵守责任的不利后果不能超出具体的诉讼程序的目的。真实义务、诚实义务、推进诉讼的义务，都是诉讼义务，而非诉讼责任。但拒绝应诉答辩或拒绝出庭，可以缺席判决，就是诉讼责任，是一种不利后果。

2. 法律上的举证责任

由于德国民事诉讼学理发达，透彻的理论研究以及学者的重要地位，足以为民事诉讼实践提供智力支持。因此德国民事诉讼法上并无条文规定举证责任。无论是在《德国民法典》中还是在《德国民事诉讼法典》中，均找不到规定举证责任分配的条款。[3]在《德国民法典》的起草过程中，立法者曾经试图作出这样的规定。如1888年的《德意志帝国民法典》第一草案第193条曾出现过这样的规定：如果谁提出请求权，应当证明其依据必要的事实。如果谁提出请求权的消除或者请求权的阻碍，就应当证明消除或者阻碍请求权的必要的事实依据。但是后来颁布的《德国民法典》还是删去了《草案》中的这一规定。这说明，德国立法者反对客观证明责任"入法"。

（二）举证责任在我国的演变

1. 从学说向法律的转变

德国民事诉讼法没有规定举证责任，举证责任是以学说的形式存在，并发挥重要作用。如客观的证明责任，在德国、日本都是作为一种学说而存在，发挥学说补充功能。举证责任引入到我国后，被规定在民事诉讼法中。如民国时期《民事诉讼法》第277条规定："当事人主张有利于己之事实者，就其事实有举证之责任。"我国台湾地区现行"民事诉讼法"（以下简称台湾地区

---

〔1〕 ［德］汉斯·普维庭：《现代证明责任问题》，吴越译，法律出版社2006年版，第43页。

〔2〕 ［德］汉斯·普维庭：《现代证明责任问题》，吴越译，法律出版社2006年版，第50页。

〔3〕 李浩："《民事诉讼法》修订中的举证责任问题"，载《清华法学》2011年第3期。

"民诉法")沿用该条,至今未变。《中华人民共和国民事诉讼法》(以下简称《民事诉讼法》)第64条规定:"当事人对自己提出的主张,有责任提供证据。"总之,民国时期民事诉讼法、台湾地区"民诉法"以及我国大陆地区《民事诉讼法》都规定了举证责任。

2. 从行为责任转变为行为责任与结果责任并重

根据普维庭的研究,德国学者对证明责任的界定,通说认为是客观的证明责任,属于实体法范畴,是法官裁判的操作技术。非常有趣的是,在民国时期的民事诉讼法、现今台湾地区"民诉法"、中国大陆民事诉讼法中,证明责任被规定为行为的举证责任。对于民国时期《民事诉讼法》第277条举证责任规定的解释,民国时期学者盛振为认为:"举证责任者,即诉讼当事人为求有利于己之裁判或避免受败诉之结果,既非诉讼一造之义务,亦非法院或诉讼他造得以要求之权利,乃为证明特定事物之必要行为也"。[1]台湾地区"民诉法"第277条规定:"当事人主张有利于己之事实者,就其事实有举证之责任。"大陆《民事诉讼法》第64条规定:"当事人对自己提出的主张,有责任提供证据。"这两个条文除了"事实"和"主张"文字表述的差别外,都是规定当事人有提出证据证明的责任,即都是行为责任。这说明中国的立法者都承继了德国的传统,认为客观证明责任是实体法问题,不应规定在程序法中。所不同的是,德国学者认为具体证明责任属于事实问题,与证据评价有关,非程序法规范,中国学者将性质上属于事实问题的行为责任或具体证明责任上升为程序法规范,即从事实问题变成了法律问题。这样看来,中国学者将德国具体证明责任往前推进了一步。回过头再来看两岸学者对各自条文的理解,许士宦先生将台湾地区"民诉法"第277条解释为行为责任,应该是没错的。如果理解为客观证明责任,这实是最大的误解。大陆老一辈民事诉讼法学者也多理解为行为责任,而非结果责任。

比较遗憾的是,我国最高人民法院采取了激进的释法路径。2014年颁布的《最高人民法院关于适用〈中华人民共和国民事诉讼法〉的解释》(以下简称《民诉解释》)将结果责任与行为责任(具体举证责任)都规定在民事诉讼法中,已经出现前所未有的逻辑混乱。《民诉解释》第90条规定:"当事

---

〔1〕 东吴大学法学院编:《证据法学》,吴宏耀、魏晓娜点校,中国政法大学出版社2012年版,第11页。

人对自己提出的诉讼请求所依据的事实或者反驳对方诉讼请求所依据的事实，应当提供证据加以证明，但法律另有规定的除外。在作出判决前，当事人未能提供证据或者证据不足以证明其事实主张的，由负有举证证明责任的当事人承担不利的后果。"第91条规定："人民法院应当依照下列原则确定举证证明责任的承担，但法律另有规定的除外：（一）主张法律关系存在的当事人，应当对产生该法律关系的基本事实承担举证证明责任；（二）主张法律关系变更、消灭或者权利受到妨害的当事人，应当对该法律关系变更、消灭或者权利受到妨害的基本事实承担举证证明责任。"以上两个条文，将结果责任和结果责任分配规范都规定在民事诉讼规则中。更重要的是，《民诉解释》第90条已经实质性更改了《民事诉讼法》第64条规定，加入了结果责任。也就是说，《民事诉讼法》第64条只是规定行为责任，但是最高人民法院的《民诉解释》第90条对该条作了扩张解释，将结果责任纳入其中。显然，该解释违背了立法本意，属于违法之举。这种违法也表现在概念术语上，即将原来"提供证据的责任"改为"举证证明责任"。其结果就是，将属于法官操作技术规范的客观证明责任变为当事人的责任，全面加重了当事人的负担。当事人责任加倍，法官裁判责任却轻松卸下。

3. 举证责任性质之转变

举证责任引入我国后，其性质为何，存有争议。在民国时期，当时通说认为，举证责任的性质既非权利，也非义务，而是一种效果。"负证责之当事人不为证明，则在诉讼上，将不发生有利益之效果也。"[1]新中国1991年《民事诉讼法》第64条规定："当事人对自己提出的主张，有责任提出证据。"对于该条举证责任的性质的理解，最高人民法院一开始并没有将其解释为义务。如1991年颁布的《最高人民法院关于适用〈中华人民共和国民事诉讼法〉若干问题的意见》在"三、证据"部分的9个条文中，无一条解释了举证责任的性质。2001年《最高人民法院关于民事诉讼证据的若干规定》（以下简称《民事证据规定》）对《民事诉讼法》64条作了具体化的解释，该规定第2条规定："当事人对自己提出的诉讼请求所依据的事实或者反驳对方诉讼请求所依据的事实，有责任提供证据加以证明。"显然最高人民法院还是没

---

〔1〕　东吴大学法学院编：《证据法学》，吴宏耀、魏晓娜点校，中国政法大学出版社2012年版，第12页。

有将举证责任明确解释为义务。只不过从该解释可以看出，最高人民法院存在将其解释为义务的倾向，因为该《民事证据规定》第1条规定原告起诉或被告反诉，应当附有符合起诉条件的证据材料。而《民事诉讼法》第119条关于起诉条件的规定，并没有附证据的要求，2012年修改民事诉讼法也未对该条作修改。到了2015年最高人民法院将第64条举证责任明确解释为诉讼义务。《民诉解释》第90条规定："当事人对自己提出的诉讼请求所依据的事实或者反驳对方诉讼请求所依据的事实，应当提供证据加以证明，但法律另有规定的除外。"在词语表述上，将"有责任"改为"应当"，举证责任彻底义务化了。全国人大法工委民法室对举证责任的解释，一方面肯定其权利性质，另一方面又肯定其义务性质，"在民事诉讼中，提供证据既是当事人的权利，也是当事人向人民法院应尽的义务"。[1]与实务部门的观点不同，学界通说为危险负担说。[2]不过，最高人民法院的立场也得到部分学者的支持，如有学者认为："我国民事举证责任的法律性质属于诉讼义务"，[3]"举证责任是指民事诉讼当事人对自己的诉讼主张，有提供证据加以证明的义务和无法证明时要承担的不利后果"。[4]按照举证义务来解释举证责任，这和普维庭的责任与义务区分说大相径庭。也违反我国了《民事诉讼法》第49条之规定，该条规定"当事人有权收集、提供证据"，即举证是当事人的权利。

二、中国法上举证责任之陷阱与检讨

根据德日民事诉讼传统，举证责任作为学说形式存在，不规定在法律中。我国举证责任不仅规定在法律中，而且作为义务规定，采取了比德日更激进的立法。而在民事诉讼理论上，有学者提出具体举证责任，这是比行为责任更激进的举证责任。这种立法和理论是对德日民事诉讼传统的背反，对于这种举证责任理论和立法的双重激进的现象应认真予以检讨。

（一）行为举证责任立法的陷阱

德国学者将举证责任的内涵限定于客观的举证责任，是有道理的，因为

---

〔1〕 全国人大常委会法制工作委员会民法室：《中华人民共和国民事诉讼法条文说明、立法理由及相关规定》，北京大学出版社2012年版，第101页。

〔2〕 齐树洁主编：《民事诉讼法》（第5版），厦门大学出版社2011年版，第220页。

〔3〕 汤维建：《民事证据立法的理论立场》，北京大学出版社2008年版，第61页。

〔4〕 张卫平主编：《新民事诉讼法条文精要与适用》，人民法院出版社2012年版，第161页。

客观的举证责任不涉及当事人，不会侵犯当事人的举证自由。而行为责任则会加重当事人的负担，存在侵犯当事人举证自由的风险。根据普维庭的解释，主观的证明责任（具体的和抽象的）是典型的责任概念，因为主观的证明责任单独可引起的后果就是败诉。客观证明责任根本就不是所谓"责任"，客观证明责任没有什么"承担人""负担人"，因为依据客观证明责任的基本原则，判决可以有利于参加人，而不需要参加人负担什么。[1]客观证明责任规范使法官在真伪不明时可以作出判决，由此它是法官判决的依据，而不是当事人活动的责任。[2]

我国《民事诉讼法》第 64 条规定了行为的举证责任。立法上之所以采行为的举证责任，而弃结果的举证责任，我国第一代民事诉讼法学者柴发邦教授是这样解释的："民事诉讼中决定胜诉败诉的应是案件的事实，不能说举不出证据就一定败诉。我国人口绝大多数都是农民，他们的法律知识和法律意识相对较差，如果规定举不出证据来就要败诉，他们的利益就得不到很好的保护。同时，立法上这样规定也容易使法院忽视自己调查取证的职能，不利于发挥审判人员的积极性。"[3]显然，在老一代民事诉讼法学者眼里，不管是行为的举证责任还是结果的举证责任，都是当事人承担的责任。不过，他们对法律素养较低的国人（如农民）尚有恻隐之心，认为采行结果的举证责任，不利于保护他们的利益，也容易导致法官忽视自己的责任。遗憾的是，民事诉讼法关于举证责任的立法本意完全被最高人民法院的司法解释彻底颠覆了，全面强化了当事人的责任，弱化了法院的责任。举证责任不仅义务化，而且将结果责任也加进去了。该结果的举证责任并不是普维庭意义上的客观证明责任。本来行为责任就存在侵犯当事人举证自由的风险，现在司法解释还将行为责任义务化，并加进结果责任，造成的后果就是挤压当事人自由举证的空间。当事人责任加重，恐有违宪之嫌，这也为民事诉讼发展史所罕见。其中的原因在于，我国民事诉讼法缺乏自由主义传统，民事诉讼法规定的行为责任很容易滑入举证义务化的轨道上。或者说，行为举证责任在立法之际就存在这样的陷阱。

---

〔1〕　［德］汉斯·普维庭：《现代证明责任问题》，吴越译，法律出版社 2006 年版，第 59 页。
〔2〕　［德］汉斯·普维庭：《现代证明责任问题》，吴越译，法律出版社 2006 年版，第 54 页。
〔3〕　柴发邦主编：《民事诉讼法学新编》，法律出版社 1998 年版，第 224 页。

（二）我国举证责任理论之检讨

1. 证明责任通说之检讨

我国证明责任通说采取了当事人归责原则，证明责任是施加给当事人的负担，对于施加给当事人的负担，应十分小心，因为它会侵犯当事人的自由。从程序自由看证明责任，或许更能清晰理解证明责任概念，从而消除证明责任的误区。根据程序自由原则和辩论主义，当事人可以自由举证，也就是说举证是当事人的自由，而不是义务。在自由举证下，其后果有三：一是举证证明事实真实，二是举证不能证明事实真实，即事实不真实，三是事实真伪不明。前二者为自由举证下最通常情形，而第三种则为例外。前二者都不需要立法进行规范，因为都是自由举证的自然结果。只有第三种结果，让法官陷入尴尬，不知道如何判决，但是法官又不能拒绝裁判。在此，我国学界和德国学界提出了不同的解决方案。德国学界的方案可称之为"法规不适用说"，即案件事实真伪不明，导致法官无法适用以此事实为依据的实体规范。[1]所以德国学界会认为客观的证明责任是法官裁判的技术，不是当事人的责任。我国学界的方案可称之为"不利后果说"，即"当作为裁判基础的法律要件事实在诉讼中处于真伪不明的状态时，一方当事人因此而承担的诉讼上的不利后果"。[2]我国学界认为，案件事实真伪不明是自由举证的自然结果，又不能由法院承担该后果，如法官继续调查取证，这实际会侵犯当事人的自由举证权。在此种情形下，只能由一方当事人承担真伪不明的后果。这就是科以当事人的"责任"，这种责任无疑是客观存在的结果责任。

从对举证自由的影响看，德国"法规不适用说"将证明责任视为法官判决的依据，而不是当事人活动的责任，它没有加重当事人的负担，最大限度地保障了当事人举证自由。此种民事诉讼可称之为自由民事诉讼。我国"不利后果说"将证明责任视为是当事人的"责任"，加重了当事人负担，是对其自由的限制，或者说，这是举证自由的例外，见图4-4。

---

[1] 孙义刚、段文波："民事诉讼中证明责任论争及启示"，载《政治与法律》2007年第6期。
[2] 张卫平：《民事诉讼法》（第3版），法律出版社2015年版，第213页。

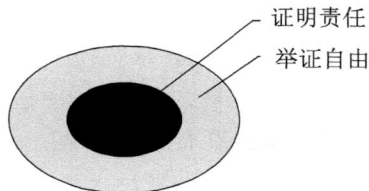

证明责任

举证自由

图4-4　相对自由民事诉讼：证明责任是举证自由的例外

如图4-4所示，此种民事诉讼可称之为相对自由民事诉讼。由于责任会限缩当事人的自由，为了避免责任肥大化，防范侵犯当事人的举证自由，需要对证明责任（客观的举证责任）的分配法定化，如任由法官科以当事人证明责任，则非常容易侵犯当事人的程序自由权。通过证明责任分配的法定化，划出当事人举证责任的界限，从而来保障当事人的举证自由。由于证明责任为极少数发生的情况，所以尚不至于侵犯当事人的举证自由权，也不足以动摇辩论主义的根基。又由于证明责任法定化，进一步对于法官科以当事人举证责任的权限进行控制，表面上看，是立法规定了举证责任分配的类型，实际上则是贯彻"法无明文规定即自由"。只有法律规定的情形下，当事人才承担证明责任，法律规定之外则是当事人举证自由，法官不得任意科以当事人证明责任。如此看来，罗森贝克从法律规范的要件进行举证责任分配，是抓住了证明责任的精髓。因为以实体法律规定要件为依据，这就使得证明责任分配的法定化，避免了人为因素的干扰，从而有效避免对当事人程序自由的侵犯。因此其他分配学说如外界事实说、消极事实说则有其相当的不足，因为外界事实和内界事实、消极事实和积极事实的分类，都过于主观，因人而异，其证明责任的分配容易出现不确定状态，容易被滥用，侵犯当事人程序自由权。总之，不利后果的证明责任为举证自由的例外，此种证明责任不过是自由之树的一个枝节。如果说证明责任作为举证自由的例外存在，还不至于严重侵犯当事人的举证自由，那么将行为的举证责任义务化，这就使得证明责任和行为举证责任"合力"剥夺了当事人的举证自由，产生了下文如图4-5的效果。

2. 具体举证责任新说之检讨

随着举证责任理论的发展，我国年轻一代学者胡学军教授提出具体举证责任概念。所谓的具体举证责任，实质为加重的、情境化的行为责任，是指根据诉讼的具体情境，分配当事人举证责任。"具体举证责任的承担是情境性的，不存在抽象、统一的分配标准，能够最大限度地容纳和考量个案诉讼中的程序因素，且根据具体情境性因素配置从宽到严的多样化不利后果。"〔1〕如何看待该具体举证责任观？

该观点其实和台湾地区学者邱联恭教授的观点相近。邱联恭教授认为，行为责任是动态化的举证责任，"应以兼顾诉讼法上诸基本要求为指标，以达成民事诉讼之目的为前导，视各该待证事实之性质、事件类型之特性，具体个别较量所涉实体利益及程序利益之大小轻重，并顾虑相关诉讼法上要求（如发现真实以保护实体利益之要求、促进诉讼以保护程序利益之要求、实质上平等或公平之要求、诚信原则），据以分配举证责任于原告或被告"。〔2〕当然，笔者是不赞同邱联恭教授的观点的。因为，他把举证责任理解为动态化的行为责任，即提出证据的责任，并主张结合具体案件事实，来决定由谁来承担责任。把举证责任理解为动态化的行为责任或具体举证责任，这和举证自由是根本冲突的，也与辩论主义是相冲突的。把提出证据作为当事人的责任，似乎可以促进当事人积极举证，让当事人在责任压力下进行诉讼，但是当事人举证自由就无从谈起，民事诉讼就变成了"铁桶"或"铁幕"，当事人在诉讼中所感受的氛围，就是令人窒息的。这样的学说，即动态化的行为责任或具体举证责任就是举证责任理论的节外生枝，而对客观的证明责任以抽象责任冷处理，其带来的结果，就是行为责任无限扩张，法官分配举证责任的权限扩大，结果势必消弭当事人的举证自由。在不利后果的证明责任理论和加重行为责任理论的双重作用下，其结果就是责任对举证自由的全覆盖，当事人诉讼只有责任而无自由，诉讼不是"铁桶"了吗，民事诉讼不就变成了专制了吗？此种民事诉讼可称之为责任民事诉讼，见图4-5。

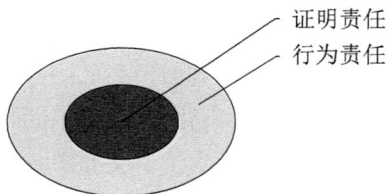

图4-5　责任民事诉讼：证明责任和行为责任替代了举证自由

---

〔1〕　胡学军："我国民事证明责任分配理论重述"，载《法学》2016年5期。
〔2〕　邱联恭：《口述民事诉讼法讲义（三）》，2012年自印，第229页。

　　邱联恭先生是如何来缓解动态化的行为责任带来的后果呢？首先，他把辩论主义改为协同主义，其次加大法官阐明义务。换句话说，他是让当事人和法官双重责任化，法官通过阐明义务为当事人提供证据责任服务，促使当事人知晓提交什么证据，积极诉讼。通过科以当事人积极举证的行为责任，从而促进诉讼。这样的变化，与德国的证明责任理论相比，从学术创新来说，新意无疑是有的，但是这样的创新，是否会根本动摇民事诉讼自由的基调，不无疑问。如果把自由主义民事诉讼变为职权化的民事诉讼，则根本不可取。那么胡学军教授的具体举证责任同样存在这样的问题，甚至更严重，因为民主、自由观念的缺失，必然导致民事诉讼责任化，我国相对自由民事诉讼沦为责任民事诉讼，见图4-6。

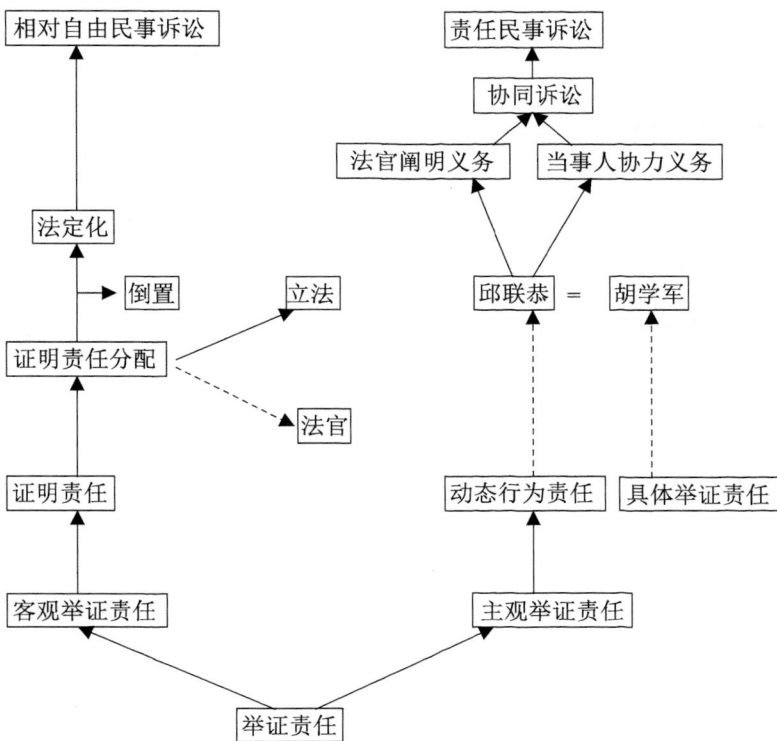

图4-6　相对自由民事诉讼与责任民事诉讼

（三）证明标准的主体：当事人还是法院？

在我国证明责任实际上是对当事人科以程序责任。民事诉讼中，对于当事人科以责任，必须持十二分的谨慎。根本原因，乃是我国诉讼中程序自由、民主价值是缺失的。笔者一直有个信念，程序民主、程序自由、程序人性化是民事诉讼的三个支柱，如果民事诉讼三个支柱都没建立起来，就过于匆忙的去搭支架，如科以当事人证明责任，是否会产生"制度性压制"？事实上，我国证明责任的司法解释或者理论阐释，都是将证明责任作为"压力机制"，促使当事人积极诉讼。而在笔者看来，对当事人而言，"外在压力"是不足以唤醒"内在动力"的，往往结果却是法官法院不负责任的卸责。如《民事证据规定》第 73 条第 1 款规定的高度盖能性证明标准就存在吴泽勇教授所指出"刨去内心确信在两方之间比较"的硬伤，"这是一种诉诸客观盖然性、诉诸外部标准的证明标准规范方式，这种规范方式并没有给'内心确信'留下太多空间"。[1]

没有程序自由、程序民主，科以当事人程序责任，带来了制度性压制，证明标准是实实在在的一例。证明标准是证明案件事实需要达到的程度或尺度。我国学界，基本都是把证明标准和证明责任连在一块分析。即证明责任是由一方当事人承担的不利后果，证明标准则视为当事人履行证明责任所需要达到的程度。证明标准被视为当事人证明案件事实的要求。但是从德国、我国台湾地区民事诉讼法有关证明标准的规定来看，恰恰相反，证明标准的主体为法院，而非当事人。《德国民事诉讼法》第 268 条第 1 款规定："法院在考虑辩论所有内容以及证据调查结果的情况下，应根据自由确信来判断某事项事实主张应看作真实还是不真实。形成司法确信的理由，在判决书中应予说明。"台湾地区"民诉法"第 222 条规定："法院为判决时，应斟酌全辩论意旨及调查证据之结果，依自由心证判断事实之真伪。但别有规定者，不在此限。当事人已证明受有损害而不能证明其数额或证明显有重大困难者，法院应审酌一切情况，依所得心证定其数额。法院依自由心证判断事实之真伪，不得违背伦理及经验法则。得心证之理由，应记明于判决。"从这两个条文可以看出，证明标准主要是法官内心确信所需达到的程度，而不是当事人证明所需达到程度。我国大多数教材把证明标准视为当事人的证明尺度，应

---

〔1〕　吴泽勇："中国法上的民事诉讼证明标准"，载《清华法学》2013 年第 1 期。

是一大误解。造成这一认识的原因，就是将证明责任与证明标准放在一起来论述。如有学者认为："在诉讼证明中，证明主体对待证事实的证明达到了证明标准时，法院就应当对待证事实予以认定；反之，达不到证明标准时，就说明待证事实未被证明或者仍处于真伪不明的状态"，"证明标准是证明主体提供证据对案件事实加以证明应达到的程度，其实质就在于，负担证明责任的人提供证据对案件事实加以证明所应达到的最低限度的要求。因而证明标准与证明责任是紧密联系再在一起的。当事人提供的证据达到了证明标准，即说明其已完成了证明责任，反之，如果当事人提供的证据未能达到证明标准，则表明其证明责任未能履行完毕"。[1]不过越来越多的学者把证明标准主体视为法院。"所谓证明标准，是指法院在诉讼中认定案件事实所要达到的证明程度，证明标准是法院判断待证事实的基准。"[2]证明责任是法院的裁判法则，证明标准亦是法院的裁判法则。最高人民法院《民诉解释》第 108 条、109 条也修正了《民事证据规定》第 73 条第 1 款规定，肯认了法院为证明标准的主体，对此做法应予以积极肯定。

三、举证责任之逆反：举证自由

我国举证责任存在的种种误区，实与程序自由的缺失有关。这里有必要重申程序自由的原则以及程序自由与程序责任的关系，以维护自由民事诉讼之正统。据此，应当优先保障当事人的举证自由。

（一）程序自由要求举证自由

第一，在现代民事诉讼中，举证自由已落实为具体的诉讼原则和制度。一是辩论主义和处分主义。根据辩论主义，法院裁判的基础限于当事人主张的事实和证据，这是对当事人自由举证的最大肯定。如果说辩论主义是从防范法官的职权干预角度以保障当事人的举证自由，那么，处分权主义则是从权利清单的角度规定当事人诉讼自由权。如当事人是否起诉或终结诉讼、何时或于何种内容范围对何人起诉，原则上由当事人自由决定。二是当事人提出证据的权利。提出证据为当事人的权利，而非义务。

---

〔1〕　江伟、肖建国主编：《民事诉讼法》（第 7 版），中国人民大学出版社 2015 年版，第 210～211 页。

〔2〕　张卫平：《民事诉讼法》（第 3 版），法律出版社 2015 年版，第 222 页。

第二，举证自由分为积极的举证自由和消极的举证自由。积极的举证自由是指提出证据的决定权为当事人享有。当事人有权决定是否提出证据、提出何种证据以及什么时机提出证据，法官不得替当事人做决定。消极的举证自由是指当事人行使举证权利的空间和范围，一般由法律进行规定。这意味着，一方面司法解释不得任意缩减法律规定的举证的空间和范围。《民诉解释》规定举证义务，限缩了《民事诉讼法》规定的举证自由，既是对当事人积极举证自由的侵犯，也是对当事人消极举证自由的侵犯。非法证据排除规则属于消极举证自由的规则，应由《民事诉讼法》规定，而非最高人民法院的司法解释进行确认。另一方面法官应尊重和保障当事人的举证自由。如排除证明妨碍、采纳自认的事实、依申请调查取证等都属于自由举证的制度性保障，法官应严格遵守。

第三，取证自由。当事人有取证的自由。取证自由属于消极自由，只要在法律规定的范围内，当事人向何人取证、采取什么方式取证，都是其自由。在民事诉讼法上，当事人可以要求对方当事人出示对其不利的证据，也可以要求第三人出示证据。当事人自由取证的法律范围经过了以下变化：（1）1995年《最高人民法院关于未经对方当事人同意私自录音取得的资料能否作为证据使用问题的批复》认为，证据的取得首先要合法，只有经过合法途径取得的证据才能作为定案的根据。未经对方当事人同意私自录制其谈话，系不合法行为，以这种手段取得的录音资料，不能作为证据使用。该批复要求当事人采取合法的方式取证，私自录音是不合法行为，当事人不得通过私自录音取证。（2）2001年《最高人民法院关于民事诉讼证据的若干规定》第68条规定："以侵害他人合法权益或者违反法律禁止性规定的方法取得的证据，不能作为认定案件事实的依据。"（3）2015年《最高人民法院关于适用〈中华人民共和国民事诉讼法〉的解释》第106条规定："对以严重侵害他人合法权益、违反法律禁止性规定或者严重违背公序良俗的方法形成或者获取的证据，不得作为认定案件事实的根据。"从上述规定看，当事人的取证自由的范围逐渐缩小。1995年之前，当事人取证几乎无法律限制，1995年当事人取证不得私自录音。2001年当事人取证不得侵害他人合法权益，不得违反法律禁止性规定。2015年当事人取证不得严重侵害他人合法权益，不得违反法律禁止性规定，不得严重违背公序良俗。2015年司法解释较之于2001年司法解释有两方面不同：一是取证的限制，侵害他人合法权益以严重为限，轻微侵权则予以容忍；二是禁止违反公序良俗的取证。

（二）举证自由先于举证责任

第一，就当事人举证而言，举证自由优先，举证责任次之，举证责任是举证自由的例外。

第二，举证责任以客观的举证责任为主要表现形式。客观的举证责任是主线，行为的举证责任为辅线。前者是实体规范，是法院裁判的依据，后者是事实问题，即使上升为程序规范，也不是义务规范。行为的举证责任为特殊的程序责任，无惩罚性内容。行为的举证责任只是发挥引导作用，不发挥规范作用。

第三，举证责任之落实，应以提高当事人举证能力为前提。应大力充实当事人收集证据的手段，扩大当事人收集证据的范围，法院应为当事人收集证据提供条件和保障。

第四，消极自由意味着违反期限的举证行为应减轻责任。从法律角度看，自由在法律中就表现为权利，自由就是权利。在民事诉讼中，自由就表示为当事人的权利，举证自由就是举证权利，主张自由就是主张权利。自由的相对面就是责任。所以，举证权利和举证责任相对应，主张权利和主张责任相对应。法律不禁止即自由，是消极自由的法律原则。消极自由只涉及空间范围，未涉及时间范围，并不存在时间上的责任。因此，民事诉讼时限制度缺乏依据，或者不应该成为严苛的规定。尽管实体法和程序法上存在大量的时限规定，如知识产权保护期限、诉讼时效、审理期限、举证时限等，但这不能表明时间属于消极自由的内容。2012 年《民事诉讼法》第 65 条规定："当事人对自己提出的主张应当及时提供证据。"根据消极自由，该条规定缺乏依据，当事人并无及时提出证据的义务。事实上 1991 年《民事诉讼法》也没有对当事人行使举证权利予以时间限制。因此，立法机关在《民事诉讼法》中增加第 65 条，要求当事人及时提出证据，应认定为引导性规定，法律不应该对违反期限的行为科以严苛的责任。如果消极自由因为国家有意地缩小其范围，则需要积极自由进行矫正，换句话说，消极自由不能根本上消除当事人是决定的来源。

（三）法院有保障当事人自由举证的义务

（1）阐明义务。当事人由于知识、能力的差异，难免发生认知的错误。

为了避免无意义的诉讼，以及保障当事人的自由举证，法官应善尽阐明义务。第一，事实的阐明义务。对于当事人陈述不明确、不充分、不适当时，法官应通过发问、说明，告知当事人补充、完善、去除相关诉讼资料。对于新的诉讼资料，法官应告知当事人尽早提出。法官应将自己对特定事实的观点向当事人表明。法官对事实的阐明义务是对当事人举证能力的补充。第二，法律的阐明义务。当事人应该就事实、法律进行完全适当的辩论，对于当事人对法律的误解、误读，法官可通过阐明使其清楚，对于如何适用法律、适用何法律，法官应将自己的法律见解向当事人表明。通过行使阐明权，可以避免当事人在诉讼中摸索进行，也可使诉讼进行的更顺畅，更重要的是使诉讼资料在诉讼过程中完整、全面、及时提出，并使当事人知晓法律适用的可能。如此，诉讼的结果在诉讼的较早阶段已呈现，判决早已为当事人所预料，从而强化了法院判决为自由举证的结果。第三，促进诉讼的阐明。如果事实审理采用适时提出主义，法官应向当事人阐明适时提出诉讼资料的要求，并说明逾期提出的法律后果；同时向当事人阐明何谓新的诉讼资料以及提出的时机。经由如此促进诉讼的阐明，保障了当事人举证时机把握的自由。

（2）调查取证的义务。自从提出当事人主义和职权主义两个诉讼模式概念以来，理论界存在这样一种认识，认为法院调查取证的范围越小，就越是向当事人主义模式靠拢。这样一种认识导致了最高人民法院在《民事证据规定》大幅度缩小法院调查取证的范围，将收集、提交证据的责任归于当事人。而当事人的举证能力并没有实质性提高，大幅度限缩法院调查取证的范围，实际导致当事人自由举证失去了一个有力保障。《民诉解释》第 96 条将法院依职权调查取证的范围限于国家利益、社会公共利益、程序事项等，将调查取证视为法院对国家的义务，而非对当事人的义务，是对当事人举证能力的进一步削弱。因为抽掉了法院调查取证的"长板"，并未在其它方面充实当事人自由举证的"短板"。因此，短期内仍有必要保留法院调查取证是对当事人的义务。

（3）强制证人出庭的义务。证人出庭作证率低为我国诉讼中一大难题，而证人不出庭使当事人举证能力大打折扣，极大地影响当事人自由举证。从我国证人立法精神看，证人对案件事实负责，是对国家的义务，属于法院的证人，而非当事人的证人。因此，强制证人出庭是法院的义务。法院也有强制证人出庭的措施和力量，如法院可通过司法警察强制证人出庭，对拒不出庭的行为可以给予罚款、拘留，甚至追究刑事责任。为了保障当事人举证的自由，法院应积极履行强制证人出庭的义务。

四、几点结论

根据前文的讨论，至少可以在以下三方面形成了初步结论：

第一，举证责任在德国和中国的发展，存在相异的路径。德国举证责任以理论、学说形式存在，民事诉讼法不规定举证责任。中国举证责任规定在民事诉讼法中，以立法形式存在。举证责任存在形式差异的原因，在于两国民事诉讼法学者地位的差异。相较于德国，我国学者的理论、学说如不转化为立法，几乎难以独立发挥作用。

第二，与德国比较，中国举证责任的发展存在立法和理论双重激进化问题。立法上，举证责任从行为责任向行为责任和结果责任并重的方向发展，从举证责任转变为举证义务；理论上，从不利后果证明责任向情境化、动态化具体举证责任的转变，导致民事诉讼从相对自由民事诉讼转变为责任主义民事诉讼。

第三，造成举证责任双重激进化的原因，乃是程序自由、程序民主、程序人性化理念的缺失。克服举证责任激进化的关键，应在程序自由理念下，优先保障当事人举证自由。学界称举证责任是民事诉讼的"脊梁"，往往忽视了一个前提，即举证责任是以举证自由为先导条件的，如果放逐举证自由，"脊梁"则会成为压迫当事人的"大山"。

第四节　论责任主义民事诉讼

关于民事诉讼模式，存在当事人主义和法官职权主义诉讼模式两种。张卫平教授最早提出民事诉讼模式，并认为西方国家的民事诉讼为当事人主义的民事诉讼模式，我国为职权主义的民事诉讼模式。田平安教授则认为，英美法系国家民事诉讼模式为当事人主义，大陆法系为职权主义，我国也是职权主义。他们的分歧是大陆法系是否是职权主义。到现在，争论渐趋明朗，那就是大陆法系也是当事人主义，我国则是超职权主义的民事诉讼模式。也就是说，我国法官的权力非常大，自由裁量权不受约束；当事人的处分行为受到法官的制约或干预。随着民事诉讼理论的发展，德日民事诉讼理论存在协同主义民事诉讼模式的讨论，受此启发，近些年来，协同主义诉讼模式也广为学界所讨论。如王福华、唐力等教授都有专文进行论述。所形成的结论，就是协同主义过于理想，不太可能付诸实施。最高人民法院原副院长黄松有曾经提出和谐主义的诉讼模式，但未被学界所接受。

随着最高人民法院《民事诉讼证据规定》的制定，大幅度充实了当事人举证的责任，如举证时限制度的设立，学界据此倾向认为，我国民事诉讼模式逐渐由职权主义诉讼模式向当事人主义诉讼模式转变。笔者曾经一度同意此观点，不过现在看来，这是一种误判。景汉朝先生曾经总结中国司法改革的历程，那就是从审判方式改革开始，起点就是强化当事人举证责任，带来法官角色转化——中立消极化，从而推动诉讼结构转型，最后推动整个司法改革。这样一场改革，最后并未走向成功。随着"调解优先"政策成为司法的主轴，改革意外掉头回归革命司法——马锡五审判方式。这样的大转变，几乎说明先前的司法改革并不成功。这其中的原因在于，有学者批判司法走回头路，缺乏理念坚守。笔者以为，最为关键的原因在于，司法改革沦为法官卸责、当事人担责的盛宴。将民事诉讼运行的责任推给当事人，法院法官从传统的调查证据的负担中脱身而出，轻松"居中裁判"，当事人应有的权利保障却没有着墨。最典型的例子，就是证据失权制度。对于过了举证期限的证据，采用严苛的证据失权，当事人该赢的官司没有赢。逼得当事人只得选择上访、缠讼等诉外方式寻求正义。所以，以"法官卸责，科以当事人责任"的司法改革逻辑注定是行不通的。当然这种改革的意外后果，就是推动我国民事诉讼模式从超职权主义向当事人责任主义的转变。我们民事诉讼之所以没有从职权主义或超职权主义走向另一边当事人主义，而是走向当事人责任主义，一个重要原因，就是司法改革的主体为司法机关。改革一开始就不是中立的，带着趋利避害的本性，司法机关自然就会做出有利于自己的改革措施，最方便的做法，就是由当事人承担诉讼运作的责任和后果。而对于当事人权利保障、程序保障以施以法官法院的责任，往往容易被忽略。我国当事人法律素养本身不高，而又缺乏支持当事人诉讼的制度安排，如未规定律师强制代理、司法救助缺失等制度，当事人该赢的官司没有赢，输官司不能心服口服，自然对法院不满，乃至充满敌意。

十八大后，党中央启动司法改革按钮，新一轮司法改革重新启动。这次司法改革由于是党中央高层强力自上而下推动，改革的基调就是加强法院和法官的责任。如实行错案倒查制、裁判责任终身追究制、追究领导的干预责任，以及"审者判，判者担责"。法官承担的责任，不仅仅是法律意义上的司法责任，还包括维护党的领导的政治责任。司法改革从当事人责任主义向法官法院责任主义转变。这次改革，让法院、法官队伍感到前所未有的压力，并出现了法官离职潮现象。在责任压力下，法院另一个疏压装置，就是在自己制定司法解释里面，继续科以当事人责任，以减少自己被追责的机会。典型例子，就体现在 2015 年最高人民法院颁布的《民诉法解释》中。

不管是当事人责任主义还是法官责任主义，责任都是民事诉讼的核心内容。而权利、自由等本是民事诉讼的核心内容，现在却逐渐被责任所替代。以责任为核心构建的民事诉讼，自然就属于笔者所称的"责任主义民事诉讼"。

出现这种现象的原因，笔者以为是价值迷失。在维稳压力、调解优先以及和谐社会等理念倡导下，我们渐渐出现了价值混乱，民事诉讼逐渐陷入机会主义、实用主义之中不能自拔，民事诉讼发展因而迷失了方向。要找回方向，必须拨乱反正，正本清源。民事诉讼的核心价值应是追求自由，责任不过是自由的衍生物。我们现在建立责任主义民事诉讼，是本末倒置。换句话说，民事诉讼应最大程度的促进自由。既要保障当事人的自由，也要保障法官的自由。其实辩论主义就是当事人自由的最大体现，自由心证就是法官自由的集中体现。

第五章

程序民主

第一节　民主要义

一、民主的内涵

民主，就是国民主权，自己管理自己，即人民当家作主。

萨托利《民主新论》（上册）第七章回答了"民主不是什么"。首先区分了民主和威权主义。权力发号施令，必要时援之以强制；权威则"呼吁"，它没有惩罚的功能。[1]"权威做出什么事情，或不做出什么事情，不是靠发号施令，而是靠'正确的'请求或建议。""不承认自由的权威是'威权主义'。"[2]威权主义是一种几乎没有给自由留下余地的政治制度，该主张点明了威权主义的要害。其次，区分了民主与绝对权力。绝对权力是不受制衡性权力对抗的权力，是不受法律限制的权力。存在民主的绝对统治的可能，因此绝对统治是民主的一个很不合适的反义词。第三，区分了民主和极权主义。其一，极权主义是现代概念，随着法西斯主义而产生。它的现代性包括两方面，一是权力扩张和渗透的技术现代性。如对公众舆论控制；二是政治的意识形态化，即政治宗教化。[3]其二，语义学上，极权主义是指把整个社会囚禁在国家机器中，是指对人的非政治生活的无孔不入的政治统治。"一切属于

---

〔1〕　［美］乔万尼·萨托利：《民主新论》（上卷），冯克利、阎克文译，上海人民出版社2015年版，第282页。

〔2〕　［美］乔万尼·萨托利：《民主新论》（上卷），冯克利、阎克文译，上海人民出版社2015年版，第283页。

〔3〕　［美］乔万尼·萨托利：《民主新论》（上卷），冯克利、阎克文译，上海人民出版社2015年版，第300页。

国家"。统治方法包括：一是恐怖统治；二是总体性谎言；三是人性哲学（使世界美好的计划）。第四，区分民主与一人独裁。民主就是非一人独裁。

二、从民本到民主

古代中国有无民主？一般认为，古代中国只有民本思想。读了金耀基先生《中国民本思想史》，笔者曾发"吾人学西学，是否得其精神；吾人批中学，是否失其灵魂"之言语。中国古代社会，前有封建社会，后有专制社会。然民本思想发端于先秦，后虽经专制，但源流不断。《尚书》有云"民惟邦本"，是为民本思想之发端。孟子云"民贵君轻"（全句乃"民为贵，社稷次之，君为轻"），是为民本思想之建立。至元明有黄梨洲（黄宗羲是也）"君客民主"，至清末有谭嗣同"君末民本"，至孙中山则汇通中西而有"三民主义"，民本思想才完成现代转化，涵蕴于民权之中。

三、从民主到宪政民主

民主形式可以选择。民主有很多形式，毛泽东时代有大众民主，现在有协商民主。现代民主主要指宪政民主，即用权力对付权力。民主不是最终目的。民主要求平等，平等使在平等氛围下自己做决定，如果自己做决定的资源不丰富，做决定往往依赖流行风尚。流行风尚所至，民主会产生一致性的压力。[1]民主只是最不坏的方式，不能推崇民主万岁，或民主至上。

有人认为协商民主很好，不一定需要选票民主，中国不适合搞选票那种民主。他们在工作中，常常是先协商，取得共识，不能取得共识才投票决定。也有学者认为，协商民主其实就是伪民主，甚至是反民主。比如说所谓共识，其实往往是掌权少数之间的共识，即便有所谓听取民意之说，实际上只是作为参考意见而已，民意不起到实际决定作用。与民主之本意相反。民主就是多数人的统治，"统治"是其关键内涵。尊重少数，是内在要求，否则会沦为多数人的暴政。

宪政民主的实现依赖程序民主。首先权力制衡的制度安排依赖程序民主实现。程序民主为不同意见的群体提供了交流的平台，也为凝聚共识提供了

---

〔1〕 林毓生：《中国传统创造性转化》，生活·读书·新知三联书店 1994 年版，第 12 页。

可能。其次，宪政民主的运作依赖程序民主。程序民主是宪政民主运作的保障。总之，程序民主是宪政民主的核心和关键。

第二节　程序民主

一、程序"三民主义"

程序三民主义指程序民有（procedure of litigant）、程序民治（procedure by litigant）、程序民享（procedure for litigant）。程序民有（procedure of litigant），解决程序公私之争。程序为民所有，即人民之程序、当事人之程序，具有私人性质，这与学界通说认为程序法为公法，大有抵牾也，程序民治（procedure by litigant），解决程序由谁主导之争。程序为民所治，即程序由人民所主导、当事人所主导，否定了法院主导诉讼之说。程序民享（procedure for litigant），解决了程序运行的目标，确定程序运行的目标在于人、当事人，或为捍卫其权利、利益（私权保护说），或为程序之保障（包括方便当事人之程序），这否定了秩序维持之说、纠纷解决之说。同时，程序运行的结果在于提升人的尊严。

二、程序民主的表现

1. 民主的法官

（1）民主选举职业法官。法官经人大或议会任命。人大或议会是民意机关，代表民主。美国联邦法院法官在总统任命前，需参议院同意。美国州法院法官由选民直接投票产生，或由州议会确认后任命。[1]德国宪法法院法官半数由联邦议会、半数由联邦参议院选举之。立法机构为宪法法院法官选任过程及法官本身提供了民主合法性。德国联邦法院和州法院的法官大多由法官选任委员会投票选举产生。[2]被任命的法官必须支持德国基本法所确立的自由民主制度。[3]我国法官的民主性体现为《中华人民共和国人民法院组织

---

〔1〕　齐树洁主编：《美国司法制度》，厦门大学出版社 2010 年版，第 71~72 页。
〔2〕　最高人民法院司法改革小组编、韩苏琳编译：《美英德法四国司法制度概况》，人民法院出版社 2002 年版，第 458~462 页。
〔3〕　邵建东主编：《德国司法制度》，厦门大学出版社 2010 年版，第 46 页。

法》第 34 条。该法第 34 条规定："地方各级人民法院院长由地方各级人民代表大会选举，副院长、庭长、副庭长和审判员由地方各级人民代表大会常务委员会任免。在省、自治区内按地区设立的和在直辖市内设立的中级人民法院院长、副院长、庭长、副庭长和审判员，由省、自治区、直辖市的人民代表大会常务委员会任免。在民族自治地方设立的地方各级人民法院的院长，由民族自治地方各级人民代表大会选举，副院长、庭长、副庭长和审判员由民族自治地方各级人民代表大会常务委员会任免。最高人民法院院长由全国人民代表大会选举，副院长、庭长、副庭长、审判员由全国人民代表大会常务委员会任免。"我国法官的民主性可改进之处，笔者建议：一是没有必要区分院长与副院长、庭长、副庭长、审判员的任免主体，应一视同仁；二是我国人大任免法官应由象征性仪式逐渐实质化。

（2）非职业法官来自人民。陪审员直接来源于社会大众。美国陪审团成员为登记选民，法院不得以种族、肤色、宗教信仰、性别、原籍或经济地位为由，剥夺公民作为陪审员的资格。治安法官为美国州级非职业法官，他们为普通公民。在德国州初级法院中，普通公民控制着商务、刑事、劳工及社会保险法院中由三人组成合的议庭的多数投票权。在农业案以及多数涉及公职人员、士兵和非政府专职人员的纪律处分和个人纠纷案件中，非职业法官在州初级法院有多数投票权。德国非职业法官来自于普通公民或特别利益团体，后者如雇员参加劳动纠纷的审判、农民参加农业纠纷的审理、商人参加商事纠纷的审理、医生参加医疗纠纷的审理，等等。德国吸纳大量公众参与司法审理，乃是司法民主化的需要。[1]我国人民陪审员的要求为年满 23 周岁普通公民，一般应当具有大学专科以上文化程度。这些条件是对程序民主的限制，可以进一步放宽：一是降低年龄，改为年满 18 周岁有选举权的普通公民就可以担任人民陪审员；二是取消专科学历的要求，人民陪审员不应有学历要求；三是确保不同行业的群体都有自己的陪审员，如农民陪审员、医生陪审员、教师陪审员等。

2. 民主的程序

（1）程序法由代表民意的立法机关产生。民事诉讼规则要经过人大或议

---

〔1〕　最高人民法院司法改革小组编、韩苏琳编译：《美英德法四国司法制度概况》，人民法院出版社 2002 年版，第 486 页。

会通过。美国 1938 年《联邦民事诉讼规则》即由国会授权联邦最高法院制定，联邦最高法院则交由以时任耶鲁大学法学院院长查尔斯·E. 克拉克为首的由学者、律师和法官组成的委员会负责起草。最终该草案由联邦最高法院交美国国会审议通过。[1]《德国民事诉讼法》是由德国 1871 年完成统一后成立的德意志帝国所制定。该法以《汉诺威民事诉讼法》为基础，由以阿道夫·莱昂哈德为主席、由各邦国参与的制定委员会负责起草，经联邦参议院讨论后，提交帝国议会讨论通过。[2]我国《民事诉讼法》来源于对实践经验的总结，1956 年最高人民法院颁布了《各级人民法院民事案件审判程序总结》，1979 年最高人民法院制定了《人民法院审判民事案件程序制度的规定（试行）》，这两个文件为随后起草民事诉讼法奠定了基础。[3]1981 年第五届全国人民代表大会第四次会议原则上批准了《中华人民共和国民事诉讼法（草案）》，授权全国人民代表大会常务委员会审议修改，公布试行。1982 年第五届全国人民代表大会常务委员会第 22 次会议通过并颁布《中华人民共和国民事诉讼法（试行）》。该法试行 9 年后经修改，于 1991 年由第七届全国人民代表大会第四次会议审议通过。我国《民事诉讼法》的立法程序民主性尚有可改进的地方：一是全国人大审议讨论的记录未公开，难以查阅；二是草案起草主体的多方参与性不足。

（2）程序运作由当事人主导。当事人决定审判对象，决定法院裁判的基础，决定诉讼的开始、进行和终止。就原则而言，处分原则是程序民主的体现。程序民主也必然包含了平等原则。程序民主还体现在当事人程序合意上，一是撤回自认、撤回起诉须经对方当事人同意；二是当事人可以就合同或其他财产权益纠纷合意确定第一审管辖法院；三是双方当事人可以自行和解，调解达成协议，必须双方自愿，不得强迫；四是双方当事人可以协商确定鉴定人；五是当事人双方也可以约定适用简易程序；六是普通共同诉讼须经当事人同意。除此以外，法院很多决定也必须以当事人的同意为前提，如《民事诉讼法》第 87 条第 1 款规定，经受送达人同意，人民法院可以采用传真、电子邮件等能够确认其收悉的方式送达诉讼文书，但判决书、裁定书、调解书除外；第 217 条第 2 款规定，支付令失效的，转入诉讼程序，但申请支付

---

〔1〕 齐树洁主编：《美国民事司法制度》，厦门大学出版社 2011 年版，第 199 页。

〔2〕 李大雪："德国民事诉讼法的历史嬗变"，载《西南政法大学学报》2005 年第 2 期。

〔3〕 谭兵主编、肖建华副主编：《民事诉讼法学》，法律出版社 2004 年版，第 22 页。

令的一方当事人不同意提起诉讼的除外。我国程序运作的民主尚有可改进之处：一是扩大当事人合意选择的范围，如合意选择小额诉讼程序；二是当事人合意选择应有形式要求，如以文书证之。

3. 民主的裁判

合议庭民主评议作出裁判。美国上诉审法院实行合议庭审理，具体规则有三：一是合议庭发言规则。美国各个州的做法大不相同，有的规定了发言顺序，有的没有规定发言顺序。规定发言顺序的，有的按资历由浅到深的顺序发言，有的则反之。二是合议庭投票规则。对于规定了合议庭发言规则的州，合议庭投票与合议庭发言遵循同样的顺序。三是撰写法庭意见书规则。案件审理后，合议庭指定一名法官代表整个法庭撰写法庭意见书。对判决结果有不同意见的法官，可以撰写反对意见。德国合议庭以绝对多数票作出裁判，法官根据资历长短依次投票，资历相同时根据年龄依次投票。参审员（非职业法官）先于法官投票，并根据年龄依次投票。审判长最后投票。我国《民事诉讼法》第42条规定，合议庭评议案件，实行少数服从多数的原则。评议应当制作笔录，由合议庭成员签名。评议中的不同意见，必须如实记入笔录。《最高人民法院关于人民法院合议庭工作的若干规定》第10条细化了合议庭评议规则，该条规定，合议庭评议案件时，先由承办法官对认定案件事实、证据是否确实、充分以及适用法律等发表意见，审判长最后发表意见；审判长作为承办法官的，由审判长最后发表意见。对案件的裁判结果进行评议时，由审判长最后发表意见。审判长应当根据评议情况总结合议庭评议的结论性意见。我国在合议庭评议案件上仍有可改进之处，应建立合议庭投票规则，明确投票的顺序。

三、程序民主的例外

程序运作以民主为原则，在此原则下，也存在非民主化的情形。

（一）损害数额之酌定

1. 概念界定

损害数额之酌定一词为外来用语，德语中称为"Schadensschätzung"，日语中称为"损害额の认定"。我国台湾地区学者称为"损害数额之酌定"或"损害数额之认定"。我国大陆地区学者有的使用"损害额认定"，有的使用

"损害赔偿额之酌定",有的使用"损害赔偿数额认定",有的使用"损害赔偿数额确定",[1]其含义就是指在损害赔偿诉讼中,如果损害事实确实已经发生,但权利主张者难以证明或无法证明具体损失大小的时候,从诉讼公平角度出发,赋予法官根据言词辩论情况和证据材料对该损害赔偿数额作出裁量的制度。[2]就该概念的使用而言,存在两点争议:一是概念前半部分是使用"损害数额"还是使用"损害赔偿数额"?从德语"Schadensschätzung"一词在日本和我国的使用含义变化看,日本学者使用"损害额"为多数,我国台湾地区学者使用"损害数额"为多数,我国大陆地区学者使用"损害赔偿数额"为多数。笔者认为使用"损害数额"一词为好,因为不是所有的损害都要赔偿,有的只是补偿,且损害是事实问题,赔偿是法律问题。损害数额和赔偿数额是两个不同的概念。二是概念的后半部分是使用"酌定"还是"认定"或"确定"?因为该概念的核心内涵乃是由法院通过自由心证裁量决定损害的数额,故只有"酌定"一词准确表达了该内涵,所以笔者认为使用"酌定"一词更合理。综上,我们采用了"损害数额之酌定"一概念。

2. 立法规定

《德国民事诉讼法》第 287 条第 1 款规定:"当事人对于是否有损害、损害的数额以及应赔偿的利益额有争论时,法院应考虑全部情况,经过自由心证,对此点作出判断。应否依申请而调查证据、应否依职权进行鉴定以及调查和鉴定进行到何种程度,都由法院酌量决定。法官就损害和利益可以询问举证人。"[3]《奥地利民事诉讼法》第 273 条第 1 款规定:"虽认定了当事人的损害赔偿或利益返还,但应当支付的损害数额或应当返还的利益额存在相当的证明困难或不可能证明时,裁判所可以依申请或依职权,综合考虑当事

---

〔1〕 谷佳杰:"民事诉讼损害赔偿数额确定制度研究",西南政法大学 2015 年博士学位论文。

〔2〕 毋爱斌:"损害额认定制度研究",载《清华法学》2012 年第 2 期。

〔3〕 此条文为谢怀栻先生所译。《德意志联邦共和国民事诉讼法》,谢怀栻译,中国法制出版社2001 年版,第 71 页。该条文的最新翻译为:"当事人对于是否有损害、损害的数额以及应赔偿的利益额存有争议时,法院应考虑全部情况,经过自由心证,对争点作出判断。是否依申请而调查证据、是否依职权进行鉴定以及调查和鉴定进行到何种程度,都由法院酌情决定。法院就损害和利益可以讯问举证人。"《德国民事诉讼法》,丁启明译,厦门大学出版社 2016 年版,第 68 页。我国台湾地区学者姜世明教授将该条译为:"若当事人于损害是否已发生,及损害或应赔偿利益之额度有争执,就此,法院于斟酌所有情事下,依自由心证决定之,是否及如何程度为证据调查或依职权指定鉴定人为鉴定,由法官裁量为之。法院得就损害或利益讯问举证人。"姜世明:《新民事证据法论》,新学林出版股份有限公司 2009 年版,第 249~250 页。

者提出的证据，遵循自由心证主义原则，确定数额。在确定数额之前，可对当事者进行宣誓询问。"《日本民事诉讼法》第 248 条规定："在承认损害确已存在的情况下，由于损害的性质决定了证明其损害金额极其困难时，法院可以根据口头辩论的全部旨意和证据调查的结果，认定适当的损害金额。"我国台湾地区"民事诉讼法"第 222 条第 2 项规定："当事人已证明确实存在损害而不能证明其数额或证明显有重大困难者，法院应审酌一切情况，依所得心证定其数额。"以上四个条文规定有共同点，也有不同点。共同点就是都赋予法院裁量权，法院可依心证决定损害数额；不同点就是，德国法院裁量权最广，奥地利和台湾地区法院裁量权次之，日本法院裁量权最小。德国法院除了决定损害数额外，还可以决定损害是否发生，因此法院裁量权的范围最广。奥地利法院裁量权限于损害数额证明不能或有困难时，法院才可以依职权或依申请行使裁量权，其法院裁量权小于德国。日本法院裁量权只能针对依损害性质证明损害数额存在极大困难的情形，故其法院裁量权的范围最窄。台湾地区法院裁量权适用于当事人不能证明损害数额或证明有重大困难之情形，其法院裁量权的范围与奥地利等同，但裁量权的启动限于法院依职权启动，排除了当事人依申请启动的可能。除了上述国家和地区规定了损害数额之酌定制度外，瑞士、意大利两国也采用了该制度，所不同的是，瑞士和意大利将其规定在实体法中，其中意大利规定在其《民法典》第 1226 条、第 2056 条，瑞士规定在其《债法》的第 42 条。[1]

　　我国民事诉讼法没有规定损害数额酌定制度。不过，我国《侵权责任法》第 20 条规定："侵害他人人身权益造成财产损失的，按照被侵权人因此受到的损失赔偿；被侵权人的损失难以确定，侵权人因此获得利益的，按照其获得的利益赔偿；侵权人因此获得的利益难以确定，被侵权人和侵权人就赔偿数额协商不一致，向人民法院提起诉讼的，由人民法院根据实际情况确定赔偿数额。"该条是否属于损害数额酌定制度？对此，大多数学者持肯定的观点，[2]笔者不敢苟同。与损害数额酌定制度有关的是该条第三句话，即"侵权人因此获得的利益难以确定，被侵权人和侵权人就赔偿数额协商不一致，向人民法院提起诉讼的，由人民法院根据实际情况确定赔偿数额，"在此需注

〔1〕　黄毅："损害赔偿额之酌定：基于诉讼公平的考量"，载《法学论坛》2012 年第 4 期。

〔2〕　毋爱斌："损害额认定制度研究"，载《清华法学》2012 年第 2 期。

意的是，该条用的是"赔偿数额"，而非"损害数额"。赔偿数额和损害数额是两个不同的概念，且发生的条件不同。赔偿数额之法院确定，发生于被侵权人和侵权人就赔偿数额存在争议时；损害数额之酌定，发生于损害数额不能证明或证明有极大困难时，前者是解决实体争议问题，后者是解决程序运作问题。因此我国民事诉讼法仍有必要规定损害数额酌定制度。

3. 损害数额之酌定的价值

损害数额酌定适用的要件有二：①损害客观存在。权利人应就发生了损害事实承担举证责任，并且使法官产生了内心确信，确实存在损害。如权利人未尽举证责任，不能证明损害等事实存在，即无适用法院酌定损害额之余地。[1]大多数国家都规定权利人负责证明发生了损害，只有德国规定了损害是否存在可以由法官酌定，权利人不需要负担举证责任。损害存在的证明由当事人负担，体现了程序运作的民主的原则。②损害数额不能证明或难以证明。权利人能够证明发生了损害，即当事人就损害是否存在没有争议，但是就损害的大小、多少无法证明清楚，其中的原因为客观原因，或者损害的性质就决定了不能证明损害数额，或者是证明损害本身存在重大困难。对于此要件，于诉讼一般情形，法院得驳回权利人的诉讼请求。为何此情形下，由法院酌定损害数额？其中原因有二，一是追求实体公正。根据要件一，权利人已经证明了发生了损害事实，法官也确信之。只是损害大小多少无法具体化，不能证明或难以证明损害的具体数额。如果驳回当事人诉讼请求，在实体上对权利人是不公正的。为求实体公正，对于损害数额的确定，改由法官依据心证酌情确定，这样最大化实现了权利人的利益。同时此时采用非民主化原则，由法官依职权决定，乃是实体公正的要求。二是追求程序效益。在损害事实已确定，损害数额难以证明或不能证明的情况下，既然诉讼政策上不驳回当事人诉讼请求，就得让当事人继续举证，但是从损害的性质上又不可能证明清楚，如强行要求当事人继续举证，势必延迟诉讼，损害当事人的程序利益。如果证明损害数额存在重大困难，仍强行要求当事人举证，会产生巨额举证成本，导致诉讼得不偿失。出于程序效益的考虑，由法官酌情决定损害数额，实乃必要。尽管有违程序民主原则，但是这样做促进了诉讼，维护了当事人程序利益。

---

[1] 许士宦：《集中审理与审理原则》，新学林出版股份有限公司 2009 年版，第 389 页。

（二）法官独任制

1. "独任制为程序民主的例外"的制度构造

独任制是由一名审判员对案件进行审理并作出裁判的制度。合议制是由三名以上审判人员组成审判集体对案件进行裁判。合议制体现了程序民主，独任制则属于程序民主的例外。我国《法院组织法》第 10 条第 1 款和第 2 款规定："人民法院审判案件，实行合议制。人民法院审判第一审案件，由审判员组成合议庭或者由审判员和人民陪审员组成合议庭进行；简单的民事案件、轻微的刑事案件和法律另有规定的案件，可以由审判员一人独任审判。"《民事诉讼法》第 39 条第 2 款规定："适用简易程序审理的民事案件，由审判员一人独任审理。"以上规定确立了我国审判组织以合议制为原则，以独任制为例外。显然立法者认为，独任制与程序民主原理相违，不能普遍适用，将其适用于简易程序审理的民事案件，是立法者对独任制适用的限制。规定第一审普通程序、第二审上诉程序、再审程序原则上都是适用合议制，这是对程序民主的确认。将独任制限定于第一审的简单民事案件，虽然对独任制适用范围规定得较窄，但尚不至于损害程序民主。通过以上规定，立法者确立了"独任制为程序民主的例外"的制度构造。

2. "独任制为程序民主的例外"的制度构造之挑战

必须指出的是，"独任制为程序民主的例外"的制度构造受到了挑战。一是受到我国司法实践的挑战。一方面随着简易程序的扩大适用，独任制已堂而皇之地取代了合议制，成为全国基层法院主要适用的审判组织形式，出现了基层民事审判组织适用上的倒置———"以独任制为主、合议制为辅"。[1]另一方面承办人办案制架空了合议制，人民陪审员"陪而不审"的现状使得合议制流于形式。审判组织名为合议庭审理，实为独任审理，以合议之名行独任之实。立法上以例外形式规定的独任制，在司法实践中反客为主，成为法院审理案件的主要组织形式。随着司法责任制改革推行，一名法官配一名书记员和一名法官助理的组织形式确立，这势必强化独任制审理案件，进一步挑战独任制为"程序民主的例外"的制度构造。二是受到域外独任制适用范围不断扩大之司法实践的挑战。在英美法系，由于陪审团的衰弱，初审法院审理第一审案件普遍采用独任制。如英国郡法院、高等法院初审的案件都

---

〔1〕　蔡彦敏："断裂与修正：我国民事审判组织之嬗变"，载《政法论坛》2014 年第 2 期。

实行独任制，美国联邦地区法院、州初审法院（低级初审法院和高级初审法院）审理案件都由初审法官独任审理。[1]在大陆法系，德国1877年《民事诉讼法》规定一审实行以合议制为原则，独任制为例外的审判组织形式。经过历次改革，尤其是2001年《民事诉讼改革法》的改革后，德国确立了民事诉讼第一审以独任制为原则，合议制为例外的审判组织形式。[2]同时，独任制向第二审程序扩张，德国《民事诉讼法》第526条确立了第二审实行独任法官审理的形式。法国第一审法院中，小审法院、近民法院都实现法官独任审理，大审法院以合议庭审理为原则，以独任庭审理为例外，且独任庭的适用限于家庭、交通案件。在法国司法实践中，合议庭审理的案件还允许当事人合意选择独任法官审理。[3]以上域外实践表明，独任制适用呈扩大趋势。

3. 我国独任制发展的选择

对我国独任制发展的选择这一问题，主要回答是我们要恪守立法规定还是适应形势顺势而为？根据程序民主原理，应当以合议制为原则，独任制为例外。我国《民事诉讼法》的规定符合程序民主原理，应当继续遵守。但是国内外独任制司法实践的发展表明，独任制在第一审程序中的适用呈扩大趋势。我国独任制改革必须适应这一趋势，即第一审程序应以独任制为原则，以合议制为例外。这样的话我国独任制改革的关键就是如何满足程序民主的要求。这里存在两种方案，一是充实独任制裁判的民主基础。独任制是非民主的裁判，在法官素质不高又缺乏制约的情况下，容易导致司法专横。要避免司法专横，一方面要提高法官素质，另一方面确立当事人的程序主体地位。民事诉讼的运作要由当事人主导，坚持辩论原则和处分原则，让独任法官的裁判建立在当事人意思自治的基础上。二是由当事人合意选择是否采用独任制裁判。赋予当事人程序选择权，由当事人合意选择独任制，确实能削弱独任制非民主性的消极影响。不过有学者持反对观点，认为程序选择权的客体不应包括审判组织形式。程序选择权体现了程序民主，但是民事诉讼程序不适度的民主，反而是对诉讼程序理性的破坏，其结果可能使程序变为"无

---

〔1〕 赵旻：《民事审判独任制研究》，华中科技大学出版社2014年版，第50~53页。

〔2〕 王聪："审判组织：合议制还是独任制？——以德国民事独任法官制的演变史为视角"，载《福建法学》2012年第2期。

〔3〕 ［法］让-路易·贝尔热尔："法国民事裁判制度的现状与未来"，施鹏鹏等译，载陈刚主编：《比较民事诉讼法》（2003年卷），中国人民大学出版社2004年版。

序"。一个案件是适用独任制还是合议制审理，属于公权力的范畴，不是当事人有权处分的对象。该学者进而认为，赋予当事人程序选择权，由当事人选择审判组织是程序泛民主的表现。[1]笔者认为，独任制适用范围法定化较好。大多数国家都是以法律明文规定为准，即法律规定独任制适用第一审程序。当法律明文规定适用独任制的情形时，当事人不能合意放弃。当事人能够行使程序选择权的是适用合议庭审理的案件，针对应适用合议庭审理的案件，当事人可以放弃合议庭审理，合意选择独任制。此种情形则不属于程序民主的泛化，只是民主方式的改变，即从法官裁判的集体民主变为当事人民主。而且，此种程序选择权完全可以扩张到第二审程序，如对于第二审径行裁判的案件，我国《民事诉讼法》明文规定适用合议庭审理。对于径行裁判的案件，如果当事人愿意放弃合议庭审理，合意选择适用独任制审理，并无不妥，还能起到加速诉讼程序的效果。另外，我国独任制只适用基层人民法院，不适用中级以上人民法院。笔者以为中级人民法院以合议庭方式审理的第一审案件，当事人也可以选择放弃合议庭审理，合意选择独任制审理，即程序选择权可以从基层人民法院第一审扩大到中级人民法院第一审。

（三）法官不能获得心证，依职权调查证据

法官依职权调查证据的范围很广，如依职权鉴定、勘验、依职权要求当事人提供书证、依职权询问当事人等。[2]这里探讨的"法官不能获得心证，依职权调查证据"属于法官依职权调查证据的范围之一，但是与依职权鉴定、勘验、依职权要求当事人提供书证有所不同。首先发生的条件不同，前者是以当事人完成举证，法官仍不能获得心证为限，即举证不足，后者以阐明或确定诉讼关系为必要；其次追求的目的不同，前者以发现真实为目的，后者以推动诉讼顺利进行为目的。法官不能获得心证，依职权调查证据属于程序民主的例外，因此在此予以专门探讨。

1. 立法体例

法官不能获得心证，依职权调查证据在立法体例上存在肯定论和否定论两种。肯定论为德国和我国台湾地区民事诉讼法所采用。《德国民事诉讼法》

---

〔1〕 张晋红："关于独任制与合议制适用范围的立法依据与建议——兼评当事人程序选择权之客体"，载《法学家》2004 年第 3 期。

〔2〕 熊跃敏："法官职权调查证据的比较研究"，载《比较法研究》2006 年第 6 期。

第 448 条规定："如果言词辩论的结果和已经进行的调查证据的结果，对于应证事实的真实与否不能提供足够的心证时，法院也可以在当事人一方并未提出申请时，不问举证责任的归属，而命令就该事实询问一方或双方。"我国台湾地区"民事诉讼法"第 288 条规定："法院不能依当事人声明之证据而得心证，为发现真实之必要，得依职权调查证据。依前项规定为调查时，应令当事人有陈述意见之机会。"否定论为日本和我国民事诉讼法所采用。日本战前《民事诉讼法》第 261 条规定："法院不能依当事人声明之证据而得心证，为发现真实认为必要时，得依职权调查证据。"但是战后日本修改民事诉讼法时，废除了该规定。[1]日本立法者认为，法官依自由心证判断事实之真伪。如当事人就其主张的事实提出证据，法官仍无法获得内心确信，根据辩论主义原则和举证责任，法官应认定事实不存在，驳回当事人诉讼请求，无再由法官依职权调查证据的必要。如果属于当事人举证能力不足的问题，法官可以行使阐明权帮助当事人举证，而无必要依职权调查证据。我国《民事诉讼法》第 64 条第 2 款规定，人民法院认为审理案件需要的证据，人民法院应当调查收集。《最高人民法院关于适用〈中华人民共和国民事诉讼法〉的解释》第 96 条第 1 款规定："民事诉讼法第 64 条第 2 款规定的人民法院认为审理案件需要的证据包括：（一）涉及可能损害国家利益、社会公共利益的；（二）涉及身份关系的；（三）涉及民事诉讼法第五十五条规定诉讼的；（四）当事人有恶意串通损害他人合法权益可能的；（五）涉及依职权追加当事人、中止诉讼、终结诉讼、回避等程序性事项的。"从《民事诉讼法》第 64 条第 2 款规定看，立法者赋予了法官在当事人举证不足时可以依职权调查证据，但是最高人民法院将法官依职权调查的证据限于身份关系、公益诉讼、程序事项等五种情形，实际上取消法官因当事人举证不足无法获得心证依职权调查证据的可能。对此，有学者认为："在法官有能力、有条件通过自己的调查取证行为查明案件事实的情况下，却放弃发现真实的努力，这很难说是一种合理的制度安排。"[2]因此有必要借鉴台湾地区的做法，规定法官不能获得心证时，依职权调查证据。

〔1〕 陈计男：《民事诉讼法论》（上），三民书局 2011 年版，第 501 页。
〔2〕 李浩："回归民事诉讼法——法院依职权调查取证的再改革"，载《法学家》2011 年第 3 期。

2. 法官不能获得心证，依职权调查证据的适用

根据程序民主原则，当事人负责主张事实并根据主张事实取证、举证，法官调查证据以当事人申请为主。法官不能获得心证，依职权调查证据属于程序民主的例外，在适用该规定时，应注意优先贯彻辩论主义原则，该规定只属于补充性规定，适用该规定有其限制性要件。对于《德国民事诉讼法》第 448 条规定的法官不能获得心证，依职权询问当事人，其限制性要件为，一当事人已经进行了举证质证；二举证质证的结果使法官无法获得事实真实与否的心证；三法官不得依举证责任裁判；四法官可以依职权询问当事人。这四个条件中最关键的是第二个条件，德国实务界和学界一般认为它是指经过证据调查程序待证事实应获得初步证明，具有相当程度的盖然性。如果当事人完全没有证明其主张的事实，则不得适用依职权询问当事人的规定。[1]对于我国台湾地区"民事诉讼法"第 288 条规定的适用，立法者认为，法官依职权调查证据的要件为：一应以当事人声明证据为原则；二如当事人不知道如何声明证据，法官应先行行使阐明权促使其声明；三法官行使阐明权后，当事人仍不知道如何声明证据的，基于发现真实的需要，法官可依职权调查证据；四法官决定调查证据时，应给予当事人陈述是否需要调查意见的机会。[2]总之，法官依职权调查证据是在当事人遵守了辩论原则和法官履行了阐明义务后发现真实最后之方法。

---

〔1〕　姜世明：《新民事证据法论》，新学林出版股份有限公司 2009 年版，第 93 页。
〔2〕　《民事诉讼法修订资料汇编》，五南图书出版有限公司 2000 年版，第 99~100 页。

第六章

程序人性化

第一节　人性尊严理论

一、人性尊严实定化：从理论概念到法律概念

人性化，其实就是人的尊严。"Human dingity"，我国台湾地区学者多译为"人性尊严"，我国大陆学者多译为"人的尊严"，二者无实质区别。"人性尊严"道出了尊严根植于人性，人的尊严则是中立性词语。从词语的开宗明义而言，人性尊严略胜一筹。

人性尊严的观念发源于神学。人从上帝的光芒中获得尊严，这是因为，人是上帝之子，人居于所有因上帝意志而创造的生物的中心，人从上帝对世界的关照中获得尊严。在上帝与世界的关系中，居于其中的人因为上帝而获得尊严。人性尊严与人的神圣性相近。

中世纪后，世界世俗化，人性尊严不再外求于上帝，转而内求于人自身。如康德将人之尊严建立在自我意识、自由、道德和理性的基础之上，开始了从自治的角度对人之尊严的证立。[1]康德说，人本身是目的，人才有尊严。人应互为目的，所以人应有各种权利。有绝对价值的东西就是尊严。尊严是可普遍化，要尊重所有内在的尊严。

随着人权观念的进步，人性尊严逐渐宪法化和国际化。人性尊严概念入宪始于 20 世纪上半叶，表现为 1917 年《墨西哥宪法》、1919 年《魏玛宪法》《芬兰宪法》、1933 年《葡萄牙宪法》、1937 年《爱尔兰宪法》和 1940 年

---

[1]　王晖："人之尊严的理念与制度化"，载《中国法学》2014 年第 4 期。

《古巴宪法》。它们在序言、总纲或权利条款部分开始规定保护人的尊严，将人之尊严的概念与国家的任务联系在一起，关注生活关系，以促成拥有人之尊严的生活。人性尊严上升为法的一项基本原则，乃是二战后人们反思战争的结果。为了避免出现战争中肆意践踏人的尊严的现象，1945 年的《联合国宪章》序言强调了"对人的基本权利，对人的尊严和价值的信仰"；1948 年《世界人权宣言》序言提出，"对人类家庭成员内在固有尊严，以及他们的平等和不可转让的权利的承认"，乃是"自由、平等和世界和平的基础"，并在第 1 条规定，"人生而自由和平等，在尊严和权利上一律平等。"1966 年《公民权利与政治权利国际公约》序言规定了尊重人的尊严的规定。在这之后的 50 年内，有超过 60 个涉及人的尊严的国际公约得以签订。

二战后，一系列国际公约的签订为人之尊严概念的普遍化和基础化做出贡献，也促使更多国家将尊严写入国内宪法。《希腊宪法》第 2 条第 1 项、《瑞典宪法》第一章第 2 条第 1 项、《葡萄牙宪法》第 1 条、《西班牙宪法》第 10 条第 1 项、《土耳其宪法》第 17 条都涉及人性尊严。人性尊严之所以被欧洲各国乃至国际社会所接纳，很大程度上是对二战惨痛教训彻底反省的结果，尤其是对德国纳粹政权奉行严苛法实证主义付出的惨痛代价反思的结果。二战战败国如日本、意大利和德国，都在本国宪法里写入了尊严条款，如《德国基本法》第 1 条规定："人之尊严不可侵犯，尊重及保护此项尊严为所有国家机关之义务。"

二、人性尊严的内涵

庄世同先生对人性尊严内涵进行了学术史的考察，主要介绍了外国学者对人性尊严的看法。[1] 美国学者施皮格尔贝尔格（Spiegelberg）总结了康德等学者的人性尊严看法，最后归结为两点：作为内在价值的尊严（dignity as instrinsic value）和作为值得尊重的尊严（diginty as worthiness of respect），前者是后者的基础。英国学者 Deryck Beyleveld 与 Roger Brownsword 将人性尊严区分为"作为授能的人性尊严（human dignity as empowerment）"与"作为限制的人性尊严（human dignity as constraint）"。以上两种观点四个概念，最终

---

〔1〕 庄世同："法治与人性尊严——从实践到理论的反思"，载《法制与社会发展》2009 年第 1 期。

可从德沃金人性尊严理论获得厘清。

德沃金的人性尊严理论体现为人性尊严的两项原则，即内在价值原则和个人责任原则。前者强调每个人的人生都有存在的价值，后者强调每个人对于自己的人生负有使其成功实现的特殊责任，其中包括判断何种人生对自己而言是成功人生的责任在内，即尊重自己和他人尊严的责任。内在价值原则是个人责任原则的基础，那么内在价值是什么呢，就是人与自然的"神圣性"和"不可侵犯"，这和康德的绝对理念有异曲同工之妙。

也有学者对人性尊严的内涵持否定观点，他们认为人性尊严的内涵太过虚幻和空洞。首先，人性尊严是一个无用、多余的概念。该概念存在内容的冗余性和逻辑结构的冗余性；其次，人性尊严是一个空洞的概念，不具有任何内容。因其空洞性使得它很容易招致意识形态的入侵，成为达到各种政治目的的工具。[1]

我国有学者从宪法角度阐释了人性尊严的内涵，认为尊严有三重内涵。[2]第一，尊严是"不受支配"的自治。它是人与生俱来的一种内在属性，与人的外在身份无关，它的核心意思是"不受支配"。第二，尊严是"免于歧视""免于冒犯"。尊严是在与他人的关系中得到理解的，它必须被他人（尤其是国家）尊重和承认。这主要包括两项含义，即"免于歧视"和"免于冒犯"。第三，尊严是提出自我完善请求的资格。它是"一个人可以提出自我完善请求的资格"，构成了实现或满足其他基本善的重要条件。这里预设的价值是"人生的善"。

综上，我们对人性尊严的内涵提出以下看法：第一，人性尊严是高于实在法的理念、精神、价值。第二，人性尊严核心内涵就是自治，由此延伸出不受支配、不受歧视、不受冒犯的三个准则。自治以自由和自律为内容，人性尊严与自由关系紧密。第三，人性尊严的主体为人，人性尊严的指向对象为国家，国家有尊重人性尊严的义务。

三、人性尊严的中国化

1. 我国台湾地区"大法官"的人性尊严观

从台湾地区"大法官"会议解释看，引入人性尊严概念是较晚近的事，

---

〔1〕 王晖："人之尊严的理念与制度化"，载《中国法学》2014年第4期。
〔2〕 王旭："宪法上的尊严理论及其体系化"，载《法学研究》2016年第1期。

首次引入人性尊严的概念乃是 1999 年第 485 号解释，后来才逐渐多起来。"大法官"们的人性尊严的内涵较窄，"仅止于维护人民生活需求之标准"，后来才扩及至"思想自由之保障"，所以大法官们的人性尊严的基本内涵，"毋宁为人的自由思考能力，也就是人得以维护其个人主体性、追求人格完整发展的'自主控制'能力"。[1]人性尊严下所保护的权利有：第一，生活保障权，如对眷村老兵的生活照顾；第二，思想自由，如宣布对思想犯的管制为非法；第三，隐私权，如非法收集指纹侵害了公民隐私权。

2. 我国台湾地区学者李震山教授的人性尊严观

李先生认为，所谓人性尊严，就是"人的尊严"，指个人尊严，非集体或国家尊严。人性尊严是多义的，因为神学、哲学等对尊严有不同的解释。如康德认为，尊严是人能自治的结果，人若在一个人基本上应自治的范围内，仍受他治或他律，即无尊严可言。人性尊严的主体范围及于每个人，不论其行为能力有无、社会贡献有无。人性尊严适用于法秩序所有领域，且为立法、行政及司法之准则。

人性尊严作为宪法基本权利，其本质为何？一为人本身即是目的。这是康德人性观的发扬，人是目的，不是手段。在主体上，强调所谓人的尊严是个人的尊严，而非"人类尊严"或"国家尊严""团体尊严"。在人和国家关系上，人是国家的目的，而非国家的手段。将人视为国家的螺丝钉，就是将人手段化、工具化。只有当人之目的在自律状况下与国家目的相符，个人才可成为国家目的的手段，这就得出一个原则：国家为人民而存在，而非人民为国家而存在。二为自治与自决。这是人性尊严的最后一道防线，不可侵犯、剥夺或使之丧失。学者将其表述为"人性尊严之要件，系每个人得在行为与决定上有自由，而且任何人都享有同等自由"。[2]从法律实践看，对谋杀者判处刑罚不构成伤害人性尊严；国家非法收集个人信息，侵害了资讯自决权，该权属于人内在自由权领域，故伤及人性尊严。

"人性尊严作为上位宪法原则，主要是拘束政府机关，令其尊重并保护人性尊严，此应是人性尊严入宪之最实质意义。"[3]就国家而言，涉及人性尊严

---

〔1〕　庄世同："法治与人性尊严——从实践到理论的反思"，载《法制与社会发展》2009 年第 1 期。

〔2〕　李震山：《人性尊严与人权保障》，元照出版有限公司 2011 年版，第 14 页。

〔3〕　李震山：《人性尊严与人权保障》，元照出版有限公司 2011 年版，第 19 页。

的义务为两方面：一是尊重义务。不把人当客体，防止积极的国家措施，如奴隶、农奴制、放逐、烙印、标签化，国家抛弃非尊严的方式对待个人。二是保护义务。防止他人对人性尊严的侵犯，如贬损、烙印、刑求、唾弃等。

在生命权与人性尊严比较中，能更凸显后者的内涵。生命权侧重于生物学上、物理学上肉体层面之生命，以其存在为重点；人性尊严侧重于精神、心理灵魂层次。生命若无尊严，人将仅是躯壳，甚至沦为物。相较于生命基本权，人性尊严属于具有更强的世界观及政治性质的基本权利。其不只植根于宗教、哲学、历史，甚至更联系到社会中各种文明或文化状况。

至于人性尊严干预的问题，存在两种观点。绝对化的观点认为人性尊严不能干预，相对化观点认为可以干预，但必须给予特别的理由，如重大社会法益之保护。

3. 我国大陆人性尊严论

①将人性尊严抽象化处理。将人性尊严作为抽象的引导性理念，将人性尊严作为宪法精神，将人性尊严作为基本原则。[1]胡玉鸿教授对人性尊严的法律属性作以下界定：第一，人的尊严是由于人作为人类的一个成员而所拥有的不言自明的地位，它与人的禀赋、才干、成就、贡献毫不相关，不能因为人的功劳大小、成就高低而给予人不同的尊严。第二，人的尊严并非是由成文法所创造的基本概念，相反，人的尊严超越于实在法上，属于不依据实在法而存在的先在规范。第三，人的尊严不是基本权利也不是普通权利，它所代表的是人在法律上的主体、主人地位。[2]据此，可以认为人性尊严是人平等享有的法律地位，是高于实在法的信念和价值，属于自然法范畴。②将人的尊严和人格尊严区分开来。《宪法》第38条规定："中华人民共和国公民的人格尊严不受侵犯。禁止用任何方法对公民进行侮辱、诽谤和诬告陷害。"对于该条的解释，存在两种观点。一是人格尊严与人的尊严相通论。有学者认为尽管西方各国有关"人的尊严"或"个人尊严"有着种种不同的表述，我国现行宪法文本中的"人格尊严"这一用语，其实与其诸种近似的用语在语义结构上也存在着某种相通之处，尤其是与德国基本法中的那种以"人格主义"

---

〔1〕 王晖："人之尊严的理念与制度化"，载《中国法学》2014年第4期。

〔2〕 胡玉鸿："人的尊严的法律属性辨析"，载《中国社会科学》2016年第5期。

为基础的"人的尊严"这一概念之间，也存在着某种可互换的意义空间。[1]二是人格尊严与人的尊严区分论。有学者认为我国《宪法》第 38 条人格尊严的哲学基础不同于其他国家的人是目的、人格发展、交往理论，而是着重于个人的名誉与荣誉保护。宪法文本上的表述并非人的尊严、人性尊严，而是人格尊严，且该条既未规定在总纲中，亦未置于"公民的基本权利和义务"一章之首，即使与"国家尊重与保护人权"一款结合起来阅读，亦无法取得与其它国家宪法上的规范地位。人格尊严在我国宪法上属于独立条款，也是公民的一项基本权利，具有具体的法律内容，在宪法解释过程中可作为规范与特定宪法事实相涵摄，证明公民的人格尊严受到了侵犯。[2]③人性尊严宪法保障。尊严理论在宪法上就表现为"不受支配（自我选择的自由、自我决定和表现的权利、隐私权、要求承认的权利）、不受歧视（尊严的平等性）、不受伤害（免于肉体伤害或非人道对待、免于精神伤害）、人生至善"四大方面。[3]

综上，笔者认为人性尊严在我国的发展应包括两方面：第一，从精神、理念向实在法的转变。人性尊严作为一种精神、理念，具有超越国界的法律属性，是高于实在法的道德法则。但是人性尊严要在一国生根发芽，必须具有国内法的依据，只有具有国内法的依据才可能发挥实际作用。我国《宪法》第 38 条可以作为我国人性尊严的法律依据。对该条的解释方法不能采用狭隘的词义的解释，应采用扩张解释，从而为在司法实践中导入人性尊严原则提供可能。因此人格尊严和人性尊严相通论的观点较为可取。第二，从实体法向程序法的转变。将人性尊严限定在实体内涵是不够的，应进一步将其延伸到司法程序中，即充实人性尊严的程序内涵。这里要区分三种情形：一是为尊严而诉讼。若当事人实体上的人性尊严受到损害，为捍卫尊严而进行诉讼，此时如果当事人在程序中没有受到公正的对待，将会对其尊严形成"第二次"伤害。人性尊严的程序伤害比实体伤害更为严重，因为司法是社会的最后一道防线，人性尊严程序伤害会导致最后一道防线决堤。二是为权利而诉讼。如果当事人是为了维护自己的合法权益而提起诉讼，诉讼中法官尊重当事人

---

〔1〕 林来梵："人的尊严与人格尊严——兼论中国《宪法》第 38 条的解释方案"，载《浙江社会科学》2008 年第 3 期。

〔2〕 郑贤君："宪法'人格尊严'条款的规范地位之辨"，载《中国法学》2012 年第 2 期。

〔3〕 王旭："宪法上的尊严理论及其体系化"，载《法学研究》2016 年第 1 期。

的人性尊严,有利于增强法官的权威,从而更有利于当事人接受裁判的结果。三是为解决纠纷而诉讼。对于家事诉讼而言,大部分当事人系因为生活琐事、感情伤害产生纠纷,这类家事纠纷表现为当事人心理上的沮丧、不满,此类纠纷被起诉到法院后,如果当事人人性尊严受到尊重,可以起到心理治疗的作用。法官调解案件如果懂得尊重当事人的尊严,也有利于化解矛盾,更好地促成调解协议的达成。

第二节　人性尊严程序化

一、人性尊严程序化的必要性

法治理论上存在两种法治观,即形式法治观和实质法治观,形式法治观强调"法律至上"和"道德中立",但其延伸出来的谬误,已被人类实践(如纳粹政权)证明了,即多数人的暴政。实质法治观也遭遇到两大质疑,即"不存在正确的实质法治观"和"实质法治观是反民主的"。在人性尊严和法治之间,人性尊严就是一个重要装置,防止形式法治的谬误,或者说人性尊严为法治植入了善,防止法治作恶。在形式法治和实质法治之间,庄世同认为实质法治观乃是归宿,法治的要素取决于法律实质内容的质化程度。据此认为,人性尊严是实质法治的核心价值。[1]民事诉讼运作容易陷入工具主义,作出形式主义的裁判。人性尊严能够纠正民事诉讼运作形式主义、工具主义的倾向。人性尊严如何在司法中落实,需要进一步探讨。首先,当事人不得被国家或法官视为工具;其次,应当尊重当事人的自治自决权。

台湾地区民事诉讼法学界较早探讨人性与民事诉讼法的关系的学者是邱联恭先生。邱先生在他的第一部著作《司法之现代化与程序法》中指出,尊重人的尊严是司法现代化的基本要素,建立温暖而富有人性的司法、诉讼制度是发达国家和发展中国家共同的目标,人性或人的尊严也就成为以邱联恭为代表的本土民事诉讼学派的理论基点。首先,"司法之组织及运作必须以尊重人的尊严为指导原理,并且应正面肯定国民之法主体性";其次,"尊重人的尊严之原理,对于指引司法作用,导向制衡国家权力、保障人权,实属不

---

〔1〕 庄世同:"法治与人性尊严——从实践到理论的反思",载《法制与社会发展》2009 年第 1 期。

可欠缺；"最后，"尊重人的尊严之原理，也应该是指导法曹养成教育及国民之法意识教育所必要的，因为只有遵循这种指导原理，才能有助于促使司法与民众的生活结合，而确保、维系司法之存在意义。"[1]沿着上述理论脉络，邱先生后来在《口述民事诉讼法讲义》一书中也以较大篇幅论述了人性与民事诉讼法的关系。一个温暖而人性的诉讼制度应该让权利受侵犯之任何人，均可能很容易地请求有权限的法院及时救济。如果当事人权利受到侵害，却不能获得司法救济，或者获得司法救济极其艰难，或者得到了司法救济而胜诉判决姗姗来迟，那么这都是违背人性要求的。"法律之运作过程如不能顾及人性，法律将为社会上生活之人所疏远，而不愿意相信它，不愿意接近它，不去了解、关心它，社会秩序即无法维持。"[2]民事诉讼的运作是否合乎人性，不仅在于法律如何规定，制度如何设计，更在于如何运用。对于不通晓当地语言却未获得翻译的当事人而言，法官未听懂其陈述就进行判决，这实际上意味着该当事人，虽然具备人之特征，但未被当人看待，在法庭上受到轻率处置。因此，民事诉讼制度要运作良好，也必须发挥人性。"民事诉讼制度是为人而存在，如民事诉讼制度不能顾虑整个社会上一般人的需要或不能顾虑人性，不能站在尊重人性尊严的前提上予以运作，则会逐渐被社会之人认为，此种制度不但对其无用，不能保护自己，甚至反而贻害自己。"[3]

民事诉讼运作分三阶段，即恣意、非人格化、得意忘形。非人格化就是理性的要求，这里面的含义包括工具理性和责任伦理；得意忘形则是对工具理性的超越，与拉德布鲁赫法的合目的性相通。笔者认为民事诉讼要超越工具理性，步入得意忘形的新境界，就必须引入人性尊严理论。

首先，民事诉讼法应尊重当事人的尊严，表现为：一是便民原则，如以当事人可以理解、可以接受的方式送达诉讼文书；对简单的案件，起诉书可以格式化；法官制作裁判文书应简便化，我国简易程序对此即有规定。二是立案程序的人性化，对立案受理窗口进行人性化设计，工作人员对当事人应给予亲切的接待。三是司法救助制度。司法人性化的重要标志就是对弱者的关怀，司法救助制度能让弱者跨越接近司法的障碍，享受司法服务，与富人一样同等受到司法关怀。

---

〔1〕 邱联恭：《司法之现代化与程序法》，三民书局 2008 年版，第 19~20 页。
〔2〕 邱联恭：《口述民事诉讼法讲义》（一），许士宦整理，自印 2012 年版，第 42 页。
〔3〕 邱联恭：《口述民事诉讼法讲义》（一），许士宦整理，自印 2012 年版，第 51 页。

其次，法官应尊重当事人的尊严。法官有尊重当事人的宪法权利的义务，当事人发言时，法官应认真倾听，不得随意打断发言；法官的语言应温和，避免语言暴力，不得侮辱当事人人格；法官应有亲和力，通过权威使当事人信服，而不是高高在上指挥当事人。

最后，法官应保护当事人的尊严。法官应制止一方当事人在法庭上的侮辱性发言；对于受欺诈、胁迫作出的诉讼行为应宣告无效；根据人性尊严原则审查证据的真实性、合法性、关联性，对于以侵害人性尊严的方式获取的证据应认定为非法证据，予以排除；对于诉讼中侵犯人性尊严的行为构成犯罪的，应追究刑事责任。

二、人性尊严程序化的路径

1. 理念转变：从国家主权转变为国民主权

强调人的神圣性、不可侵犯性，在西方理论脉络中是可以成立的，因为西方存在人从上帝、教会中解放出来的过程。在某种程度上，人的神圣性就是该过程的结果。但是要在中国当下确立人的神圣性，不是一件容易的事，我们首先面临的就是将人从国家中解放出来，纳粹也曾存在这样的现实，但它最终可以诉诸神圣予以纠错。我们则没有这种神圣性的历史基础，一条相对便宜、世俗之路，或许就是日本二战后的做法，即迈向国民主权，每个人的价值和尊严自然就会得以张扬。

2. 民事诉讼去政治化

在民事诉讼发展历程中，政治始终未离开，只是政治中心工作发生变化了而已。早期的普法法学，就是在强烈的政治意识形态支配下而发展的。后来出现的理论法学强调发展民事诉讼基本理论，注重自身的专业性，但是政治主导民事诉讼研究的学术生态并未根本改变，如高扬的程序正义理论，其兴起和衰弱无不受政治生态的影响。正在倡导的实践法学，其受政治影响是必然的，因为我国的民事司法实践深深镶嵌在政治运作的逻辑中，对实践所作的法学研究，自然难逃政治运作的逻辑。

长期以来，民事诉讼的发展都是在政治的阴影中发展，民事诉讼法学研究主动接受政治的指导，所带来的问题就是导致民事诉讼发展的跳跃性，忽左忽右，东一锤子西一榔头。学者们所做的大量研究，大都是应景性的，缺乏应有的学术沉淀和连续的学术思考，比如关于调解的研究，20世纪90年代学界已经对调解进行了深入批判，并取得共识，要突出判决的作用。然而到了21世纪第一个十年，由于政治政策的变化，调解在政治的推动下在法院成为强势话语，民事诉讼学界也跟风似的大力宣传调解的积极意义，大量的科研经费投入到调解研究中，大有调解取代审判之势。一批批有关调解的课题、专著、学术论文顺势产出。学者们自己推翻自己的观点也不鲜见，学术的真诚哪里去了？学术对真理负责的态度被有意无意地忽视了，民事诉讼的独立性发展沦为空谈。民事诉讼时常受到政治的干扰，难以有自己长期的独立性思考，自然逼不出自己的原创性知识。台湾地区民事诉讼法学者邱联恭教授30年前曾提出突袭性裁判防止理论，其30年如一日地独立思考，不断拓展深化该理论，从而提出一系列体系化的"邱氏理论"，这在大陆民事诉讼法学界比较少见的。他山之石可以攻玉，大陆民事诉讼法学界无疑应该借鉴台湾地区民事诉讼理论，但笔者认为更重要的是，应借鉴台湾地区学者独立思考的能力，不但能不被政治所牵引，反过来还应指引政治发展方向，如民事诉讼法修改的路径和内容。在当下，学者们应克服旧有的思维习惯，不要盯着政治搞研究，而应力挺学术的独立性，自主地思考民事诉讼中的实践问题和理论问题。在研究中，将政治正确性转化为政治因素考量，视政治为一个因变量，并以审慎的态度对待之。民事诉讼发展虽然不能完全切开与政治的联系，但是学术的独立性则能够矫正以往的态势，从而恢复政治与民事诉讼发展的正常关系，从而使学术的归学术，政治的归政治。学术的归学术，就是学术走向自我脉络化发展。民事诉讼法学应该找到自身的学术脉络，在这里，首先就是要正本清源。民事诉讼理论应该有自己的思想源头，从源头出发，沿着自身的逻辑，逐渐发展理论，日积月累，则发展成为体系化的民事诉讼理论也未尝不可。其次要展开学术交流与辩论。民事诉讼理论发展不是闭门造车，理论的提出和深化都应直面各种批评、质疑，即在包容环境下展开学术交流和辩论是必要的。同时，仅仅交流是不够的，必须在交流中辩论，在辩论中交流，没有辩论的交流，都不是真诚的学术对话，也不可能对学术的深化有深刻的贡献。

事实上，不仅民事诉讼法学发展受政治影响，民事诉讼实务运作也深深受政治影响。一是立案阶段，民事诉讼立案难的根本原因就在于当地政治生态影响。二是审判阶段，对于重大标的案件和一些重复再审的案件，其审判运作几乎都有某种程度上的政治操作。三是执行阶段，执行的政治化是审判阶段政治影响的逻辑延伸。

政治主宰制民事诉讼最严重的后果就是使民事诉讼丧失了人性的光辉。法官作恶而不知耻，当事人撒泼使无赖更盛行。当然立法者显然注意到了民事诉讼人性的丧失，所以修法时将诚实信用原则规定在了民事诉讼法中。但这能否规制民事诉讼中的种种越轨行为，实在大有疑问。如果人性依然是被压抑的，良知依然不能彰显，诚实信用原则又如何能挽救民事诉讼危机的狂澜。以上所言，大概是民事诉讼现代危机的一个方面，而早期的危机则是民事裁判权为外国所享有，总之政治退出民事诉讼，是民事诉讼人性化的第一步。

3. 民事诉讼法律人的精神重建

民事诉讼人性化的第二步就是民事诉讼法律人的精神重建。这至少需做两方面的工作，一是高扬人的尊严理论，二是以中国文化作为个人的职业伦理。具体来说，民事诉讼人性化，一方面要沿着人的尊严的西方理论展开论述，另一方面要从发扬中国文化安顿心灵安顿人生的精神展开论述，将二者相互配合，把民事诉讼带入新境界即要求做到既要有外向超越，又要有内向超越，达到中西合璧。人性化是民事诉讼之精神、理念，是民事诉讼发展之新增长点。人的尊严理论可细化制度与技术，而中国文化则可安顿民事诉讼法律人，包括学者、法官和律师，二者都可贯通于法学教育中。法律是一套制度规则体系，说可以没有人或人性的，那是误解，不但制度中有人有人性，而且制度终究逃不开人操作，人无良知，制度则难行，抑或反而作恶于人，终会出现逃离制度的反动。

4. 建立温暖而人性的司法

长期以来，我国民事诉讼成为法院的操作规程，民事诉讼规范官僚化现象屡见不鲜，比如对于科以当事人义务的规范极容易被立法通过，对于卸除法院、法官权力的规范则不易为立法通过。问责当事人的规范较容易被最高人民法院的司法解释所采纳，问责法院、法官的规范则不易在司法解释中确立，见制度不见人的现象更是民事诉讼习以为常的现象。有人争辩说，程序就是自在自为的系统，存在"作茧自缚"的效应。不错，民事诉讼当然应当是逻辑自洽的体系，但如果认为，人为制度服务，制度不为人服务，这恐怕是逻辑颠倒。任何制度都是为人服务的，这是颠扑不破的真理，至于制度非人格化运作，那是另外一回事。民事诉讼进行制度设计毫无疑问是要限制人的恣意，使制度运作非人格化，不因人废制。但是，这并不意味着，只见制度不见人，制度不是冷漠的，制度终归是要为人所使用。民事诉讼制度应对利用者进行人性化的关怀，让当事人体会到民事诉讼制度的温情，当然，这种温情是法律之上的温情，是坚持法律底线的温情。受革命的影响，司法长期被视为"刀把子"、专政的武器，司法似乎是冰冷无情之物，这种司法只会让人民敬而远之，而不能实现"接近正义"的理想。民事诉讼人性化的关怀，就是让司法坚守法律底线的同时增加温情，避免制度化的冷漠。民事诉讼制度的发展其实是有轨迹可循的，建立初期，其是为了限制恣意，逐渐发展走向成熟稳定后，便是非人格化运作，再继续向高阶发展，便是"得意忘形"，有温情人性的运作，即温暖而人性的民事诉讼。民事诉讼运作不仅要坚持制度的刚性规定，更重要的是要坚持民事诉讼的法意、精神，进而能够做到"得意忘形"，那便是民事诉讼运作的最高境界。

第七章

程序正义在中国的运行分析

ｉ〞ｉ〝　　＾æ°´¸　¸ˇ¸〞¶　ˇ

　　民事诉讼法发展方向有左右之分，[1]强化法院、法官职权，注重纠纷解决，体现了民事诉讼法左转；坚持当事人主义、程序正义，则体现了民事诉讼法的右转。程序正义是民事诉讼法发展方向的试金石，考察程序正义在中国的运行，能够判别中国民事诉讼法的走向。

第一节　程序正义运行的考察

一、程序正义在美国的运行

1. 马伯里诉麦迪逊案

　　就马伯里诉麦迪逊案而言，大多数人的分析把目光放在了司法审查上，却几乎忽视了马伯里的存在和诉求，而其实我们更应关心的是当事人的命运。马伯里以国务卿麦迪逊为被告，要求最高法院下命令让麦迪逊签发委任状，其依据是 1789 年国会颁发的《司法条例》第 13 条，最高法院有权"对公职人员颁发执行命令"。应该说，马伯里的诉求既有事实依据，也有法律依据。最高法院只要依法裁判，以麦迪逊为代表的新政府非败诉不可。然而案件却不是如此简单，一判了事。表面上马伯里诉求的是一纸委任状，背后则涉及当时两党的争权。代表联邦党人的上一任总统亚当斯竞选失败，未能连任，且失去国会的多数席位，为了保证在司法权中的优势，他们在换届之前，任

---

　　[1]　我国台湾学者姜世明先生对此有更细致的分析，参见姜世明：《民事诉讼法基础论》，元照出版有限公司 2010 年版。

命了包括马伯里在内的 42 人为治安法官。代表民主共和党的新总统杰弗逊接任后，为了抵制上一任总统的企图，就命令国务卿麦迪逊扣下了未发完的委任状。大法官马歇尔因为参加了委任状的签发，深知委任状背后是两党之争，他自己就有联邦党人的背景，两党做法都欠妥。如果签发执行命令，麦迪逊他们不执行，那会让最高法院很难堪，威信扫地都有可能。况且，马伯里的诉求依法有据，大法官马歇尔不可能否定马伯里的权利。最高法院又不能拒绝裁判，被逼无奈，马歇尔细致地研判法律后，终于找到了审判的突破口，那就是拿管辖权说事。马歇尔告诉马伯里，你的权利是存在的，也应当得到司法救济，但是本院对你与麦迪逊的诉讼没有管辖权。其理由是，《司法条例》13 条规定了最高法院有权对公职人员发布执行命令，但是这条规定违反了《宪法》第 3 条规定，因为《宪法》第 3 条规定了"涉及大使、其他使节和领事以及以州为当事人的一切案件，其初审权属于最高法院"。麦迪逊是公职人员，但是不属于大使、其他使节和领事的范围，最高法院没有初审管辖权，只有上诉管辖权。因此，马伯里的诉讼请求被最高院驳回了，告知他应当选择正确的法院诉讼，其应从联邦地方法院诉讼，直至上诉到最高法院，而这会是一个漫长的过程。看到自己的诉讼遥遥无期，治安法官也不是什么好差事，马伯里后来放弃了诉讼。这样，在马伯里案中，马歇尔以无管辖权打发了原告马伯里，成功化解了两党之争，同时为最高法院争取到一项至关重要的权力，即宣告国会立法违反宪法无效的权力，也就是司法审查权。从这个案件中我们可以获得以下结论：

第一，案件的社会结构，实是两党利益之争。签发委任状的是联邦党人，扣押委任状的是民主共和党人。联邦党人在丧失了国会和行政的优势后，力争能在司法上保持优势，而这受到了民主共和党人的抵制。正是两党之争，造成了马伯里与麦迪逊政府的纠纷。

第二，马伯里以法律武器捍卫自己委任为法官的权利，从而将两党之争带入司法中。该案中马伯里个人权利和两党权力之争纠缠在一起，司法成为中立的裁判者。

第三，最高法院大法官虽然是联邦党人，但并没有意气用事，旗帜鲜明地支持联邦党人，也没有诉诸司法外的政治解决，而是较好地恪守了法律守护者角色的职责，以法律的方式解决了两党之争。确切地说，以无管辖权回避了司法站队的问题。从这里也可以看出，司法确实是最弱的权力，但大法官马歇尔却最大限度地维护了司法权威，使法律不至于威信扫地，这是极具个人智慧的。因此，本案的解决充分体现了个人色彩。美国最高法院从一开始就深受个人品性所塑造，这样的传统也一直在延续。

第四，依法裁判与法官能动。根据一般法律思维，法官应该依法裁判。在本案中，最高法院依据国会条例依法裁判，判决联邦政府颁发委任状，符合依法裁判的原则。但是，马歇尔大法官绕开了依法裁判的原则，创造性地宣布应依的"法"违宪。国会制定的《司法条例》第 13 条实际上是扩大了最高法院的权力，这也是联邦党人制定本法的最初意图，但是大法官马歇尔按照《宪法》第 3 条解释，最高法院的权力没有那么多那么大，主动将最高院的司法权限制在宪法规定的范围内，实际上通过司法撤销了联邦党人控制的国会所给予的多余的权力。联邦党人控制的最高法院主动削减自己权力，这恐怕是民主共和党人始料未及的，自然引来他们的赞同和支持。而认定《司法条例》涉嫌违宪，对于最高法院的这一做法，联邦党人也不好说什么。最高法院限制自己权力，但肯定了原告马伯里有被委任的权力，只是自己没有管辖权，对此马伯里也只好接受，不能无理缠讼了。所有这一切，都是因为大法官马歇尔能动性地宣告违宪这一创造性举动。大法官马歇尔有智慧地能动，为美国最高法院开辟了新天地，说它有里程碑意义，一点不为过。

第五，美国这些先辈们都是具有法治精神的，而不是动辄诉诸武力的暴民或阴谋家。人是一切问题的根源。美国先辈们拥有的法治精神、妥协精神，构成了案件得以智慧地解决的实质基础。离开法治精神、理念，任何所谓的技术、策略、谋略都会沦为空谈。你打过来，我杀过去，"机关枪对打"的做法，永远无助于问题的解决。

2. 吉迪恩案

穷人吉迪恩被冤枉入室盗窃，被判 5 年监禁。在监狱里，吉迪恩利用"穷人免费申诉特权"，用铅笔给联邦最高法院大法官写了一份"赤贫人申诉书"，此类申诉书专门为穷人准备，不需交费，也没有格式和程序要求。他在上诉中主张，他因为贫穷请不起律师，州法院也未给他指定律师，他认为这违反了《宪法修正案》第 14 条规定："不经正当法律程序，不得剥夺任何人的生命、自由或财产。"吉迪恩的申诉迅速得到最高法院大法官的回应，被最高法院立案审理，并为他聘请了大律师福塔斯作为辩护人。最后，最高法院裁决律师权是正当程序的应有内容，吉迪恩有获得律师的权利。案件被发回州法院重审。在重审中，州法院根据最高院的裁决为吉迪恩聘请了免费律师，在律师的帮助下，吉迪恩被洗冤昭雪，无罪释放。后来在警察调查下，发现盗窃是吉迪恩案中证人库克干的，他污蔑了好人，逃脱惩罚，最终被抓归案。从这个案件中，有以下几点需注意：

第一，案件的宏观社会结构。案件发生于美国民权运动时代，穷人得不到法律的公正对待是社会问题，他们要求自己的权利，而沃伦法院又是一个洞察社会的法院，积极回应时代的要求。

第二，冤案得以昭雪有多重原因。一是时代已进步到这种程度，保护穷人的权利成为时代呼声。二是之前于1942年发生的贝茨案，贝茨曾向最高法院主张律师权，被最高法院否决。到了20世纪60年代，法官们认为那是一个错误不公的裁决，需要纠正，只是司法是消极的，苦于没有纠正的机会。而吉迪恩的申诉，创造了最高法院纠正错误裁判的机会。换句话说，最高法院一直在发现这样的申诉，所以这样的申诉一到最高法院，就被送到沃伦法官面前。三是监狱为穷人提供了免费申诉权，给予了特别保护，如可以用铅笔写在纸上，不用打印，无格式要求，这样利于最高院发现此类特别申诉。从这里可以看出，最高法院的法官们有非常强烈的法律下的责任意识和人权观念，他们并没有官僚化沦为特权阶层，不关注人间疾苦。恰恰相反，强烈的职业伦理推动了大法官们通过司法推进社会进步，职业责任引导他们修正自我的错误，而这一切又是在司法独立的前提下展开的。法官们的个人修养和素养以及良好的制度安排，是冤案发现并得以纠正的关键。

第三，个人力量撬动了实践转变。吉迪恩以一个没有受过良好教育的穷人，推动了规则改变，律师权从不限于死刑案件，也不限于联邦法院，而扩展到所有州法院。律师帮助权在法院全覆盖，这是司法实践的巨大转变，而律师权的告知延伸到警察，至几年后的米兰达案中才得以实现。所以，一个社会的文明和进步，就在于对弱势群体的保护程度。如果一个弱势群体无处申冤，说明这个社会是粗暴的，同时法官们没有官僚化，没有失去良知，才是最重要的。

3. 米兰达案

就米兰达案而言，多数人只是一般化的指出该案的意义，对米兰达规则来历的考察则有所忽视。米兰达规则来自最高法院的判决，更确切地说，来自于沃伦大法官所写的判决书，其在判决书里对警察审讯进行了详细指示，后来这些指示就成为警方审讯前的规则。该判决的产生，则是来自叫米兰达被告的申诉。米兰达因为涉嫌强奸、劫持罪而被警方逮捕，根据《宪法修正案》第 5 条规定，任何人不得在任何刑事案件中被迫自证其罪。米兰达在警方未告知该条权利的情况下，自愿供述了罪行。在法庭上，法官根据吉迪恩案为米兰达指定了免费律师莫尔。该莫尔律师指出警察逮捕时未为米兰达指定律师，所获得的供述构成强迫自证其罪，违反《宪法修正案》第 5 条。律师的辩护未获法庭采纳，米兰达分别被判 20 年和 30 年。对于这样的判决，米兰达和律师都不服，最后通过两名著名律师的帮助，将该案上诉到最高法院沃伦手上。沃伦大法官在吉迪恩案中，只是宣示穷人被告在法庭上获得免费律师的权利，但是并没有将权利延伸到警察审讯时。因此，最高法院在该案的裁决中，宣示警察应告知嫌疑人有《宪法修正案》第 5 条的权利和律师帮助的权利。这样的裁决在大法官讨论中，以 5∶4 通过，说明反对意见比较多最后由于沃伦大法官的坚持而获通过。其中的原因，一是沃伦担任大法官之前担任过基层检察官、州司法部长、州长等职务，他深知基层社会警察黑暗，了解基层社会疾苦；二是联邦调查局早已开始实行类似的审讯前的告诫，但是各州各行其是，不理会联邦调查局的那一套。沃伦法官下决心通过司法改变社会现实，限制警察权力，保护社会弱势的权利，而且当时美国 20 世纪60 年代，正是民权运动兴起时，沃伦法官正是顺应了时代潮流，作出了较有争议的判决。从这案件中，以下几点值得注意：

第一，案件的宏观社会结构。20 世纪 60 年代正是美国民权运动兴起时，在这样的时代潮流下，最高法院不是象牙塔，司法必须回应社会。受到时代精神的召唤，保护民权时常成为最高法院的出发点。

第二，沃伦法官的能动性。沃伦法官在基层州长期历练过，对州的社会现实体察颇深，强烈的人权意识和保护弱者的意识，强化了其判决的社会风格，通过司法限制警察权力，伸张社会民权，成为司法的基本风格，这就是司法能动性。

第三，从案件的微观社会结构看，米兰达能够上诉到最高法院，得益于两位著名律师的帮助，显然这两位律师深知沃伦法官能动司法的风格。米兰达案具有社会代表性、典型性，沃伦法官也需要这样的典型案件，为社会拨乱反正，而两位律师对沃伦法院的洞若观火，成功将米兰达案带到沃伦面前。

第四，能动不是乱动。沃伦法院的能动，始终是以宪法为底线，在宪法下，逐渐完善被告人的权利，拓宽被告人的权利范围。裁判都是在宪法精神的指引下，依然属于依法裁判的范围。

二、程序正义在我国的运行

（一）启蒙

程序正义理念在中国启蒙于 20 世纪 90 年代，是通过一篇论文和一部译著完成的。论文为季卫东先生在《中国社会科学》1993 年第 1 期上发表的《法律程序的意义》（这只是简缩版，全文稿长达 7 万余字，刊登在《比较法研究》1993 年第 1 期上）一文。该文可谓字字珠玑，一些话语堪称经典，流传甚广，如"程序是法治的枢纽""作茧自缚的效应"等。在当时，该文犹如一声惊雷，涤荡在 20 世纪 90 年代颇为沉寂的中国法学界，唤醒了沉睡的程序法学。"季文发表后，国内掀起了研究程序的热潮，众多学者对季文给予了高度评价，"[1]季先生自己谦虚地说，"这篇论文在国内发表后引起了较大波纹"。[2]译著为日本学者谷口安平著，王亚新、刘荣军译的《程序的正义与诉讼》，该书由中国政法大学出版社 1994 年出版。一项研究表明，该书在我国程序正义的研究中引证率极高，在中国 30 年（1978～2008 年）引证影响排序中位列第 16 位，是诉讼法学作品中排名最靠前的一部。[3]正是在这两部作品启蒙下，中国法学界领略到了程序的价值和魅力，新的理论几乎颠覆了人们以往对程序的认识，开启了学界对程序重新认识和研究之路。

（二）兴起

经过了启蒙后，程序正义研究迅速在诉讼法领域兴起，表现在：第一，程序价值研究兴起。陈瑞华先生从刑事诉讼角度研究了刑事审判程序的价值，相关成果集中体现在其博士论文《刑事审判原理》（1995 年）中，后由北京大学出版社 1997 年出版，陈先生还在 1999 年在《中国社会科学》第 6 期上发表了《走向综合性程序价值理论——贝勒斯程序正义理论述评》。其后，肖建国博士从民事诉讼角度研究了民事诉讼程序价值，相关成果表现为其博士

---

〔1〕　郑春燕："程序的价值视角"，载《法学》2002 年第 3 期。

〔2〕　季卫东："悼念沈宗灵教授"，载 http://china. caixin. com/2012-02-28/100361299. html，访问日期：2012 年 12 月 7 日。

〔3〕　凌斌："中国法学 30 年：主导作品与主导作者"，载《法学》2009 年第 6 期。

论文《民事诉讼程序价值论》（1998 年），后由中国人民大学出版社 2000 年出版。事实上，早在 1996 年，陈桂明先生在《诉讼公正与程序保障》一书中就探讨了程序价值，但从系统地研究程序价值看，刑事诉讼法学者先于民事诉讼法学者。除了这两部著作外，还有大量的论文研究程序价值，如齐树洁教授的《试论民事程序法的意义》、[1]常怡教授的《民事程序价值之管见》[2]等。在程序价值研究中，学界逐渐达成一些共识，如程序价值包括两方面，一是程序工具价值或外在价值，二是程序独立价值或内在价值。第二，程序法与实体法关系的研究一度成为热门话题。曾经有一段时间，诉讼法学界学者纷纷撰文探讨程序法与实体法的关系，掀起了该项研究的高潮。[3]在二者关系上，有的人认为实体优先，有的认为程序优先，有的认为二者平等，都重要，各种观点对立，争执不下，最后以至于有人主张取消这种讨论，认为这样持久争执下去，没有意义，只会消耗学术资源。我们认为，这些争论最大的意义，就是矫正了观念，至少在诉讼法学界，"重实体，轻程序"的观念已经少有人坚持。

（三）转化

进入新世纪，程序正义理论被学界接受后，也渐次在司法实务界影响开来，并逐渐转化为实践。最直接的成果就是最高人民法院于 2001 年颁布了《最高人民法院关于民事诉讼证据的若干规定》（以下简称《民事诉讼证据规定》）和《最高人民法院关于行政诉讼证据若干问题的规定》。这两个证据规定尤其前一个最大的亮点，就是在程序正义理念下重构了证据制度。如，根据法官中立的要求，缩减了法官调查取证的范围；根据当事人参与的要求，强化了当事人的举证责任，建立了举证时限制度，确立了证据适时提出主义；强化了程序价值，确立了质证规则、认证规则等。总之最高人民法院自觉将程序正义理念和理论转化为实践，是一次历史性飞跃。

（四）式微

最高人民法院高举程序正义大旗的举动，赢得学界的较多赞赏，当然质

---

[1] 齐树洁、张冬梅："试论民事程序法的意义"，载《法学评论》2000 年第 1 期。
[2] 常怡："民事程序价值之管见"，载《现代法学》1999 年第 2 期。
[3] 相关的总结性研究，参见霍海红："程序与实体关系的话语变迁——以中国'民事法'为中心"，载《南京大学法律评论》2010 年第 2 期。

疑声也不断，这集中体现在上述司法解释引发的争议中，有人认为这是狂飙突进，不符合我国国情。[1] 面对诘难，最高人民法院不为所动，要求地方各级人民法院严格执行上述两个证据规定，其中《民事诉讼证据规定》对社会、当事人冲击最大，证据失权的规定尤其让当事人不满，判决的社会效果不佳。《民事诉讼证据规定》运行一段时间后，严格执行往往让位于灵活变通，甚至被回避，如一项关于 60 家基层法院的调查表明："多数法院和法官在审理传统民事案件时，已经在不同程度地回避《证据规定》某些内容的适用。如关于在传统民事案件的审理中是否指定举证期限的问题，有 19 家法院表示不指定；表示不会以超过举证期限为由对当事人所提供的证据不予采信或对当事人变更的诉讼请求不予审理的有 29 家法院；对当事人超过举证期限仍要求对方当事人发表质证意见的更是超过半数，达 32 家；仅有 4 家法院表示严格遵守了《民事诉讼证据规定》的要求，其余则表示如系重要证据，仍要组织双方当事人质证。"[2] 当《民事诉讼证据规定》遭放逐或变通执行盛行时，修正该司法解释就是必然之举。2008 年最高人民法院颁布了《关于适用〈关于民事诉讼证据的若干规定〉中有关举证时限规定的通知》和《关于适用〈中华人民共和国民事诉讼法〉审判监督程序若干问题的解释》，对举证期限、新证据作了放宽解释。2014 年颁布的《最高人民法院关于适用〈中华人民共和国民事诉讼法〉的解释》（以下简称《民诉解释》）则对上述文件进行了有限度的吸收，主要还是缓和举证时限的严苛性。随着上述文件的颁布实施，程序正义理念逐渐走向式微。

（五）衰退

随着中国社会转型加快，社会矛盾纠纷总量急剧上升。2008 年以来，每年全国各级法院受理案件都在 1000 万以上，[3] 法院化解纠纷、维护社会秩序的压力日益增大，而程序正义的司法实践似乎表明，程序正义理念不仅不利于纠纷解决，反而引发了新的社会矛盾和不满，如广东莫兆军案。因此，最高人民法院选择了与程序正义相反的路径，即大调解、能动司法。2008 年，最高人民法院将"调解优先、调判结合"确立为一项司法工作原则。2009

---

　　[1]　宋太琦："从打事实到打证据到打规则"，载《比较法研究》2003 年第 3 期。
　　[2]　江苏省高级人民法院民一庭："关于证据规则在传统民事案件中适用情况的调研报告"，载《审判研究》2010 年第 3 期。
　　[3]　参见 2008 年以来的《最高人民法院工作报告》。

年，全国法院调解工作经验交流会总结和深化了对调解规律的认识，要求推动人民法院调解工作有新发展。最高人民法院公布了《关于建立健全诉讼与非诉讼相衔接的矛盾纠纷解决机制的若干意见》，鼓励行政机关、社会团体等各方力量参与司法，建立诉调对接机制。2010年，最高人民法院发布了《关于进一步贯彻"调解优先、调判结合"工作原则的若干意见》的通知，确立了调解优先的理念。通过上述措施，我国确立了行政调解、社会调解、司法调解相结合的大调解格局。2009年，最高人民法院王胜俊院长明确提出了能动司法的主张要求，〔1〕能动司法开始成为我国司法的基本理念和基本方式，出现了一些能动司法模式的典型，如陕西陇县"能动主义八四司法模式"。最高人民法院要求全国各级法院开展"人民法官为人民"主题实践活动，强化了司法的服务性、主动性，司法走群众路线。在大调解、能动司法政策导引下，法官角色转消极为积极，转被动为主动，化解矛盾纠纷成为司法的首要功能，程序消解于纠纷解决中，程序正义让位于纠纷解决。具体而言：第一，消弭了原告、被告的角色差别。程序正义要求消除当事人社会地位、角色的差别，但是又必须建立在原被告角色分化的基础上。在大调解、能动司法下，原告、被告统称人民群众，原告和被告之间的界限模糊了。第二，强化了法官职权和主动性，模糊了法院和行政机关的界限。第三，法官去职业化。在大调解、能动司法下，审判人员被笼统称为人民法官。群众路线要求，从群众中来，到群众中去，人民法官为人民，这实际上也消除了法官和当事人的角色差别。总之，分化消失了，组合失衡了，自愿参与和平等对话不见了，案件从"当事人的案件"转化为"法官的案件"，当事人的纠纷变为法院的纠纷，法官中立、克制消失了，程序正义因而也就衰退了。

经过二十余年的时间，程序正义理念经历了启蒙、兴起、转化、式微、衰退五个阶段，其中前十年为程序正义高扬、奋进时期，后十年为程序正义低迷、受挫时期。程序正义在我国的运行实践表明，一方面程序正义具有较大的吸引力、生命力，另一方面程序正义付诸实践存在较大的困难和挑战，在我国践行程序正义不可能一蹴而就。二十余年的程序运行实践，为我们提供了反思的样本，这不是终点，而是起点，中国民事诉讼法的发展方向

---

〔1〕 参见王胜俊："坚持能动司法、切实服务大局"，2009年8月28日在江苏省高级人民法院调研座谈会上的讲话。

尚摇摆于左右之间。

第二节　程序正义运行的制约因素

一、宏观方面：权力结构的制约

程序正义在我国运行不畅，根本原因在于受到权力的结构性制约，表现在：第一，政治是司法之母，司法依附于政治。[1]我国政治运行已经历毛、邓、江、胡等领导人和四个阶段，每个阶段都会应社会发展需要，提出新的执政理念、方针，司法必须对此作出积极的回应，如"为阶级斗争服务""为经济建设服务""为和谐社会服务"等，都是司法对每一阶段政治诉求的回应。[2]司法历来是党的路线、方针、政策的忠实执行者，每一次执政理念、方针的转变，也就意味旧的执政理念在司法领域的结束，司法必须适时调整工作思路、方法，以保持与新的执政理念、方针高度一致，如司法界提出的"三个至上""为大局服务"，都体现了司法的政治依附性。程序正义一直是镶嵌在权力的结构当中，若与某一阶段的政治理念一致，程序正义运行就顺畅，反之，程序正义运行就受阻。

第二，程序正义是通过权力自上而下地推进。正如前文所述，2001 年，最高人民法院颁布《民事诉讼证据规定》，要求各级人民法院严格执行，这实际上是最高人民法院借助权力自上而下推行程序正义，向当事人推销程序正义，显然，最高人民法院并没有考虑到下级法院的意愿和当事人的意愿。权力仅仅依靠强制，就是暴力，权力运转不仅要依靠强制，更要依靠权威，而权威则来自权力对象的认可，未考虑下级法院的意愿，最高人民法院依靠强制向下推行程序正义，自然是不能持久的。最高人民法院《民事诉讼证据规定》在形式上是司法解释，具有表面的合法性，但是在内容上却超越了《民事诉讼法》的规定，具有违法嫌疑。[3]对于立法层面的内容，应由代表民意的立法机构讨论决定，最高人民法院将本属于立法的内容依单方意志决定，

---

〔1〕　最高人民法院副院长江必新也认为，司法是政治的一部分，不能脱离政治在真空中运行。参见江必新："正确认识司法与政治的关系"，载《中国党政干部论坛》2011 年第 4 期。

〔2〕　喻中："论中国最高人民法院实际承担的政治功能——以最高人民法院历年'工作报告'为素材"，载《清华法学》2006 年第 7 期。

〔3〕　齐树洁："《民事证据规定》的困境及其启示"，载《证据科学》2009 年第 2 期。

也违反了权力运行正当性原理，程序正义的践行自然不能得到民众的支持。

二、中观层面：制定法的因素

第一，现行民事诉讼法制定于程序正义理念启蒙之前，该法的制定受法院系统影响较多，内容大多体现了法院的职权性，与程序正义要求相去甚远。就基本原则来说，民事诉讼法确立了平等、辩论、处分三原则。平等原则是在总结文革教训、反对特权思想后确立的，将该原则规定在民事诉讼法中，其宣示意义多于实质内容，不同于与作为程序正义要素之一的平等。辩论原则只是规定了当事人有辩论的权利，当事人的辩论权贯穿诉讼全过程，法院应当保证当事人充分行使辩论权。显然我国辩论原则是以"辩论权"为核心来构建的，其旨在强调社会主义国家人民在司法中的地位；在诉讼中，当事人享有辩论权，法院也应当保障其辩论权，体现社会主义司法的优越性。而在古代司法中，当事人只有接受官衙训斥的义务，是应当接受官府教化的弱民或草民。我国辩论原则与古代司法相比具有进步性，但与程序正义的要求则相去甚远。根据程序正义的要求，辩论原则应当以"裁判基础"为核心来建构，即法院裁判的基础限于当事人主张的事实和证据，正如法谚所云："你给我事实，我给你权利"，法院裁判不得超出当事人主张的范围。易言之，法院受当事人辩论的约束。以"辩论权"为核心构建的辩论原则，由于缺乏对法院裁判约束的特质，实践中无法避免"你辩你的，我判我的"现象出现。在另一方面，我国处分原则尽管赋予了当事人处分权，但当事人却受法院干预、限制较多，凸显了法院积极、主动的角色，这与程序正义要求下的法院被动消极地位不符。2007年修法完善了再审程序，使程序正义的发展略有进步，但民事诉讼法的总体容貌没有根本改观，司法实践更是在走与程序正义相反的路，即能动司法。

第二，《民事诉讼证据规定》制定于程序正义理论兴起时期，体现了程序正义要求的一面，但是该司法解释由最高人民法院制定，出于趋利避害的本能，最高人民法院对程序正义进行了裁剪，其制定的《民事诉讼证据规定》实现的程序正义，不过是法院的程序正义。比如，该规定强化了当事人的举证责任，限制了法官调查取证的范围，确立了法律真实的证明要求，建立了自由心证制度，这些似乎都符合程序正义的要求，然而，由于其中裹夹了法院利益，最高人民法院的规定，故而与程序正义的要求仍有差距。就强化当事人的举证责任、限制法官调查取证范围的规定来说，这些规定符合了当事人主义的要求，但是这些规定的背后却有法院为了应对案件压力而进行的"卸责"的因素。法律真实说产生的背景和条件，也与法院内部的考核机制、法院面临诉讼案件激增的压力以及法官自身的利益考量有着十分密切的联系。[1]就自由心证而言，我国《民事诉讼证据规定》第 64 条规定："审判人员应当依照法定程序，全面、客观地审核证据，依据法律的规定，遵循法官职业道德，运用逻辑推理和日常生活经验，对证据有无证明力和证明力大小独立进行判断，并公开判断的理由和结果。"而《德国民事诉讼法》第 286 条第 1 款规定："法庭应当根据全部辩论内容和可能的证据调查的结果，通过自由确认判定争议事实主张的真伪。"显然，我国自由心证制度只有"依照法定程序"的约束，其他的规定都颇为笼统，缺乏可操作性，实际上赋予了法官较大自由裁量权，而德国法官自由心证则受"根据全部辩论内容和可能的证据调查的结果"的约束，该规定更为具体，凸显了当事人对法官的约束。

　　第三，诉讼真实观难以与程序正义协调。我国 1991 年《民事诉讼法》坚持的真实观为客观真实，即法院认定事实应做到"事实清楚，证据确实充分"。客观真实观是从苏联民事诉讼理论和制度引入到我国的，一度成为我国民事诉讼法立法的指导思想，学界普遍认为我国民事诉讼证明标准就是客观真实。客观真实说认为，真实是在诉讼之外、诉讼之前的，是独立于当事人和法官的意志而存在的，程序的目的就是发现真实，发现真实的过程就像"将丢失的硬币找回来"，不妨称之为"真实还原论"。在这种真实观下，程序是发现真实的手段、工具，这和程序正义的要求是相矛盾的。坚持客观真实观，程序正义就难以推行。《民事诉讼证据规定》坚持的真实观为法律真实，即法院应以证据证明的真实作为裁判的依据。"法律真实说是我国目前关于民事诉讼真实的一种有力学说"，"无论是民事诉讼理论界还是司法实务部门，现在已经几乎没有人再主张客观真实说了"。[2]法律真实能否与程序正义相兼容呢？答案是否定的。法律真实说依然相信真实存在于诉讼之外，法官要查明的不是案件事实的每一个细节，而是查明法律构成要件事实就可以了，

---

〔1〕　张永泉："客观真实价值观是证据制度的灵魂"，载《法学评论》2012 年第 1 期。
〔2〕　李浩："论法律中的真实——以民事诉讼为例"，载《法制与社会发展》2004 年第 3 期。

法律真实与客观真实在主要内容是一致的，法律真实其实就是"主要事实还原论"。在无法达到客观真实的情况下，最高人民法院作了退而求其次的选择，即追求法律真实。法律真实只是减轻了查明事实负担，依然无法解决程序工具化问题，依旧无法彰显程序正义，而且法律真实引发了新问题，如莫兆军案的"错"判，这些新问题却被一些人归责为程序正义，法律真实还抹黑了程序正义。

三、微观层面：法官

法官是正义的化身。法官的数量一定程度反映了法官的质量。英国 1997 年全职法官有 954 名，兼职法官大约 2000 名，德国 2000 年法官人数大约为 2100 名，日本 2000 年法官人数大约为 2224 名。[1]我国 2004 年法官人数为 19 万人，[2]这么庞大的法官群体，素质良莠不齐，能否执行好《民事诉讼证据规定》，进而实现程序正义，是令人怀疑的。如李浩教授在一篇有关证据失权的论文谈到一个财产损害赔偿案，在该案件中，原告一方的关键证人，开始因为在外地打工拒绝替原告回乡作证，故原告在举证期限内未向法庭申请证人作证。后来，原告通过多方做工作，再三央求，该证人终于答应回乡作证，并在开庭之日来到法庭。但承办法官认为，根据《民事诉讼证据规定》第 34 条的规定，原告超过举证时限所提交的证据已经失权，遂将该证人拒之庭外。[3]在本案中，法官武断地将证人拒之庭外，严厉适用证据失权制度，而不考虑证人超出举证期限出庭存在的实际困难，在当事人超期举证并不存在故意或重大过失，而且证人已经到庭，让证人出庭不仅不会造成诉讼的迟延，而且有可能查明案件事实的情况下，仍然认定证据失权，显然存在机械司法，这样的程序正义怎么能让当事人、社会满意呢？所以，程序正义理念的实现离不开高素质的法官。

在上述三因素中，权力的结构是程序正义运行的外部结构，制定法、法官是程序正义运行的内部结构。

---

〔1〕 赵小锁："中国法官额度探讨"，载《人民论坛》2005 年第 10 期。

〔2〕 朱景文："中国法律工作者的职业化分析"，载《法学研究》2008 年第 5 期。

〔3〕 李浩："民事判决中的证据失权：案例与分析"，载《现代法学》2008 年第 5 期。

第三节　程序正义运行结构的优化

一、逻辑起点：现代性

尽管程序正义观念源远流长，但是程序正义制度化则是一个现代性问题。其原因在于：其一，程序正义与现代证据制度联系紧密。从证据裁判史来看，程序正义是和自由心证制度紧密相关的，之前的神明裁判和法定证据制度与程序正义的要求相去甚远；其二，在现代国际社会，程序正义的一些原则被当作文明社会的普遍法则，规定在《世界人权宣言》《公民权利和政治权利国际公约》《欧洲人权宪章》等国际性文件中；[1]其三，程序正义尽管受到具有后现代意味的 ADR 浪潮的冲击，但在司法中的地位未动摇。只有在现代性视野下，程序正义的重要性才能彰显。我国程序正义的衰退，一定程度上说明现代性在国家与社会的建设中下降。

大调解、能动司法以及司法走群众路线是马锡五审判方式的兴起。面对这种兴起，形成了两种观点，肯定论和否定论。前者认为，这在当下中国具有合理性；[2]后者认为，这是司法倒退，调解不应扩大化，主张限制司法能动。[3]观点对立的背后，是司法的传统性与现代性的碰撞。马锡五审判方式的兴起，让人们有机会重新思考现代性问题，现代性是不是中国司法的逻辑起点？

现代性是传统社会向现代社会转换的过程。对于这个过程，中西方学者有不同的表述。马克斯·韦伯认为社会发展是从实质合理性向形式合理性转变。[4]涂尔干认为社会发展是从机械团结的社会向有机团结的社会转变。[5]昂格尔指出存在习惯法、官僚法和现代法/法治三种类型的法，并从后现代社

---

〔1〕　徐亚文：《程序正义论》，山东人民出版社 2004 年版，第 10 页。

〔2〕　相关研究，参见顾培东："能动司法若干问题研究"，载《中国法学》2010 年第 4 期。江必新："能动司法：依据、空间和限度——关于能动司法的若干思考和体会"，载《人民司法·应用》2010 年第 1 期。

〔3〕　相关研究，参见张卫平："诉讼调解：时下势态的分析与思考"，载《法学》2007 年第 5 期。张榕："司法克制下的司法能动"，载《现代法学》2008 年第 2 期。

〔4〕　台湾地区学者对马克斯·韦伯的理论研究较深入，参见洪镰德：《法律社会学》，扬智文化事业股份有限公司 2004 年版，第 187 页。

〔5〕　[法] 埃米尔·涂尔干：《社会分工论》，渠东译，生活·读书·新知三联书店 2000 年版。

会角度对现代法进行了反思和重构。[1]诺内特和塞尔兹尼克认为压制型法、自治型法和回应型法与传统社会、现代社会、后现代社会三种社会形态相适应。[2]黄宗智认为中国当代社会并不必然沿着西方社会路径发展，因为它同时遭遇了中国几千年的传统（旧传统）、新中国的革命传统（新传统）和现代化三种因素的冲撞。[3]从上述学者观点中可以看出，社会变迁具有复杂性，但基本的主线还是清晰的，国家无法绕开现代性，程序正义是现代性应有之义。就中国而言，黄氏的三因素论无疑是对的，不过还应加上后现代因素，如 ADR 运动。中国社会变迁是在旧传统、新传统、现代化、后现代四种因素相互推拉下演进的，这种复杂国情恰恰构成中国走向现代性的难点，程序正义的兴衰也说明了这点。不过，从目的合理性看，笔者以为现代化事关国民的福祉和国家前途，因为中国近代百余年的历史其实就是走向现代性过程，尽管其中时有被历史事件打断，但走向现代性是不可逆转的潮流。在上述四种因素比较中，现代化因素最具竞争力、吸引力和生命力。一旦确立了现代性，就必然带来程序正义的兴起，换句话说，程序正义的兴起在于现代性的确立，根据现代性要求，优化程序正义运行的外部结构和内部结构。

二、优化程序正义运行的外部结构，确立宪政民主制

一旦确立了现代性，接下来便是根据现代性原理改善程序正义的外部条件，即改善制约程序正义实现的权力结构。用现代性眼光看，宪政民主制是人类社会目前最合理的权力结构。宪政包含两条基本原理，即分权原理和人权原理。"所谓宪政，指为主权设计一套分权制衡的架构，为人权提供制度性保障和司法救济。"[4]在程序正义与宪政关系上，二者谁先，学界有不同观点。

一是程序正义先于宪政。把"程序公正作为宪政构成原理的基础，即采取新程序主义宪政观"；宪政的制度形态"表现为在分权制衡的机制中的互动关系以及民主程序"，"在中国推行宪政不仅是必要的，而且也是可能的，成

---

〔1〕 ［美］昂格尔：《现代社会中的法律》，吴玉章、周汉华译，中国政法大学出版社 1994 年版，第 43~46 页。

〔2〕 ［美］诺内特、塞尔兹尼克：《转变中的法律与社会：迈向回应型法》，张志铭译，中国政法大学出版社 1994 年版，第 27~30 页。

〔3〕 黄宗智："中西法律如何融合？——道德、权利与实用"，载《中外法学》2010 年第 5 期。

〔4〕 季卫东：《宪政新论》，北京大学出版社 2005 年版，第 10~23 页。

功的关键在于宪法的程序理论。"[1]宪政的实现应通过程序来实现。

二是宪政先于程序正义。将权力分配给不同的国家机构，并通过实体法对它们的职能予以严格确定，国家机构必须严格遵守程序和规则行使权力，而且随着社会生活日益复杂和法律规范内容的模糊，法律的普遍性和确定性受到挑战，立法上原则性条款增多，行政裁量权扩大，司法需要应对新型权利主张，通过程序反向控制权力益发显得重要，程序正义的要求更加凸显。[2]宪政是程序正义实现的前提。

对这两种观点，只有结合中国的现实才能进行合理的选择。根据前文的分析，在当下中国，司法依附于政治，司法权趋于行政化，所以程序正义不彰。笔者以为，程序正义要实现，关键在于改善程序正义运行的外部环境，直接表现为改善制约程序正义运行的权力结构。我们应该根据宪政民主制的要求调整既有的权力结构，首先解决国家权力的正当性。国家权力的正当性来自于公民的认可，赋予公民选择权和异议权，以民主换信赖；其次按照分权与制衡要求规制国家权力，通过立法机构、行政机构、司法机构相互制约实现权力规范运行，并保障人权。将上述权力结构制度化并付诸实践，即是宪政民主制，程序正义便有发生的土壤。

三、优化程序正义运行的内部结构，确立主体间性的真实观

程序正义的实现，除了要优化程序正义运行的外部结构外，还要优化程序正义运行的内部结构，如完善制定法、提高法官素质。2012 年新修正的《民事诉讼法》完善了回避制度、管辖制度、举证时限制度等，体现了程序正义的要求，但未涉及诉讼真实观。2014 年《民诉解释》确立了高度盖然性、排除合理怀疑等证明标准多元并存的格局，但引发较大争议。[3]下面阐述诉讼真实观对程序正义的意义，以改善程序正义运行的内部结构。

在哲学上，对于什么是真的，主要存在四种观点。一是符合说。该学说认为，命题与事实相符，或者语句与事实相符，就是真的，通俗地讲，真实

---

〔1〕　季卫东：《宪政新论》，北京大学出版社 2005 年版，第 37~46 页。

〔2〕　徐亚文：《程序正义论》，山东人民出版社 2004 年版，第 296~298 页。

〔3〕　较权威的质疑观点，参见霍海红："提高民事诉讼证明标准的理论反思"，载《中国法学》2016 年第 2 期。

就是主观符合客观。马克思主义认识论就是符合说。二是融贯说。该学说认为，命题与命题之间一致或融贯，就是真的。该说看到主客观之间存在的鸿沟，切断了真实与客观对象的联系，解决了真实的标准问题。三是实用说。该说认为，有用即是真的，它超越了真实的主观论与客观论的争论，一个观念是不是真的，应从事实、经验、当下出发，看它是否有用。〔1〕四是共识说。该说认为，真实涉及主体间的关系，而不是主客体间关系，是主体间基于理由的共识，它强调了真实的主体间性。该说融合了融贯说和实用说。〔2〕从另一个角度看，共识说又是选择说，"我选择的才是真的"，我选择是基于理由的说服而认可。〔3〕

上述四种观点中，符合说是我国证据法、民事诉讼法的主流哲学思想，其原因在于我们长期信奉的马克思主义认识论。符合说在证据法中被表述为客观真实说。笔者主张以共识说替代符合说，〔4〕以主体间性的真实取代客观真实、法律真实，具体理由阐述如下：

（1）符合论不适合作为证据法和诉讼法的哲学观。第一，符合论解决了"什么是真"的问题，即真的内涵。对真的内涵的回答，在哲学上是有意义的，但对诉讼而言，是无意义的，因为"假的可能被认为是真的，真的可能被认为是假的"。第二，符合论能解释肯定性命题为真的问题，但是不能解释否定性命题如何为真的问题。在诉讼中，案件事实包括存在和不存在两种，既有肯定性命题，又有否定性命题。如"张三借了李四的钱，"这是肯定性命题，可用符合论解释，这是"实的证明"，但是"张三和李四不存在夫妻关系，"则是否定性命题，这个命题符合什么呢？这是"虚的证明"，符合论无法解释。由于长期浸淫在符合论和马克思主义认识论中，大部分人形成了一种根深蒂固的真实观，即认为真实"存在于诉讼之外、之前，是独立于当事人和法官之外的"，〔5〕这只看到了实的证明，忽略了虚的证明。第三，世界具有三重性，即客观世界、社会世界和主观世界，与这三个世界对应的分别是

---

〔1〕 ［美］詹姆士：《实用主义》，陈羽纶、孙瑞禾译，商务印书馆1979年版，第26页。

〔2〕 童世骏：《批判与实践——论哈贝马斯的批判理论》，生活·读书·新知三联书店2007年版，第107~114页。

〔3〕 周濂：《现代政治的正当性基础》，生活·读书·新知三联书店2008年版，第174~175页。

〔4〕 在刑事诉讼法学界，已有人主张共识论。参见杨波："由'真实'到'程序内的共识'"，载《法制与社会发展》2010年第4期。

〔5〕 李浩：《民事证据立法前沿问题研究》，法律出版社2007年版，第35页。

真实、正当和真诚三个有效性主张。符合论指向客观世界，适合认识客观世界，民事诉讼属于社会世界，追求的不是真实，而是正当与否，因此符合论不适合运用到民事诉讼中。第四，符合论使发现真实和程序正义之间存在不可调和的矛盾，结果就是发现真实是第一位的，程序正义是第二位的。

（2）从审判的历史来看，主体间性的真实是历史发展的必然结果。关于审判的历史，学界通说认为，是神明裁判、法定证据裁判和法官自由心证裁判。我们将神明裁判分为神判和物判两阶段，这样人类审判史就分为神判、物判、法判、人判四个阶段。神判是指当事人对神宣誓，由神灵进行裁断，如一方当事人不敢对神发誓，或发誓中出现口吃现象，则会被判败诉。[1]物判就是通过水、火等物来进行裁判，如水审法、火审法等。在人类社会早期，物判运用较多。法判是指法律对各种证据的证明力明确规定，设定等级规则，法官必须严格按照等级规则认定事实，没有自由裁量权，法官是法律的"喉舌"，只是宣示法律，裁判主体在本质上是法律。人判是指法官在当事人辩论的基础上自由判断事实的真伪。神判和物判由于没有人的意志，其实现的真实是客观真实；法判中的"法"体现了立法者的意志，而且法律是一种价值判断，而非事实判断，所以法判实现的真实是主观真实；人判是在法官、原告、被告三者交涉、互动中实现真实，是主体间性的真实。因此，诉讼真实观经历了客观真实、主观真实、主体间性的真实三个阶段。主体间性的真实是两大法系国家民事诉讼的主流真实观，台湾地区学者提出"值得信赖的真实"，[2]不过是主体间性的真实另一种表述，如果说发现真实"具有超越法体系或法文化的普遍意义"[3]不够准确的话，那么主体间性的真实则当之无愧地具有超越法体系或法文化的普遍意义。

（3）主体间性的真实可以超越客观真实与法律真实之争。受苏联法和马克思主义认识论影响，客观真实在我国证据法和民事诉讼法中居于主流地位。随着研究的深入，学界有人提出法律真实说，以取代客观真实说，[4]该观点很快被学界和实务界接纳，并被规定在《民事诉讼证据规定》中。当法律真

〔1〕　何家弘：《从应然到实然——证据法学研究》，中国法制出版社 2008 年，第 2～3 页。

〔2〕　邱联恭：《程序制度机能论》，三民书局 2007 年版，第 16 页。

〔3〕　王亚新：《社会变革中的民事诉讼》，中国法制出版社 2001 年版，第 51 页。

〔4〕　相关研究，参见毕玉谦：《民事证据法及其程序功能》，法律出版社 1997 年版，第 76 页。樊崇义："客观真实管见"，载《中国法学》2000 年第 1 期。

实渐次成为学界主流观点时，有人对法律真实的证明标准提出质疑，主张回到客观真实。[1]也有人对证明标准理论提出质疑，认为证明标准根本不可能构建，构建证明标准是不切实际的乌托邦，[2]这种观点对立法和司法实践影响不大。然而，随着调解的兴起和能动司法的推行，不少学者对法律真实进行反思，主张返回客观真实，认为客观真实是证据制度的灵魂。[3]笔者不主张返回客观真实，也不赞同法律真实，认为应在法律真实的基础上，往前推进一步，走向主体间性的真实，从而超越客观真实与法律真实之争。正如前文所述，客观真实是"还原论"，法律真实是"主要事实还原论"，二者都认为真实在诉讼之外，是独立于诉讼主体的自在自为之物。实际上，真实受到时间、空间的制约，脱离诉讼的时空制约，真实是没有意义的，民事诉讼中的真实只能是主体间性的真实。首先，真实独立于诉讼之外，只对个人有意义。个人可以努力去发现作为自在自为的真实，因为它是生活领域的"私事"，但是真实不仅仅是个人"私事"，个人必须把真实从生活领域带入公共领域即法庭，去说服法官、对方当事人接受，这样就把"私事"变成了"公事"，真实离开诉讼主体间的交涉和互动，不仅没有意义，而且也说不清楚，"从理论上讲，离开他人，一个人是不是发疯都不是容易搞清楚的问题"。[4]其次，民事诉讼中的事实多指"争议事实（fact in issue）"，其数量的多少取决于当事人的主张、承认和否认，[5]诉讼中的事实为当事人主张的事实，当事人未主张的事实则视为不存在，当事人主张的事实是一种事实判断，不是事实存在，[6]它必须在诉讼三方主体互动中自我正当化，获得认可，可见获得认可的事实显然是主体间性的真实。最后，当事人无争议的事实，如自认的事实，不是证明的对象，法院可直接作为裁判的依据，无争议的事实是原被告双方主体间性的真实，未必是事实的本来面目。还有一点，一方当事人

---

〔1〕 张继成、杨宗辉："对'法律真实'证明标准的质疑"，载《法学研究》2002 年第 4 期。

〔2〕 相关研究，参见张卫平："证明标准构建的乌托邦"，载《法学研究》2003 年第 4 期。

〔3〕 先关研究，参见张永泉："客观真实价值观是证据制度的灵魂——对法律真实观的反思"，载《法学评论》2012 年第 1 期。汪祖兴、欧明生："试论诉讼证明标准的客观真实与一元制"，载《现代法学》2010 年第 3 期。

〔4〕 金岳霖：《知识论》，商务印书馆 1984 年版，第 61 页。

〔5〕 Adrian Keane, *The Modern Law of Evidence*, 5th Ed, Butterworths, London, Dublin, Edinburgh, 2000, p. 6.

〔6〕 占善刚：《民事证据法研究》，武汉大学出版社 2009 年版，第 2 页。

尽力说服法官，使其相信争论事实的存在，另一方当事人也尽力说服法官，使其相信争论事实的不存在，法官只能在比较中接受说服力强的主张，如"争论事实的存在比不存在更有可能",[1]这种"更有可能的真实"也是主体间性的真实。

（4）主体间性的真实有利于程序正义的实现。主体间性的真实观将诉讼的重心放在诉讼主体自愿选择和沟通上，会促进程序内部机制的完善，带来诉讼角色的分化和组合。其程序的意义，具体来说包括：第一，主体间性的真实解决了发现真实与程序正义的矛盾，实现了两者合二为一。真实不是独立于程序之外的，而是根植于程序之中，主体间性的真实观一改符合论下程序的工具地位，使程序具有优先于真实的地位。只有程序充分展开，才能最大程度地实现主体间性的真实。第二，主体间性的真实要求确立当事人的主体性地位，从而从根本上改变当事人客体化的现象。主体间性的真实是在当事人交往、互动中实现的，其前提是当事人是自我意志的支配者，具有参与的行为能力和独立人格，是理性的对话者。第三，主体间性的真实不仅要求确立当事人的主体地位，还进一步要求主体间对话成为可能，于是就有了程序正义的要求。一是要弱化法院的职权，法院的职权在程序中只是辅助线、虚线，而不是主线、实线。在法庭上，当事人是真实展现的主体，法官只是发现真实的辅助线，而且法官的职权必须受到当事人制约，受到程序结构的制约，法官这条辅助线不能绕开当事人和程序作出。二是保障当事人平等、充分参与。主体间性的真实不是建立在神的意志、传统权威和强权基础上，而是建立在诉讼主体之间理性论辩的基础上。要使理性论辩成为可能，就必须使作为论辩主体的当事人平等，并充分参与。当事人平等、参与也是裁判获得当事人认可、接受的条件。三是保障程序空间的独立性。案件从私人领域进入公共领域程序空间后，两个领域适度隔离是必要的，这是理性交往的条件。四是裁判不是法官个人主观意志之物，而是在法官、原告、被告三者之间互动中产生的，这就解决了裁判正当性问题。如果裁判是法官个人的决定，即便他说这是"代表人民意志作出"，是出于"社会和谐需要"，也只解决了判决的证成性问题。"代表人民意志"和"社会和谐"只是当事人服从判决的理由，而不是认可、接受判决的理由。只有在诉讼主体互动中产生的

---

[1]　齐树洁主编：《美国证据法专论》，厦门大学出版社 2011 年版，第 121 页。

裁判，才具有可接受性。

结　语

根据上文的分析，以下几点值得注意：

第一，程序正义理念和理论在我国起步较晚，但发展较快，在 20 年的时间中，经历了启蒙、兴起、转化、式微、衰退五个阶段。在这个过程中，值得注意的现象是，程序正义迅速兴起，又急剧衰退，诉讼法学界尚未对这种现象进行深入的反思。实际上，程序正义一定程度上是中国法治的晴雨表，程序正义的兴衰反映了中国法治的变迁。进一步说，程序正义甚至反映了不同意识形态之争，体现了传统和现代两种话语之争，其带来的更深刻的思考就是我国如何面对现代性？上述程序正义的运行情况说明了中国民事诉讼法发展的左转，是现代性的后撤。

第二，程序正义在我国推行，出现种种偏差，是有多重原因的。其中，既有外部条件缺失问题，如权力结构不甚合理，又有内部条件不具备问题，如法官素质偏低、立法偏差等；既有理论准备不够充分的问题，也有对实践缺乏清醒认识的问题；既有推行主体自我利益化和践行程序正义形式化的问题，又有推行方式个别化和过于武断的问题。根本问题在于，没有解决好推行程序正义正当性和证成性的问题。

第三，程序正义是一个现代性问题，程序正义应当在现代性视野下去建构。中国民事诉讼法要迈向现代性，程序正义是绕不开的必经之路。应当根据现代性原理，改善程序正义运行的外部结构和内部结构。就前者而言，应优化制约程序正义的权力结构，确立宪政民主制；就后者而言，应转换程序法和证据法的诉讼真实观，以主体间性的真实替代客观真实、法律真实，实现程序内部结构的优化。

第四节　通过证据实现正义

程序正义的实现依赖证据，而证据制度的完善与证据法的理论基础有关。何家弘教授对证据法的理论基础进行了总结，他在教材《证据法学》中把事实论、方法论和价值论作为证据法的理论基础，这其实是二元论的哲学观，除此外还有一元论和相对论。

一、一元论

一元论认为世界就是一元的，至于一元为何物，存在神学和科学之争，因此一元论又分为主观一元论和客观一元论。主观一元论，以神学为基础，认为世界为神所造就，如上帝创造世界。进入现代社会，世界去魅化，神创说难以为继，但是主观决定世界的观念存续下来。如从应然出发，从价值理念、民族精神、目的论来思考世界，认为它们决定了世界。客观一元论，以科学为基础，从实然出发，认为客观决定一切。如实证主义是从现有事实得出必然结论，历史主义是从过去事实得出必然结论，进化论是从将来事实得出结论，马克思历史唯物主义认为物质决定意识，物质第一，应然和实然合一。

二、二元论

二元论承认事实和价值二元分立。康德认为，我们不能从"什么是"得出"什么应当"，不能从事实得出什么是正确的，什么是有价值的。"应然原理、价值判断、各种评判不能运用归纳的方法建立在实然论断的基础上，而是运用演绎的方法建立在同类性质的其他原理之上。价值思考和实然思考是独立的、各自在自身的范围内同时并存的，这就是二元方法论的本质。"[1]价值不能从现实中推导出来，表明了实然和价值之间的逻辑关系，即价值评判不能从实然事实中得以证明，当然这不是否定实然事实和价值判断之间的因果关系，实然事实会引起价值评判。至于"应然原理只能通过其他的应然原理来创立和证明"。[2]因此，最初的那个应然原理是无法证明的，是公理式的，不是知识所能解决的，而是靠信仰来完成的。

三、相对论

相对论就是在主观和客观之间、事实和价值之间。德国学者拉德布鲁赫

---

〔1〕〔德〕拉德布鲁赫：《法哲学》，王朴译，法律出版社2013年版，第10页。

〔2〕〔德〕拉德布鲁赫：《法哲学》，王朴译，法律出版社2013年版，第12页。

比较早阐述了相对论。"这里所讲的方法就是相对主义，因为它的任务只是在一些最高级的价值判断关系中，或者一定的价值观和世界观的范围内确定每个价值判断的正确性，而不是就这个价值判断，或者这个价值观和世界观本身来作出评判。相对主义属于理论理性，而非实践理性。"〔1〕更形象地说，相对主义不是作曲家，而是演奏家，每个人都喜欢演奏乐器，能演奏多好，就演奏多好。所有乐器同等重要，不需要操心音律，这由另一人负责。法哲学相对主义任务，"它不希望停留于一个单一体系的统治之中，这样，它就不得不发展出一个在众多体系间毫无自己观点的体系"。〔2〕在事实和价值二元论之外，拉德布鲁赫提出三元论，即法律理念是价值性的，法律是涉及价值的现实，是文化现象。这样，思考方法从二元论到三元论的过渡完成了，三元论使法哲学变成了法律的文化哲学。拉德布鲁赫法哲学思想最核心部分为三元论，即正义、法的合目的性和法的安定性。正义，指同样的事情同样对待，不同的事情不同对待。法的合目的性，指法保障自由、民主、人权等价值，尤其是保障个人自由。法的安定性，是指法的有效性，即法的实证体系，由宪法而下的体系。法的安定性应在法的合目的性下进行。拉氏的论述，实际上是相对论，既没有理念的绝对性，也没有事实的绝对性，而是在事实与价值之间，历史与现实之间，实然与应然之间的持中的相对性。

美国学者普特南是相对论的典型代表。他用两个例子来说明相对论，这两个例子一个是蚂蚁行走路线的痕迹外观像丘吉尔的像，一个是缸中之脑。〔3〕从这两个例子中，普特南认为事实只有经过心灵才有意义。这意味着以下两点：一是事实本身不产生意义，如蚂蚁走出来的丘吉尔画像，并不是真的丘吉尔画像，只是像，实际是蚂蚁行走路线的综合，因为蚂蚁并没有丘吉尔的观念；二是没有心灵，意义也不会发生。如缸中之脑尽管作出了人的同样反映，但是不过是电子脉冲所给出的指令，这和人与电脑对话一样，电脑作出各种语言。不管是缸中之脑还是电脑语言，其语言指称是没有意义的。因为它们没有心灵。显然，心灵是连接事实和意义的关键。普特南的相对论既不是从事实出发的客观论，也不是从意义出发的价值主观论，而是强调了心灵，这其

---

〔1〕　［德］拉德布鲁赫：《法哲学》，王朴译，法律出版社2013年版，第14页。
〔2〕　［德］拉德布鲁赫：《法哲学》，王朴译，法律出版社2013年版，第26页。
〔3〕　［美］希拉里·普特南：《理性、真理与历史》，童世骏、李光程译，上海译文出版社1997年版，第6~11页。

实强调了人的作用。

相对论对证据法的理论基础提出了挑战。以前是一元论（客观主义），后来是二元论（事实与价值），现在恐怕须考量相对论（事实与价值之间）。这大概是证据法理论基础的三大变迁，即一元论、二元论、相对论。

相对论，其实是从事物的关系中进行比较，如拉德布鲁赫既是法学家，也担任过司法部长，是实务家，他不会把学者的理想绝对地推向现实，也不会完全屈就于现实，这样可以避免绝对主义造成灾难。事实上绝对主义危害极大，魏玛共和国把民主过于理想化，短暂地就化为泡影，纳粹德国把国家绝对化，给人民带来灾难，所以拉氏坚持法的安定性，但不固执于此，主张用法的合目的性进行调适，甚至翻转它。在真实性上，相对论它既否定事实的绝对客观性，也否定理念的绝对性，而认为事实和价值是相互纠缠的。之所以会造成事实和价值的纠缠，最关键的还是人的心灵，如缸中之脑所作出的反应，离开了人的心灵是没有意义的；蚂蚁走出的丘吉尔像，离开了人的心灵，也是无意义的；甚至到了外星球，外星人只见过菌类植物，从未见过树木，也不知树木的意义，不会像人类把树木当树木。因此事实和意义，或者事实和价值，一定是相互纠缠的，并不存在二元论。无论是拉氏还是普特南，都是从事物的关系中通过比较获得认知，如大小、高低等都不是绝对客观的，而是相对的。普特南指出的粗鲁、暴躁等词，其指称既是事实的，也是意义的。"他脾气很暴躁"，既是陈述事实，也是进行价值评价。拉氏以经验感知到绝对化的困境，普特南以哲学的思辨道出了二元论的不可能。

在证据法领域，对相对论进行了较多分析的，非美国学者威廉·特文宁莫属。他总结了英美法学者对证据理论研究的学术传统，那就是理性主义，当然理性主义在他看来只是韦伯式的理想类型，不过却可进一步分为乐观的理性主义和悲观的理性主义、裁判的理性主义和证据证明的理性主义等。[1]理性主义是英美证据理论的"大传统"。特文宁认为与理性主义相对立的是怀疑主义和相对主义。他详细分析了怀疑主义和相对主义（尤其是绝对的怀疑主义和相对主义）的观点，包括哲学上的怀疑主义、法学上的事实怀疑主义和规则怀疑主义、历史的相对主义、知识社会学的真实等，显然这属于英美证据

---

〔1〕　[英] 威廉·特文宁：《反思证据：开拓性论著》（第2版），吴洪淇等译，中国人民大学出版社2015年版，第36页。

法学学术理论的"小传统"。理性主义强调认知论下事实发现的可能，怀疑主义则表示怀疑；理性主义强调真相符合论，怀疑主义则强调真相融贯论；理性主义强调真相发现优先，怀疑主义认为事实和价值无法区分等。不过特文宁认为，作为怀疑主义的"小传统"并没有对理性主义的"大传统"进行实质性颠覆。至少在特文宁看来，相对论并没有取代理性主义，尚未动摇理性主义的正统性。视觉转移到我国证据法理论研究现状来，我国学界主要还是理性主义的，如马克思认识论并未动摇，20 世纪 90 年代价值论的兴起，不过是从一元论走到事实价值的二元论（二元论之间，孰轻孰重，存在事实优先论、价值优先论、并重论）。显然，我国学术的开放性不够，相对论的证据法研究比较薄弱，民事诉讼法学研究应当重视相对论。

第八章

司法裁判

第一节 大案的判决模式

引 言

为什么研究大案？第一，大案研究是研究方法的转型。当前研究诉讼法、司法制度有两种方法，一是规范研究。规范研究是以规范为中心的研究，旨在建章立制，实现程序的规范化和制度的转型和创新，如建立小额诉讼、改革简易程序、完善审前程序等研究都属此类。二是案件研究。案件是连接社会和程序的中间环节，案件研究是以案件为中心的研究，旨在揭示案件的社会结构和案件的程序结构，实现社会结构和程序结构的融通。根据案件研究的对象，案件研究可分为日常纠纷研究和大案研究两类。第二，大案研究是社会实践使然。20 世纪 80 年代到 21 世纪初，是规范研究的黄金时期。其发端于举证责任的改革，引发了审判方式改革，最后促使司法改革全面展开。这一过程主要以完善诉讼程序、司法制度为主要内容，以实现司法现代化为目标。在没有更好的本土经验可资借鉴的情况下，学习西方成为主要方法。进入 21 世纪，情况发生了改变，尤其进入 21 世纪前 10 年中的后 5 年，在和谐司法理念下，群众路线、马锡五审判方式、司法大众化、民主化等粉墨登场，调解优先、能动司法甚至成为司法审判的原则。如此，诉讼程序之于审判变得可有可无了，程序不重要了，规范研究自然没有实践基础，不太需要了。社会实践的动向引起了学术界的分化，有的人为社会实践的新动向鼓与呼，有的人则抵制、批判，坚持规范的立场。大案的研究既不属于前者，也不属于后者，走的是一条中间路线。第三，大案研究体现了中国问题意识。

与"权利""程序""被告"等词语相比,"大案"一词并非规范的法律术语,在国外的法律中较少看到,但是在我国则被普遍使用。笔者用百度搜索关键词"大案",结果显示,相关网页约有 1690 万篇,用谷歌搜索,获得约 2460 万条项符合大案的查询结果,这印证了大案一词在我国使用的广泛性。其实不用搜索,在我们的日常生活中,"大案"早已是耳熟能详的词,如"大案要案""12·1 大案""中国大案""大案纪实"等。不仅如此,"大案"也广泛使用于官方话语中,经常出现在领导讲话、党政各类文件中,如"要查处一批大案要案""要根本上杜绝大案发生"等。虽然"大案"一词没有进入法律,但在司法实践中却被广为使用,这种颇具中国特色的现象显然值得认真对待。而且一个案件一旦贴上大案的标签或者说符号,它实际上会影响司法过程及其结果,因此大案的探讨就具有相当的意义了。

一、大案的界定

何谓大案? 不管是教科书,还是法律,都没有给出界定。虽然民事诉讼法上有"重大涉外案件""重大、疑难、复杂案件"的规定,学术界有"难办案件"的讨论[1],但这和司法实践中和媒体报道中使用的"大案"内涵不能完全等同。因此有必要对这个在实践中使用广泛而法律上和学理上语焉不详的"大案"的概念进行必要的界定。

(一) 从实证的角度

显然,从规范的角度对"大案"下一个准确的定义是困难的,也是不必要的。不过,我们或许能从中国法院网评出的"2007 年中国十大案件"中获得大案的基本描述。

"2007 年十大案件"由中国法院网与人民网、央视国际联手共同推出,包括如下案件:①国家食品药品监管局原局长郑筱萸被判死刑。②上海社保系列案多名官员获刑。③天津原检察长李宝金一审被判死缓。④原浙江交通厅长情妇以"特定关系人"被判受贿罪。⑤"上海首富"周正毅一审被判 16 年。⑥"纸馅包子"假新闻炮制者被判损害商品声誉罪。⑦北京城管队员李志强被刺死案小贩被判死缓。⑧余姚市政府"组织强制拆违"被判违法。⑨深

---

[1] 苏力:"法条主义、民意与难办案件",载《中外法学》2009 年第 1 期。

圳市民挑战驾校强制培训案胜诉。⑩反流氓软件联盟成员首次胜诉获赔。[1]

　　这十大案件包含刑事、行政和民事三类案件，但比例严重失调。前七个案件清一色为刑事案件，占 70%；后两个案件为行政案件占，占 20%；最后一个是唯一的民事案件，占 10%。就七个刑事案件而言，前四个为官员犯罪，第五个是对官员（在老百姓眼中城管队员也是官）犯罪，正是由于官员牵扯其中，影响才大，因此也可归结为官员犯罪。从这些数据中，我们可以发现，何谓大案？刑事案件才是大案，民事案件是很难称得上大案的。从社会危害性看，显然刑事案件是要大于民事案件。从这些数据中，我们也可以发现，何谓大案，官员性违法犯罪才是大案，普通民众的违法犯罪很难称大案，如前所述七个刑事案件五个为官员犯罪，再加上两个官员行政违法案件，涉及官员的案件占十大案件的 70%。因此，大案被倾向界定为刑事案件和官员违法犯罪的案件。

　　其实，大案是镶嵌在社会关系网络中的，只有在关系网络中才能理解。根据布迪厄场域理论，[2]一个人的行动成功与否在很大程度上取决于其占有资本多少，占有资本越多，行动越容易成功，而这种资本来自于他能在社会关系网络中调动资源的程度，而这也同样适用于大案。何谓大案，要看案件占有、破坏、消耗资源的多少。占有、破环、消耗的资源越多，越容易被定为大案。比如刑事案件就比民事案件破坏、消耗的资源多，所以 2007 年度十大案件中刑事案件占了 70%。比如，故意杀人行为就比人身损害严重，因为杀人是剥夺人的生命，人身损害只是侵害人的身体。如果把生命比做一种资源，杀人行为是彻底消灭资源，而人身损害只是破坏资源，所以故意杀人行为容易被定位为大案。故意杀人行为中杀多个人就比杀一个人严重，所以杀多个人的犯罪就容易被定位为大案。如果故意杀人行为是针对国家工作人员，那就更严重，它不仅剥夺生命，它还会破坏国家社会的运转，进而使社会资源管理失控，显然这种破坏是根本性的，因此它越容易被定位为大案，所以小贩刺死执法人员被评为大案就很自然了。同样的道理，国家工作人员自己违法犯罪也容易被界定为大案，因为他们占有大量的社会资源，一旦他们违

---

　　〔1〕 "三大网站联合推出 2007 年中国十大案件"，载 http://www.chinacourt.org，访问日期：2010年 5 月 18 日。

　　〔2〕 熊云辉："司法场域的实证分析——以邱兴华案对象"，载《西部法学评论》2008 年第 3期。

法犯罪，意味着大量的社会资源将会严重受到破坏，显然国家必然严惩，所以国家食品药品监督局局长犯罪被评为十大案之首也就理所当然。案件牵动社会关系网络越广，越容易被认定为大案，反之，则无足轻重。

对于大案形成的理解还要注意，大案具有相对性，这一点对于转型社会尤为重要。一个案件在这个时期是大案，在另一个时期则未必是大案，大案受制于当时的社会结构。比如环境污染案，在中国经济发展的初期，经济发展优先，决定了环境污染难以成为大案，随着经济发展到一定水平，生活环境变得日益重要，环境污染成为大案也就是必然的了。因此大案并不是人们主观随意设定的，而是社会选择的结果，在某种程度上不以人的意志为转移，具有客观性。

（二）从法律的角度

何谓大案，虽然法律上没有给予明确的界定，但还是有所涉及。《民事诉讼法》中就规定了"重大涉外案件"。此外，案件影响范围、标的额大小和当事人人数多少是划分级别管辖的重要因素。显然，大案在法律上倾向界定为影响大的案件、标的额大的案件和当事人人数多的案件。

具体而言，一个案件是否是大案，可以从以下标准来判断。

（1）案件是否具有重大意义。这里的重大意义，是指具有重大法律意义，包括实体和程序两个方面。比如美国米兰达案、马伯里诉麦迪逊案，这些案件就具有重大法律意义，可称之为大案，因为前者创立了米兰达规则，后者创立了司法审查制度。不同的是，前者具有程序方面的重大法律意义，后者具有实体方面的重大法律意义。一般而言，实体意义方面的大案多于程序方面的大案，比如日本创设日照权的案件，因为创设了新的民事权利，该案具有重大法律意义。在国外民事上诉制度中，案件是否具有重大意义是当事人上诉成功的关键。只有具有重大意义的案件才会被上一级法院接受。因此，一个案件是否是大案，可以根据该案是否具有重大意义来判断，只有具有重大意义的案件才是大案。

（2）案件是否具有重大影响。这里的重大影响，是指具有重大社会影响。在我国民事诉讼法上，案件社会影响大小是划分级别管辖的依据。根据我国《民事诉讼法》的规定，高级人民法院管辖在本辖区有重大影响的案件，最高人民法院管辖在全国有重大影响的案件。因此案件是否具有重大影响可以作为大案的评判标准。只有具有重大影响的案件才是大案。比如刑事方面的"胡长清案"[1]"黄松有案",[2]后来出现的如"李庄案"[3]"孙伟铭案",[4]"许霆案"[5]等,民事方面的"彭宇案",[6]这些案件引起了人们的广泛关注,可谓具有重大影响的案件,是大案。

(3) 诉讼标的额的大小。只有诉讼标的额大的案件才能被称为大案,标的额越大的案件越能被定性为大案。在国外,诉讼标的额是划分法院级别管辖的依据。标的额大的案件一般由级别较高的法院管辖。我国民事诉讼法虽然没有把诉讼标的额作为划分法院级别管辖的依据,但却是司法实践中通行的做法。因此,诉讼标的额的大小是识别案件是否是大案的标准。

以上就是识别大案的三条基本准则。一个案件只要符合其中一个基本准则,就可称为大案,并不要求都符合。比如诉讼标的额小,如"一元钱官司",但具有重大意义或具有重大影响的,都可称为大案。当然,符合准则数越多,大案的程度就越高。

除了上述三准则外,还有其他一些影响大案的因素,如官员级别、当事人人数、身份。就官员级别而言,在我国高官涉案一般都被认为是大案,如胡长清案、黄松有案。就当事人人数而言,涉及人数越多的案件越可能被称为大案,如三鹿奶粉案。就当事人身份而言,身份特殊越容易定性为大案,如李庄案,另外涉及外国人的案件、涉及港澳台公民的案件容易引起社会广泛关注而会成为大案。大案还与案件的性质有关,刑事案件比民事案件更容

---

〔1〕 胡长清系江西省原副省长,涉嫌受贿、行贿、巨额财产来源不明罪,涉案金额 706.02 万元,一审以受贿、行贿、巨额财产来源不明罪判处死刑,上诉后,二审维持原判,后经最高人民法院复核被执行死刑。"千年反腐大纪实",载 http://www.china.com.cn,访问日期:2010 年 5 月 31 日。

〔2〕 黄松有系最高人民法院原副院长,涉嫌贪污、受贿,一审、二审以贪污罪、受贿罪判处无期徒刑。"最高法院原副院长黄松有终审被判无期",载 http://news.sina.com.cn,访问日期:2010 年 5 月 31 日。

〔3〕 李庄系北京市康达律师事务所执业律师,在担任涉嫌组织、领导、参加黑社会性质组织案的被告龚刚模辩护人的过程中,涉嫌伪造证据、妨害作证罪,一审判处 2 年 6 个月,二审改判为 1 年 6 个月。方剑磊、魏杰:"李庄伪造证据、妨害作证案二审公开宣判",载《人民法院报》2010 年 2 月 10 日。

〔4〕 孙伟铭无证、醉酒驾车致四死一伤,一审以危害公共安全罪判处死刑,二审改判为无期徒刑。王青山:"孙伟铭案终审判决",载《四川日报》2009 年 9 月 9 日。

〔5〕 许霆利用 ATM 机故障漏洞,先后 171 次取得款项 17.5 万元,公诉机关以涉嫌盗窃罪提起公诉,一审判处其无期徒刑,二审以事实不清为由发回重审,一审重审后改判为 5 年有期徒刑,二审维持原判。马远琼:"许霆案重审:为何由无期改判五年",载《检察日报》2008 年 4 月 1 日。

〔6〕 张悦:"彭宇疑案喧嚣未尽 惟有真相不可调解",载《南方周末》2008 年 4 月 10 日。

易成为大案，民事案件成为大案的很少，刑事案件中命案比财产案更容易成为大案。近些年出现的社会影响大的案件，基本上都是刑事案件，而命案则是刑事案件中人们关注的重中之重。

二、大案的意义

一个案件一旦成为大案，则会对法律和社会产生重大意义。

（一）大案的法律意义

1. 立法意义

从立法上看，大案能促成法的废、改、立。大案尤其那些被称之为中国"第一案"，如"民告官第一案""网络著作权第一案""精神损害赔偿第一案"等，这些案件对法律冲击最大，会直接导致新法的出台。由于中国立法者秉持宜粗不宜细的立法思想，当大案出现，法律无法通过及时修改回应社会，这时候最高人民法院便充当了"救法队"的角色，通过制定司法解释的方式来弥补法律上的漏洞。一般来说，司法解释只是细化法律，但是有时候仅仅是细化还不足以满足大案审判的需要，因此司法解释超越法律实在难以避免，有的直接导致法律的废、改、立。值得注意的是，能促成法的废、改、立的大案，一般都是具有重大法律意义的案件。

2. 司法意义

大案对司法过程和结果会产生重大影响，具体表现在：①司法动员，促进司法效率。一个地方出现了大案，往往会引起社会强烈关注。舆情会激活司法机关的办案活力。大案出现，领导高度重视，即便当地领导麻木不仁，可是案件已引起高层领导重视，他们可能会直接通过批条子或发信函或打电话等方式促使办案领导转变工作作风。领导重视了，会议、讲话增多了，各种指示、警告自然增多，司法机关往往抽调办案人员组成精兵强将，办案人员必须在思想、心理、行动上高度重视，必须收起平时的惰性和拖延，抖擞精神，迎难而上，这样就能起到充分的司法动员的作用，办案效率自然而然也就上去了。②强化司法透明度。大案在社会上产生了重大影响，引起社会广泛关注，司法机关如果捂住案子，必然适得其反。所以司法机关会识时务地将审判过程公之于众，允许媒体采访报道，允许群众旁听，甚至采取"现场直播"。随着媒体的深度报道，审判的细节逐渐公之于社会，审判后，法官还有可能接受媒体的采访，司法透明度前所未有。这可以从"李庄案""许霆案"等大案中得到证明。③达成慎重裁判。大案引起了社会强烈关注，领导也高度重视，办案人员因此更加谨慎、负责，这会促使司法程序更加严格，"表面的正义"不打折扣，审判结果更会是"深思熟虑"的结果。

（二）大案的社会意义

大案受制于社会结构，是社会选择的结果。大案一旦形成，会反过来型塑社会。

1. 影响人们的诉讼选择

由于媒体的广泛动员和司法的透明化，社会大众就像亲历了大案的审判过程，深受"法制教育"。这时大案会反过来影响人们的诉讼选择，这又分为两个方面，一方面激活人们的诉讼热情，提升诉讼率。大案的审判使人们相信，司法是公平正义的，于是当自己遇到纠纷，他们更可能诉之司法，寻求诉讼的解决。另外，对于重大法律意义的大案，如"第一案"，则具有示范作用，它为后来者维护权利铺平了道路，会激活人们的维权意识，这典型地体现在"王海打假"现象中。另一方面，大案也可能使老百姓对诉讼"死心"，远离司法。如果大案的正义，不是从司法程序中产生，不是从法律中产生，而是从别的途径产生，如领导的意志、政法部门的定调子、媒体等，那么"深受法制教育"的民众则会从大案的审判中把握中国司法的另一面，深谙诉讼获胜之道，他们必然选择"别的途径"追求正义。他们也会想，"大案都是这么处理的，我的案件还能怎样"。因此，大案这时可能会促使人们选择私力救济等诉讼之外的方式，诉讼就有可能沉睡。

2. 影响人们对司法的期待

这也分为两方面：一是积极地司法期待。如果大案为司法树立了正面形象，人们有理由相信司法不仅能为正义保驾护航，还能引领社会发展，人们就会相信法官，相信司法的力量，这样会增强人们对司法的心理依赖，人们对司法的期待也就更高了。他们会期待司法不仅要在日常生活中扮演重要角色，也要在社会发展中起着中坚作用，还要在国家政治架构中发挥重要作用。二是消极的司法期待。如果大案丑化了司法，那无疑是司法的灾难。善良的人们会拒司法于千里之外，司法必将遭放逐，社会将走向丛林正义，司法反而会沦为恶人的工具。近年来，媒体报道了一些冤假错案，如"佘祥林案"[1]"杜培武案"[2]"孙万刚案"，[3]还有后来发生的"赵作海案"，[4]这都严重降低，人们对司法的期待，这种大案的审判不但没有增强人们对司法的信赖，反而让民众感觉到了"司法的恐怖"。长期这样下去，司法必将失信于民！

目前，中国立法进程没有止步，国家正在完善各项法律，司法改革也在理念、制度、技术三个层面逐步展开。其实，我们不妨把大案作为法律刷新和司法改革的切入点。既然国家自上而下都比较重视大案，投入了大量的人力、物力、财力，希望"办好大案"，"办出高质量的大案"，那么，以大案为司法改革的切入点，再理想不过。应当以大案为契机，创新法律，整体上促进司法机关办案理念、制度、技术的转型。其中，不妨先从大案的判决模式开始。

三、寻求大案的判决模式

（一）判决模式理论的考察

1. 国外的判决模式理论

在外国，围绕着"判决是如何作出的？"，学者们进行了数百年的争论，经历了古典自然法学、分析实证主义法学和社会法学等法学流派的洗礼，研究成果颇为丰硕，研究文献很多。这些文献所揭示出来的法院判决的模式，主要有以下三种：

---

〔1〕 佘祥林涉嫌杀妻，被法院以故意杀人罪判处有期徒刑 15 年。11 年后"被杀害"的妻子回来了，佘祥林得以沉冤昭雪。于一夫："佘祥林冤案检讨"，载《南方周末》2005 年 4 月 14 日。

〔2〕 杜培武涉嫌枪杀警察，被昆明市中级人民法院以故意杀人罪判处死刑，杜培武上诉到云南省高级人民法院后，被改判死刑，缓期二年执行。昆明警方破获一起震惊全国的杀人劫车特大团伙案抓捕真凶后，杜培武被无罪释放。吴炯、吴江："原是一杀人劫车团伙所为"，载《检察日报》2000 年 7 月 14 日。

〔3〕 孙万刚涉嫌杀害女友，一审被判死刑，二审发回重审后，仍被判死刑，上诉后，二审以故意杀人罪判处孙万刚死刑，缓期两年执行。八年后，云南省高级人民法院经再审，撤销原判，宣告原审被告人孙万刚无罪。参见袁祥："死刑到无罪的八年路程——从孙万刚案看司法'人权保障'的进步"，载《光明日报》2004 年 6 月 4 日。

〔4〕 该案基本案情：赵作海，河南省商丘市柘城县老王集乡赵楼村人，1999 年因被认定杀害同村赵振响而被拘留，2002 年商丘市中级人民法院以故意杀人罪判处死刑，缓期二年执行。2010 年 4 月 30 日，"被害人"赵振响回到村中，5 月，河南省高级人民法院通报赵作海故意杀人案系一起错案，并给予赵作海国家赔偿及生活困难补助共计 65 万元。参见陈海发、冀天福："河南高院宣告赵作海无罪"，载《人民法院报》2010 年 5 月 10 日。

第一，法条主义。三段论是法院判决的基本方式。根据三段论，判决是法官将大前提（法律）适用小前提（事实）而得出的结论。在这里法官的意志消失了，犹如自动售货机，一边塞进事实和法律，另一边得出法律产品即判决，这就是饱受非议的自动售货机理论。[1]判决在本质上不过是逻辑的产物，这正是法条主义的核心思想。

第二，程序主义。程序观产生于古罗马和英美法早期，后经卢曼、罗尔斯、哈贝马斯等大师的发挥，程序理论蔚为大观，程序之于法院判决的意义几乎不受质疑的。程序主义认为，判决是中立的法官在平等的双方当事人参与下，相互议论的结果。判决在本质上是程序的合成物。[2]

第三，法社会学主义。在以上两种模式下，判决都是法律之内的产物。但在法社会学理论看来，事实远非如此简单，判决受到形态、分层、文化等社会因素的影响，说"判决是法律之内的产物"不过是法律神话，法社会学的目的就是打破神话，告诉人们真相，判决是法律之外的产物。在弗理德曼、布莱克等人的努力下，[3]法社会学理论产生了深远影响，在美国甚至出现了以霍姆斯、弗兰克、卡多佐等美国联邦法官为代表的司法判决预测理论。[4]所揭示的法社会学主义判决模式指出，判决的本质是社会因素相互作用的结果。

2. 我国判决模式理论研究现状

"判决是如何作出的"问题正逐渐引起了我国法学界关注，尽管所取得的研究成果尚不能与国外媲美。由于后发国家的原因，现有的研究成果明显受到西方理论的影响，当然中国的司法实践也在型塑司法判决理论。具体看，现有的研究大体分为两类。

一类是从法律之内研究判决是如何作出的。如有的学者认为判决是法律推理的产物，[5]有的认为判决是判决思维的结果，[6]有的则从判断类型分析

---

〔1〕　［德］马克斯·韦伯：《论经济与社会中的法律》，张乃根译，中国大百科全书出版社 1998 年版。

〔2〕　季卫东："法律程序的形式性与实质性——以对程序理论的批判和批判理论的程序化为线索"，载《北京大学学报（哲学社会科学版）》2006 年第 1 期。

〔3〕　［美］唐·布莱克：《社会学视野中的司法》，郭星华等译，［美］麦宜生审校，法律出版社 2002 年版。

〔4〕　［美］理查德·波斯纳：《法官如何思考》，苏力译，北京大学出版社 2009 年版。

〔5〕　郑永流："法律判断形成的模式"，载《法学研究》2004 年第 1 期。

〔6〕　李安："裁判形成的思维过程"，载《法制与社会发展》2007 年第 4 期。

了判决作出过程，指出判决作出经过了事实判断和价值判断，在诉讼早期法官进行的事实认定和证据确定是事实判断，在诉讼后期法官进行的法律适用是价值判断。[1]这些研究都没有跳出"判决是逻辑运用的结果"的老路，所揭示的判决模式本质上仍是法条主义。

另一类则是从中国司法实践的既有形态研究判决的作出模式。如有的研究了乡土司法的判决作出过程，指出实用后果主义的判决模式清晰可见，[2]有的研究了个案在城市法院审判的过程，指出作为正式制度的法律不是判决的唯一根据，非正式制度对判决的作出会产生重要影响，判决是正式制度和非正式制度"合谋"的产物。[3]除了上述二类研究外，程序主义也有一定市场。

从上述研究成果来看，理论创新明显不够，现象描述呈现片段化，未能准确地把握当代中国法院判决的模式，对实践中的司法判决形态片面强调实践合理性，对其存在的不足缺乏清醒的认识，更重要的在于完全忽视了对未来法院判决模式的构建。

（二）实践中的大案判决模式

1. 美国大案的判决模式

美国没有审判大案的特别规定，大案的判决体制机制是在马伯里诉麦迪逊案、吉迪恩诉温耐特案、米兰达诉亚利桑那州案等大案审判实践中逐渐形成的。这些体制机制包括：首先是对抗制。对抗制就是在法官主持下控辩双方围绕事实问题和法律问题进行针锋相对的辩驳。理解美国对抗制，要注意以下三点。一是法官的角色。在对抗制下，法官是消极、中立的，除了担任法庭秩序"看守人"外，基本上是无为而治。尽管美国司法中出现了"管理型法官"，但尚未构成法官的主流角色。二是控辩双方的特质。刑事司法中都有控辩双方，我国也不例外。但美国对抗制下的控辩双方其实都是律师。对被告而言，美国《宪法修正案》第6条规定，被告有获得律师帮助权。如果被告因为贫穷请不起律师，法庭将为他指派律师。对控方而言，尽管是由检察官指控，但是美国检察官实质是联邦或州政府聘请的律师，检察官本身也

〔1〕 任强："判决如何作出——以判断类型为视角"，载《中国社会科学》2007年第3期。
〔2〕 高其才、姜振业："判决是如何形成的——乡土社会语境中的法官判决模式研究"，载《云南大学学报（法学版）》2006年第2期。
〔3〕 李声炜："法官判决的制度表达与实践"，载《法制与社会发展》2006年第4期。

大多是律师，检察官的角色更多的是律师身份，而不是国家机关工作人员。控辩在律师之间进行，实现了武器对等，攻防平衡。三是警察的地位。警察承担侦查职能，但在法庭上只是证人，必须出庭作证，并不享有多于证人的特权。由于是"国家人"，反而会受到双方律师更加严厉的盘问。作为证人的警察，稍有闪失，便可能全盘皆输。"辛普森案"集中体现了这点。在大案的审判中，绝不会出现公检法三家合署办公的荒诞现象。

其次是二分式审理结构。接受陪审团审判是美国宪法赋予当事人的权利，美国司法一个鲜明特征就是陪审团和法官听审案件。但是法官和陪审团并不组成合议庭，而是分工负责，各司其职。陪审团一般由 12 人组成，坐在法官席旁边的陪审席，庭审中只是听审案件，基本不发言，庭审结束后，进入封闭会议室讨论案件，在一致原则下对事实问题进行裁定而法官只对法律问题负责，比如刑事案件，陪审团只对犯罪事实进行认定，作出有罪或无罪的裁决，法官只负责量刑问题。这种二分式的审理结构，有效地避免了法官陷入事实认定的泥潭，避开了错案追究的责任。不是说美国没有错案，而是美国司法体制将错案的责任转嫁到当事人自己身上，被告及其律师未能成功说服陪审团，只能接受不利裁判。还有一点要注意，美国陪审团的成员是来自不同行业的普通公民，并没有像我国法律那样要求陪审员具有大专以上学历，美国陪审员完全是按照常识、常情、常理、生活经验来裁决案件，这恰恰是对法官专业知识的弥补。

最后是下级法院克制，最高法院能动。美国实行司法双轨制，有联邦法院和州法院之分。大多数案件都在州法院终审解决，只有极少数的案件上诉到联邦最高法院。州法院审判案件，大多比较克制，奉行法条主义的判决模式，而最高法院审判案件则积极能动，会创造性地解释宪法，甚至推倒旧制建新制。"马伯里诉麦迪逊案""吉迪恩诉温耐特案""米兰达诉亚利桑那州案"等大案都体现了最高法院能动司法。由于联邦最高法院审理案件数较少，因此能动司法并不是美国的主流。

还有一点，不是不重要，案件的微观社会结构对大案的判决影响甚微，案件的宏观社会结构更会影响大案的判决。案件的微观社会结构指的是当事人的基本情况，如出身、经济状况、受教育程度等，案件的宏观社会结构指的是社会的大转型，如民权运动兴起、女权主义的盛行等。美国大案审判是否会受到微观社会结构影响，存有争议，比如"辛普森案"，有人认为，辛普森的"梦之队"律师团大打种族牌显然影响了陪审团，当然反对意见认为，如果陪审团受种族因素影响，就不是裁定辛普森无罪，而是裁定有罪，送他进监狱，因为陪审团大多为黑人女性，黑人女性最讨厌的就是像辛普森这种"有钱就变心和爱打老婆"的黑人爷们。客观地说，辛普森审判受微观社会结构的影响较小，之所以其被宣告无罪，很大程度在于警方的糟糕表现。美国大案受宏观社会结构的影响则是显而易见的，如沃伦法院对"吉迪恩案""米兰达案"的审判，很大程度上受到 20 世纪 60 年代民权运动的影响。对于案件的微观社会结构和宏观社会结构与审判的关系，鲁思·金斯伯格大法官对此进行了很好的诠释，她说，法院不应该让自己关注某一天"天气"，而应该留意特定时代的"气候"。案件的宏观社会结构就是法官应该留意的"气候"。

2. 我国大案判决模式

大案有刑民之分，我国对刑事大案和民事大案的处理实行区别对待，判决模式也不相同。刑事大案的判决模式是情境主义的。通过对法院审判"孙伟铭案""许霆案案"等社会影响强烈的大案的过程和结果进行分析，我们发现，司法实践正在塑造中国法院大案判决模式，在法律内外因素的作用下，中国法院大案判决模式不是西方国家任何一种判决模式，而是颇具中国特色的情境主义的判决模式。这种模式坚持了法律底线，满足了程序保障最低要求，但判决的作出往往是因人、因时、因地制宜。情境主义判决模式有利于实现个别正义，但会导致相同案件不同处理，不利于形成普遍正义。

民事大案的判决模式有两种，即能动司法模式和克制司法模式。通过对"泸州二奶继承案""南京彭宇案""广东莫兆军案"的分析，会发现，"泸州二奶继承案"和"南京彭宇案"是能动司法模式的代表，而且前者是法律适用上的能动，因为法官判决绕开了规则而创造性地依原则作出判决，后者是事实认定上的能动，因为法官没有依举证规则而是依经验法则认定事实；"广东莫兆军案"则体现了克制司法模式。不管是能动还是克制，似乎社会效果都不佳。"彭宇案"一审判决作出后，几乎淹没在民众的批判声中，以至于二审干脆不作出判决，动员当事人和解撤诉。莫兆军的判决导致了一方当事人自杀，莫兆军本人遭刑事追诉后，尽管后来被宣告无罪，但迫于压力离开了法院。"泸州二奶继承案"中，法官能动的依公序良俗原则，否定了保护"二奶"利益的遗赠协议的效力，判决作出后，取得了较好的社会效果，但受法律专家批判较多。总体上看，在中国现行条件下，民事大案件判决，能动优于克制，法律适用上的能动优于事实认定上的能动。

（三）大案判决模式的构建

案件的判决模式受制于案件的社会结构，要准确把握大案的判决模式，必须要准确把握案件的社会结构。案件的社会结构包括微观和宏观两方面。案件的判决模式还与案件的程序结构紧密相关。案件的判决模式应在案件的社会结构和程序结构上推陈出新。

1. 案件的社会结构

（1）案件的微观社会结构。在法社会学看来，案件如何判，受社会结构影响。如谁控告谁，谁判决，案件各方的社会地位、他们之间的社会距离、他们是个人还是法人等，都会影响案件的判决。唐·布莱克是该领域研究的代表，他的研究致力于讨论诉讼主体的社会地位、社会角色、关系距离等案件微观因素对判决的作用，所揭示的是案件的微观社会结构，这样的研究还可见诸西方法律现实主义代表人物霍姆斯、卡多佐、弗兰克等著作中。案件的微观社会结构理论对探寻中国大案判决模式是有启发意义的。在"泸州继承案"中，原告"二奶"的身份以及社会对二奶的愤怒无疑是法官弃规则举原则判案的直接因素。"彭宇案"中，被告见义勇为的"好人"身份本应是法官在判决中认真分析的因素，然而法官回避了，而且还让"好人"被告承担了责任，对社会民众来说，实在是匪夷所思，当然会引发众怒了。在莫兆军案中，莫兆军职业法官的身份直接导致了其克制司法，如果莫兆军为古代包拯、海瑞这样的"青天大老爷"，其判决恐怕就不可能是在克制下作出了。案件的微观社会结构理论一定程度上解释了判决如何作出，但要注意该理论适用的限度。唐·布莱克等人的分析是建立在西方社会已经形成比较稳定的社会结构基础上的，而中国社会正处于激烈的社会转型中，远未形成相对稳定的微观社会结构，案件不仅镶嵌在微观社会结构上，还镶嵌在宏观社会结构上。案件的社会结构解释不仅要注意微观层面，更要注意宏观层面。

（2）宏观的社会结构。在宏观社会理论中，马克斯·韦伯把社会分为实质合理性和形式合理性的社会，认为社会发展是从实质合理性向形式合理性转变。[1]涂尔干根据社会分工把社会分为机械团结的社会和有机团结的社会，

---

〔1〕［德］马克斯·韦伯：《经济与社会》（上、下卷），林荣远译，商务印书馆1997年版。

社会发展是从机械团结的社会向有机团结社会转变。在机械团结社会里，调整社会的方式主要为惩罚和道德，在有机团结的社会里，调整社会的方式为法律（尤其是私法）和职业伦理。[1]昂格尔通过分析三种不同的社会形态，指出存在三种类型的法，即习惯法、官僚法和现代法/法治，认为法的发展具有这三个阶段，并站在后现代社会角度对现代法进行了反思和重构。[2]诺内特和塞尔兹尼克也根据社会变迁提出法的三种类型，即压制型法、自治型法和回应型法，这三种法基本上与传统社会、现代社会、后现代社会三种社会形态相适应。[3]田中成明根据日本社会变迁将日本法分为管理型法、自治型法、普遍型法三种类型，自治型法发生在原始社会和未开化社会，管理型法发生在政府主导的社会，与前面压制型法相近，普遍型法发生在现代社会，与自治型法相近。[4]在分析中国宏观社会结构上，上述学者提出的概念和理论范式无疑有借鉴意义。当然中国宏观社会也有其独特性，黄宗智认为中国当代社会并不必然沿着西方社会路径发展，因为它同时遭遇了中国几千年的传统（旧传统）、新中国的革命传统（新传统）和现代化三种因素的冲撞。[5]黄氏的三因素论无疑是对的，不过还应加上后现代因素。宏观来看，中国社会变迁是在旧传统、新传统、现代化、后现代四种因素相互推拉下演进的，中国法的形态则表现为习惯法、压制型法、自治型法、回应型法相互纠缠在一起，与此相对应形成了四种司法形态，即习惯型司法、压制型司法、自治型司法、回应型司法。从案件的社会结构来看，20世纪90年代至21世纪初，新传统和现代化是社会变迁的主要因素，现代化取得一定的话语优势，自治型司法获得了较大发展空间。21世纪初至现在，旧传统、新传统、后现代是中国社会变迁的主要因素，自治型司法失去话语优势，发展受限，习惯型司法、压制型司法、回应型司法相互纠缠。在刑事案件的审判上，则表现为惩罚兴起和恢复性司法的展开，在民事案件审判上，则表现为道德、习惯进入司法、调解的兴起和能动司法的推广。如"泸州继承案"中判决考虑了道德

---

〔1〕 [法]埃米尔·涂尔干：《社会分工论》，渠东译，生活·读书·新知三联书店2000年版。

〔2〕 [美]昂格尔：《现代社会中的法律》，吴玉章、周汉华译，中国政法大学出版社1994年版。

〔3〕 [美]诺内特、塞尔兹尼克：《转变中的法律与社会：迈向回应型法》，张志铭译，中国政法大学出版社1994年版。

〔4〕 刘荣军："论纠纷解决与民事诉讼制度的机能"，载《中外法学》1999年第4期。

〔5〕 黄宗智："中西法律如何融合？——道德、权利与实用"，载《中外法学》2010年第5期。

因素而取得较好社会效果，而"彭宇案"中一审判决未考虑道德因素而社会效果很差。而"莫兆军案"则发生在自治型司法逐渐失势，压制型司法、回应型司法逐渐取得话语优势的情势下，对莫兆军的判决自然不能得到认同，而莫兆军的离职则说明压制型司法的主导地位和回应型法的必要性。因此，从案件的宏观社会结构看，大案的判决模式应为压制型司法和回应型司法的组合，要积极发挥法官的职权作用，进行能动司法。当然这样的判决模式由于没有给自治型司法留有发展空间，也会积弊深重，如漠视当事人的权利、法官自由裁量权过大、程序无足轻重等。所以，大案的判决模式不仅要实现压制性司法和回应型司法的组合，还要吸收自治型司法的合理因素，可以优先考虑程序，用程序来克服能动司法的随意性，用程序来缓解司法的压制性。

　　2. 案件的程序结构

　　案件是连接社会结构和程序结构的中间环节，其中案件程序结构往往是社会结构的反映。案件的判决模式受制于案件的社会结构，也受制于程序结构，是对程序结构的概括。王亚新教授在《论民事、经济审判方式的改革》一文中指出，中国的程序结构有两种，即调解型审判和判决型审判。在 20 世纪 90 年代，民事案件的程序结构出现了从调解型审判向判决型审判转换的现象。王文认为程序结构变革的原因乃是因为社会条件发生了变化，中国社会经过改革开放已经发生了深刻变化，改革开放前的社会多为熟人社会，适合调解型审判，改革开放后的社会走向市场经济，改变了调解型审判的社会条件，更适合判决型审判。[1]沿着王文的思路，中国社会进入 21 世纪，案件的程序结构应是判决型审判了，然而 21 世纪前 10 年的司法实践却和王文的结论截然相反，中国司法出现了调解的全面复兴。最高人民法院先是提出"能调则调，当判则判，调判结合，案结事了"，后又明确提出"调解优先，案件事了"，将调解优先确立为司法审判的基本原则。人们不禁要问，改革开放 10 余年中国社会已经改变了适合调解的社会条件，为什么改革开放 30 年后调解会再度复兴？实际上前文已经给出了答案，那就是 21 世纪初至现在，旧传统、新传统、后现代是中国社会变迁的主要因素，自治型司法失去话语优势，习惯型司法、压制型司法、回应型司法相互纠缠，导致了调解的复兴。不过本次调解复兴在程序结构上有其独有的特征，即调和模式。调和，是在法院

――――――――――

〔1〕　王亚新："论民事、经济审判方式的改革"，载《中国社会科学》1994 年第 1 期。

调解下，双方当事人达成和解协议，由当事人撤诉而结案。调和在过程上是采用调解程序，在目标上是促使当事人达成和解协议而不是调解协议，在结果上是撤诉结案而不是调解结案。因此，调和既不同于调解，又不同于和解，也不同于撤诉，而是调解、和解、撤诉的结合，用公式来表示：调和＝调解＋和解＋撤诉。严格来说，本次调解复兴不是调解的复兴，而是调和模式的兴起。还是以"彭宇案"稍作分析。"彭宇案"一审判决作出后，受到社会广泛批评。案件进入二审后，大家期待二审的公正判决，然而，二审法院不但没有作出判决，经过调解也不作出调解书，而是促使当事人和解撤诉。当人们急于了解和解的内容时，法院则以保密为由拒绝公之于众，以至于南方周末发出"惟有真相不可调解"的感叹。在"彭宇案"二审的程序结构中，糅杂调解、和解、撤诉，最后的撤诉也非自愿撤诉，而是半自愿甚至强制的撤诉，这显然是调和的运用。调和的运用使法院避开了各种猜疑、风险，实现了法院在舆论风口浪尖上的软着陆。调和的运用还可见诸"赵C案"中，"赵C案"二审也是通过"调解＋和解＋撤诉"而结案的。调和体现了强制和自愿的结合，以罢诉息讼为目标，以实用为原则。在司法权威不高的情况下，调和模式具有积极利用价值。但是，调和模式也有明显的不足，如纠纷解决非程序化，规避了判决，回避了事实真相，模糊了当事人的权利；法院该能动的没有能动，不该能动的却能动了，也不利于树立司法权威和人们对司法的信仰。

3. 大案判决模式的构想

未来中国法院大案判决模式不是另辟他途，而应该借鉴国外判决模式，在既有判决模式上推陈出新。一方面要避免判决完全被舆情所左右，另一方面又要避免判决完全脱离社会沦为法官个人意志的产物，要从规范法官自由裁量权着手，建立一种主客观相结合的判决机制。既要坚持司法适度能动，又要避免司法过于随意；既要坚持压制型司法和回应型司法的优化组合，又要为自治型司法留有发展空间，缓解司法的压制性；既要坚持实用性，又要坚持权利保护。为此，我们提出一体两翼的能动司法模式。所谓"一体两翼"，指的是以程序为体，以法律和社会为两翼。所谓"能动司法"，指的是发挥法官在法律适用上的主观能动性。一体两翼的能动司法模式，指的是在一体两翼的基础上，发挥法官主观能动性的判决模式。

```
        ┌─────────┐
        │   社会   │
        └─────────┘
             │
   ┌─────────┐       ┌─────────┐
   │   程序   │       │ 法官能动 │
   └─────────┘       └─────────┘
             │
        ┌─────────┐
        │   法律   │
        └─────────┘
```

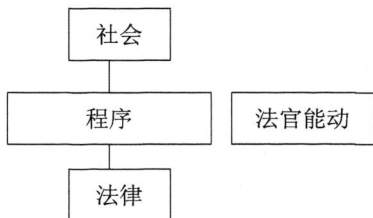

图 8-1　一体两翼的能动司法模式

　　（1）一体：以程序为体。程序是对过去的操作。案件事实发生在过去，法官和当事人却要在"现在"去认识案件事实，本来发现真相最好的方法就是像历史学家一样永无休止地考证下去，但是审判的性质不允许这么做。因此，发现真相就转换为主张的提出、议论和固定的过程。首先当事人提出主张，接着当事人之间相互议论，最后形成结果，每个阶段同时被固定下来，不允许事后反悔，当事人要受到"过去"的制约，这个过程被季卫东先生称之为"作茧自缚"的过程。[1]判决就是对过去操作的结果。为了避免程序沦为机械的流水作业和没有生机的生物自我复制，程序必须遵守"直接、言辞、公开、对席"四原则。如此，程序便成了操作过去的自我指涉的意义系统。在贯彻程序的过程中应避免以下两种倾向，一是程序工具论。程序工具论下，程序不是自我指涉的意义系统，判决不是程序的合成物，程序服务于先定的判决，发挥着事后论证的工具价值。从近些年来大案的司法审判来看，"先定后审"是常规现象，案件还没有审判，法官对判决结果早已"心中有数"。尽管也开庭审判，做到了"直接、言词、公开、对席"，但是审判不过是对心中有数的结果的事后论证。程序为结果作注脚，被先定的结果"绑架"了，成为了结果的婢女。"赵作海案"就集中体现了这一点。从披露的信息来看，赵作海案先是由政法部门定调子，后来的审判不过是跟着"调子"起舞，结果决定了程序。二是程序虚无论。程序虚无论下，先定的结果如果不能从程序中完成事后论证，结果不能从程序中获得，程序就会被束之高阁。这可以从"赵 C 案"[2]"彭宇案"中得到确证。这两个案件到了二审后，人们都期待法院依程序给出法律上的判断。遗憾的是，二审法院通过给双方当事人"做工

---

　　〔1〕　季卫东："法律程序的意义"，载《中国社会科学》1993 年第 1 期。
　　〔2〕　赵蕾、卢丽涛："'赵 C 案'的两难选择"，载 http://www.infzm.com，访问日期：2010 年 5 月 30 日。

作"，最后都和解撤诉，程序、事实和法律都被回避了。在外国民事诉讼中也有和解，但和解同样是嵌入在程序的结构中，而"赵C案""彭宇案"却将程序虚置了，程序有无无关宏旨。这种荒谬的程序反动却在大案的审判中屡见不鲜，结果没有发挥大案的积极意义。因此，要发挥大案的意义，就必须根本改变"先定后审"做法，恢复程序的本来面目，使程序成为操作过去的自我指涉的意义系统。申言之，大案的审判要以程序为体。

（2）两翼：以法律和社会为两翼。①法律。我国《宪法》第126条规定："人民法院依照法律规定独立行使审判权，不受行政机关、社会团体和个人的干涉。"根据该规定，依法审判是法院判决的基本原则。大案审判中，对作为裁判依据的"法律"的把握应注意以下四方面。一是宪法司法化。如果《宪法》第126条"依照法律"包括宪法，则宪法可作为法院裁判的依据。"齐玉苓案"之所以引人关注，就在于法院判决中援引了宪法受教育权的规定，开启了中国宪法司法化的先河。最高人民法院2001年也以批复的形式肯定了下级法院的做法。然而2008年最高人民法院又废止了2001年批复。现在学术界通说认为《宪法》第126条"依照法律"不包括宪法，宪法不能在判决中援引，大案也不例外。完全拒绝宪法，并不等于以后司法实践中不会出现触及宪法司法化的大案，因此，大案判决模式还是应该为宪法留有制度空间，遵守性援引或许是不错的制度安排。[1]二是司法统一。宪法不能直接援引，剩下的就是"法律"适用的问题。法律适用的目标就是同案同判，维护司法统一，这对大案的判决模式而言显得尤为重要。然而，通过对已审判的大案的判决结果的比较，司法不统一现象比较突出，如对高官贪污贿赂罪的判决，胡长清因受贿700余万元被判死刑，后来发生的类似案件涉案金额远远高于本案，却并没有适用死刑。还有2009年发生的醉酒驾车致人死亡的系列案件，有的以危害公共安全罪定罪，有的以交通肇事罪定罪，判处的刑罚也相差悬殊，有的判死刑，有的判无期徒刑，有的判有期徒刑。出现司法不统一的种种现象，一个重要的原因就是法律自身，这种不统一是由法律高度抽象性和现实世界丰富多样性的矛盾造成的。三是司法解释与案例指导。由于法律天然的带有缺陷性，要维护司法统一，最佳方法就是及时修改法律。然而

---

〔1〕 童之伟："法院'依照法律'规定行使审判权释论——以我国法院与宪法之关系为重点的考察"，载《中国法学》2009年第6期。

这不容易做到，因此通过司法修复法律就是不得已的选择。对于那些有重大法律意义的大案，如果反复出现并常态化了，就应当由最高人民法院制定司法解释以发展法律；如果尚未常态化，只是零星地出现，则可以发挥案例的指导作用。②社会。法律本是西方的舶来品，自近现代引入中国社会以来，法律和社会并没有进行有意义的沟通，法律和社会两张皮的现象也时常发生。有些判决，法律上是自足的，但社会共容上是欠缺的，难以做到服判息讼。因此，对于大案的判决，不仅要依照法律，还应立足社会，可以从以下两方面考虑。一是大案的判决应当积极回应案件的宏观社会结构。第一，民意。民意是否应进入司法，学术界争议较大。笔者以为，对于大案的判决，必须考虑民意。比如"许霆案""邓玉娇案"，如果没有民意的影响，恐怕难以出现一个法定刑以下判刑、一个免于刑事处罚的判决。再如"刘涌案"，[1]如果不是民意的压力，绝不会出现由最高人民法院作出死刑判决的局面。当下中国，公民权利处于原子化的状态，在大案中倾听民意实属必要。第二，民俗习惯。民俗习惯进入司法在有些地方已经变成现实，如江苏姜堰法院。从效果来看，也取得了良好的法律效果和社会效果。通过运用民俗习惯裁判，姜堰法院实现了57件彩礼案零上诉的结果。[2]如果判决拒绝民俗习惯，则会激化社会矛盾，判决后也难以执行。第三，常识、常理。依法判决体现了司法专业性的要求，不过专业性却不可违反常识、常理。如"麻旦旦处女嫖娼案"，[3]公安机关认定处女嫖娼就是违反了常识、常理的荒唐案件。大案由于社会影响大，更不可违反常识、常理。大案的审判中，法官可以运用常识、常理认定案件事实，检验和校正法律推理。[4]第四，道德。法律是道德的最低要求。通常，依法律判决大都会符合民众的道德诉求。"欠债还钱，天经地义"就是明证。不过，如果依法律判决根本会颠覆民众的道德诉求，道德取

---

〔1〕 2002年4月，刘涌被辽宁省铁岭市中级人民法院以组织、领导黑社会性质组织罪，故意伤害罪，非法经营罪，故意毁坏财物罪，行贿罪，妨碍公务罪，非法持有枪支罪等多项罪名一审判处死刑。1年零4个月后的2003年8月，刘涌被辽宁省高级人民法院改判死刑，缓期2年执行。在刘涌被改判死缓的2个月之后，最高人民法院于2003年10月向刘涌送达了再审决定，12月22日上午，最高人民法院在辽宁省锦州市中级人民法院对刘涌案再次审理作出了判决，判处刘涌死刑。"最高法院再审刘涌案结束"，载《人民法院报》2003年12月23日。

〔2〕 张宽明："57件彩礼案零上诉——姜堰法院引入善良风俗处理彩礼返还纠纷调查"，载《人民法院报》2007年4月15日。

〔3〕 胡锦光主编：《中国十大行政法案例评析》，法律出版社2005年版。

〔4〕 杨建军："常识、常理在司法中的运用"，载《政法论丛》2009年第6期。

代法律就会发生。最典型的案件莫过于"泸州遗产继承案"了。[1]因此，大案的判决应对道德保持开放。二是大案的判决应避免受案件的微观社会结构影响。当下中国，大案的判决过程中，法官应注意以下两种情形。第一，大案的判决不受身份影响，尤其在官民纠纷中，不得袒护官员，压制群众。身份不能决定大案的判决结果。第二，大案的判决不受经济实力影响，判决不应成为经济实力较量的结果。

（3）法官能动。由于社会矛盾纠纷总量不断上升，法院解决纠纷的压力很大。为此，最高人民法院提出了能动司法理念，并经地方各级法院探索和实践，受到社会各界广泛关注，学界褒贬不一。笔者以为能动司法不宜全面铺开，只能有选择地实施，可以考虑在大案判决中进行能动司法，具体设想如下：①能动司法的主体为法官，而非法院。法官是司法的实质主体，应当能动司法，法院是司法的形式主体，应当对法官的能动保持克制，法院的克制服务于法官的能动。法院能动有违司法权消极性、中立性、独立性的司法运行规律。②能动司法的法官应为中级以上法院的法官。能动司法要求高素质的法官。在我国四级法院系统中，基层法官素质偏低，不能适应能动司法的要求；中级以上法院的法官素质较高，可以作为能动司法的主体，而且大案一般都由中级以上法院审理，因此由中级以上法院的法官能动司法，名至实归。③能动的范围。法官能动应限定在法律适用上，事实认定的能动应最小化。为了解决事实认定能动问题，应改革我国陪审制，引进普通法系陪审团制，由陪审团负责事实认定的能动，陪审团也是司法吸纳民意的有效机制。④法官能动的方式。法官应以判决的方式能动司法，限缩调解的适用比例。⑤法官运用司法经验回应社会。大案审判中，法院通行做法是实行案件审批签发，层层把关，或者由审判委员会讨论决定，这只会强化法院体制行政化。笔者以为，应当对通行做法纠偏，予以限制，逐渐取消。替代的方案，就是允许法官运用司法经验进行能动司法，以回应社会的需要。霍姆斯说过，法律的生命不在于逻辑，而在于经验。法官司法经验是我国司法创新的源动力，允许法官运用司法经验审判大案，既可以调动法官的积极性和主动性，又可

---

〔1〕 基本案情：四川泸州男子黄永彬临死前立下遗嘱，指定遗产归他情人而不归发妻。由于妻子蒋伦芳实际控制了财产，情人张学英就告到法院。泸州中级人民法院终审确认，遗嘱因违背了"公序良俗"而无效。周贺："二奶持遗嘱要分遗产 引用道德断案的界限在哪里？"，载《中国青年报》2002年1月18日。

以为中国司法创新提供契机，何乐而不为。

第二节 突袭性裁判

关于司法裁判，过去我们似乎更多地关注如何将案件判决正确，避免冤假错案，或是针对有影响的大案寻找判决模式，或是寻求判决的正当性，大体都是从事实、法律两方面确保判决的实体正确，程序因素则有所忽略。笔者过去的研究虽触及判决的程序面向，但终未能找到落到实处的方法。沿着程序正义和程序保障的思路进行分析，我们就会发现在判决的分类中不仅有正确与错误的类型，还有突袭性裁判的新形态。立法上和司法上应防止突袭性裁判的发生，防止突袭性裁判有利于充实判决的程序保障之要求。

一、裁判的过程

法官裁判一般是按照三段论的推理过程作出的。从大前提（法律规范）到小前提（案件事实），最后得出结论（裁判），前者的推理过程称为涵摄。当然这样的分析过于静态，无以呈现法官裁判过程的生动性和复杂性，这是因为，首先，就大前提即法律规范来说，它不会主动出现在法官面前，需要法官选择、甄别，这就是适用法律的过程。该过程涉及法的识别、法条理解、法律语义分析等，充满了复杂性和专业性。其次，就小前提即案件事实来说，案件事实不会说话，且发生在过去，需要认识甚至重建案件事实，这就是认定事实的过程。其中涉及诉讼内各方力量的角逐、诉讼外各方力量的角逐以及诉讼内外各方力量的勾连，其复杂性不言而喻。最后，就推理的结论即裁判而言，也并非像抛硬币那样决定胜负，一锤定音。它必须以理服人，能接受上级法院的审查，经得起法律人的推敲和社会公众的检视。因此，裁判的过程绝非和风细雨地化解纠纷，更似竞争激烈的争夺，每个环节都充满了多变性。每个环节的多变性必然导致裁判过程的艰难性，进而导致裁判结果的多变性。从裁判结果最简单的分类看，适用法律有正确与错误之分，认定事实也有正确与错误之分，经过组合后，至少会产生四种裁判。一是认定事实正确、适用法律正确的裁判；二是认定事实错误、适用法律错误的裁判；三是认定事实正确、适用法律错误的裁判；四是认定事实错误、适用法律正确的裁判。从这四种裁判看，最优裁判为第一种，即认定事实、适用法律都正确的裁判。最优裁判率只有四分之一，法院要保证裁判百分之百地正确，必须排除其他四分之三的错误裁判，从概率上说，这要经历十分艰辛的筛选过程。即便是这样的分析还是使裁判过程过于简单化，实践中的裁判还要复杂些。如就适用法律而言，其外部层面会遇到情、理、法的纠缠，以及法律与习惯的恩恩怨怨，内部层面要处理法言法语的开放性与封闭性的紧张关系，很难用正确与错误的二分法一断之。就认定事实而言，存在事实与表达的疏离，认定事实的目标与手段之间的难匹配，事实与法律存在灰色地带问题，等等，这些都加剧了事实认定的困难，使认定事实不像找回丢失的硬币那么简单。即便作如此分析，裁判过程的复杂性，还只是呈现半个面孔，因为尚未考虑到程序因素。裁判过程因程序而呈现其复杂性的另一半面孔，这也涉及其他裁判形态。

从程序的角度看，法官不仅要作出裁判（不得拒绝裁判），更要以正义的方式作出裁判，这就涉及程序正义与程序保障的要求。从程序运行的外部要求看，就是要排除干扰裁判的外部因素，确保法官裁判的独立性。要实现这种独立性，就必须划清司法与媒体、司法与民意、司法与压力集团等界限，此外，还要排除来自上层的长官意志之压力。这些问题需要在宪法规范、组织法规则中解决，在程序规则中解决则力所不逮。从程序运行的内部要求看，就是要按照程序正义的要求优化程序结构。从程序正义的最低要求看，要做到以下四点：①法官中立，不偏不倚。任何人不得做自己的法官，法官与当事人、案件有利害关系的都应回避，退出审判。②平等待人。要保障双方当事人的诉讼地位平等，不能因为年龄、身份、种族、社会阶层等差别而有所差异。法官应平等地对待双方当事人，一视同仁。不仅如此，法官更应实质上保障双方当事人平等，要让贫穷、专业知识欠缺的当事人获得救济。③程序参与。要保障当事人参与程序的机会，无正当理由不得剥夺当事人参与程序的权利。④过程公开。司法审判除特殊情形外，应向社会公开，允许旁听，避免暗箱操作。

违反程序运行的外部要求而作出的裁判，属于罪恶的裁判、非文明的裁判、不正义的裁判。在人类从野蛮走向文明的历史长河中，此类裁判并不鲜见，如纳粹时期的司法，就曾作过无数这样的裁判；我国"文革"时期也曾发生过不经审判就判处刑罚的现象；现已被中央废除的劳动教养制度即属于非文明司法的表现。违背程序运行内部要求而作出的裁判，是否属于非法裁判，则难以一概而论。因为违反程序正义和程序保障的尺度有一定的弹性，存在轻度、中度、重度的程序违法，而当事人的正义感知、对程序违法的忍耐度也有差别。从诉讼制度发展史看，早期的诉讼能够容忍刑讯逼供和程序上的不法行为，现代司法逐渐持否定态度。我国 1991 年《民事诉讼法》第 153 条第 1 款明文规定："第二审人民法院对上诉案件，经过审理，按照下列情形，分别处理：（一）原判决认定事实清楚，适用法律正确的，判决驳回上诉，维持原判决；（二）原判决适用法律错误的，依法改判；（三）原判决认定事实错误，或者原判决认定事实不清，证据不足，裁定撤销原判决，发回原审人民法院重审，或者查清事实后改判；（四）原判决违反法定程序，可能影响案件正确判决的，裁定撤销原判决，发回原审人民法院重审。"根据该条第 4 项规定，一审判决违反法定程序，但只要认定事实清楚，适用法律正确，就不需要撤销原判。可见立法者对程序违法持容忍的态度。2012 年修正《民事诉讼法》时，将该条第 1 款修正为："第二审人民法院对上诉案件，经过审理，按照下列情形，分别处理：（一）原判决、裁定认定事实清楚，适用法律正确的，以判决、裁定方式驳回上诉，维持原判决、裁定；（二）原判决、裁定认定事实错误或者适用法律错误的，以判决、裁定方式依法改判、撤销或者变更；（三）原判决认定基本事实不清的，裁定撤销原判决，发回原审人民法院重审，或者查清事实后改判；（四）原判决遗漏当事人或者违法缺席判决等严重违反法定程序的，裁定撤销原判决，发回原审人民法院重审。"根据该条规定，一审判决严重违反法定程序，如遗漏当事人或违法缺席判决，应撤销原判，发回重审。也就是说，在过去相当长时间内，我国一直将程序违法的裁判排除在错误裁判之外。经过 16 年后，修法者才开始将违反程序正义和程序保障的裁判纳入二审法院的救济范围。不过要注意的，修法者所关注的程序违法裁判只限于重度的程序违法裁判，对于轻度、中度的程序违法裁判则予以容忍。而且，对于程序违法裁判的救济，除了上诉、再审规定了程序保障的要求外，其他环节有关程序保障的规定则极为少见。换句话说，民事诉讼法注重事后的程序保障，忽略了诉讼中的程序保障，因此，我国为当事人提供的程序正义和程序保障还是低限度的。而在德国、日本等国家，程序正义和程序保障是民事诉讼法修法的基本理念，贯穿于诉讼的每个环节，他们特别注意防止诉讼中发生突袭性裁判，而我国民事诉讼法缺乏规避突袭性裁判的规定。

二、突袭性裁判

突袭性裁判与程序保障理念的兴起分不开。在程序保障理念下，诉讼突袭现象逐渐在国外受到学界和实务界重视。诉讼突袭包括来自当事人的突袭和来自法官的突袭。来自当事人的突袭是指一方当事人对另一方当事人实施突袭性诉讼行为，如举证突袭、反诉突袭等。来自法官的突袭是指法官对当事人作出突袭性裁判。

所谓突袭性裁判，是指法官违反有关事实上与法律上的阐明义务，而以当事人未受适当程序保障下所得的事实或法律见解为其裁判依据，"以致造成法院所为之裁判乃非当事人基于诉讼所存资料依通常情形所得预期裁判结果之意外效果"。[1]也有人认为突袭性裁判是指："隐存于形成心证过程及判决的一定谬误及不完全，原可经由当事人及时提出较充分的攻击防御方法，或陈述必要的意见（包括证据分析），而适时予以治愈或补全，借以避免经济上浪费或错误、不完全的发生时，则因未适时赋予当事人（律师）提出攻击防御方法或陈述意见以促使治愈或补全该误谬或不完全的机会，将终致该误谬或不完全仍然残存。在此情形，当事人为谋补救该残存误谬或不完全之裁判，乃不得不更付出原可节省之劳力、时间、费用。此种隐含误谬或不完全之裁判，系在未赋予当事人上述机会下所作成，属所谓突袭性裁判。"[2]其主要类型包括发现真实的突袭、适用法律的突袭和促进诉讼的突袭。

（1）发现真实的突袭。发现真实的突袭是基于：未使当事人在言词辩论终结以前，充分认识、预测法院有关发现真实的心证形成活动，导致当事人未能就发现真实进行充分的攻击防御或提出意见。此种突袭裁判又可分为认定事实的突袭和推理过程的突袭两种。[3]认定事实的突袭是指未使当事人在言词辩论终结以前，充分认识、预测法院所要认定的事实或该事实的具体内容，致当事人在未能就不利己事实进行充分攻击防御之情况下而作出裁判，如当事人争执的法律关系为 A，结果法官裁判的法律关系却为 B，就是认定事

---

〔1〕 姜世明："论合法听审权——以在民事程序法之实践为中心"，载《法学丛刊》2002 年第 4期。

〔2〕 邱联恭等："突袭性裁判"，载《法学丛刊》1981 年第 10 期。

〔3〕 邱联恭：《程序制度机能论》，三民书局 2007 年版，第 5 页。

实的突袭。推理过程的突袭是指未在言词辩论终结以前，使当事人充分预测法院就某事实存否之判断过程（对于有关某事实存否或真伪不明之心证形成资料，法院所得之理解、判断），致当事人在未能适时提出充分的资料或陈述必要意见（含证据分析）等情况下而作出裁判。法官在事实审理过程中一般包括三阶段的推理判断，一是经过举证、质证后，法官就事实存否获得有关心证度的判断，二是对是否达到证明度（证明标准）的判断，三是心证度是否达到证明度的判断。在这三个推理过程中，由于当事人未能预测到其中一个判断过程，都构成推理过程的突袭。

（2）适用法律的突袭。适用法律的突袭，又称法律性突袭裁判，是指法院裁判行为中，就有关适用法律的部分，因未适度阐明、指示以保障当事人陈述意见的机会，导致该裁判所依据的法律非为当事人所预期。换言之，由于法院裁判前未向当事人阐明法律观点，使当事人丧失了就该法律观点表达意见的机会，从而未预测到法院依据此法律观点作出的裁判。传统观点认为，"你给我事实，我给你权利"，法官应该知法，只要当事人提供证据证明事实，法官依法而断，毋庸将裁判的法律依据告诉当事人。不过，在德日学说上，多认为法官在证据调查后所形成的法律观点，应向当事人阐明，给予当事人表达意见的机会，如未给予此机会而裁判，就构成法律性突袭裁判。

（3）促进诉讼的突袭。促进诉讼的突袭是指未适时使当事人预测法院的裁判内容或判断过程，致当事人未及时地提出利己的资料或意见，在因避免程序上造成劳力、时间、费用的不必要的支出或不该有的节省等情况下而作出裁判。由于当事人未能适时预测到法院裁判的内容或判断结果，当事人据此提出的资料，使法院未能选择更节省劳力、时间、费用的程序。如果预测到了法院裁判结果，当事人就可只提供有利于节省劳力、时间、费用的资料，采用更简单的程序审理，如本应适用更简易的程序审判，结果适用了复杂的程序审判，就构成促进诉讼的突袭；本来可以在一审就和解结案，结果却拖到二审程序、再审程序；本来在审判的早期就可以终止诉讼，结果却走完了整个程序，等等，都构成促进诉讼的突袭。

上述裁判都是当事人意料之外的裁判，未充分保障当事人参与程序的机会，有使当事人沦为程序的客体之嫌，难以让当事人信服，违反了程序正义和程序保障的要求。在现代程序正义和程序保障的理念下，一般认为，第一，基于国民主权原则，当事人应为程序的主体，程序的运作、展开应由当事人主导。立法者、法律运作者（法官）应充分保障当事人参与程序的机会。第二，保证法官判断的客观性。在法国大革命以前，人民对法官普遍不信任，司法证明采用了严格的法定证据主义，以限制法官判断的自由。然而，其带来的机械司法造成了人性的压抑，无以回应人民对自由、理性的追求。因此，法国大革命后，在现代民事诉讼中，已改变了对法官的不信任的传统观念，以自由心证主义替代了法定证据主义。基于对法官的信任，法律允许法官对事实、证据自由判断。[1]但是法官是人不是神，也有认知的局限，甚至犯错，为了保障法官判断的客观性，立法者一方面要求法官公开心证，另一方面赋予当事人充分的攻击防御、表达意见的机会。第三，平衡兼顾发现真实与促进诉讼。传统上，人们长期把发现真实视为民事诉讼的唯一目的，民事诉讼程序都是围绕发现真实而设计（比如审级制度、合议制度等），从而建立严密而复杂的程序。对于当事人提出的诉讼资料也不作限制，以便发现真实。严密而复杂的诉讼程序有利于达成慎重而正确的判决，但是却可能过分消耗当事人的时间、劳力、费用。另外，本案占用过多司法资源，也影响其他案件利用司法资源的机会，从而实质性地阻碍国民接近司法。因此现代诉讼理念多认为促进诉讼为民事诉讼运行的另一目的。民事诉讼的设计及运作应致力于向当事人提供节省劳力、时间、费用的机会，以保障其程序利益，同时课以当事人诉讼促进的义务，将随时提出主义改为适时提出主义，当事人应根据案件的审理进度适时提出诉讼资料，避免造成对对方当事人的突袭。

三、突袭性裁判的防止

突袭性裁判的发生，在于法官的裁判在当事人的意料之外。在台湾地区，突袭性裁判理论包括认定事实的突袭、推理过程的突袭、适用法律的突袭和促进诉讼的突袭。德国突袭性裁判理论包括认定事实的突袭、推理过程的突袭、适用法律的突袭，而没有促进诉讼的突袭这一内容。相比较而言，台湾地区突袭性裁判理论因为发展出促进诉讼的突袭而颇具特色，这也是台湾地区本土学派反复强调其理论独特性的一方面。然而，在笔者看来，促进诉讼的突袭并无太大价值。有没有发生促进诉讼的突袭，一般要在案件审理结束

---

[1] 邱联恭：《口述民事诉讼法讲义》（一），许士宦整理，元照出版有限公司 2012 年版，第 140 页。

之后才能知晓。案件审理后，当事人才能发现有些诉讼过程毫无意义，有些进行过的程序没有必要，浪费了劳力、时间、费用，但诉讼审理已结束，不可能再来一次，重新选择节省时间、劳力、费用的程序。如果重新选择，再来一次，更加造成当事人的程序不利益。较好的方式是对造成促进诉讼突袭的裁判进行事后救济，但法律不太可能规定对该裁判进行再审，即使再审也不经济，只能在立法上进行防范。要防范突袭性裁判，就必须使裁判按照当事人预期作出。为此，应采取以下方法。

（1）坚持辩论主义、处分主义的审理原则。辩论主义和处分主义是现代民事诉讼的支柱，不得动摇。辩论主义的基本要求是：第一，当事人未提出的事实，不得作为裁判的依据。法院裁判的事实基础限于当事人所主张的事实。第二，双方当事人没有争执的事实应成为裁判的依据。第三，法院不得依职权调查证据。[1]如果法官严守辩论主义，当事人主张 A 事实，法官只对 A 事实进行判断，不对 B 事实进行判断，就不太可能出现认定事实的突袭。法官采纳当事人自认的事实，据此所作出的裁判也符合当事人的本意，避免了突袭发生。法官不另行调查证据，避免了法官利用"自己"的证据进行裁判，自然也不会发生对当事人突袭。处分权主义要求，当事人是否起诉或终结诉讼，何时、何范围、对何人起诉由当事人决定，法官不得干预。[2]根据处分主义，当事人对程序拥有主导权，法官处于消极、中立的诉讼地位。程序运行及其结果都是当事人主导的结果，突袭裁判自然就丧失了发生的土壤。从防止发生突袭性裁判而言，意味着我国民事诉讼应进行结构性调整。一是诉讼模式转换。民事诉讼应从职权主义诉讼模式过渡到当事人主义诉讼模式。在职权主义诉讼模式下，法律对当事人诉之声明未作详尽要求，法院需要查清案件事实以确立审判对象，案件的审理结果非当事人所预料，倒是非常常见的现象。因此，可以肯定，我国实践中存在大量的突袭性裁判。由于当事人程序主体地位未得到肯认，人们甚至缺乏对突袭性裁判反思的能力。二是程序选择权的充实。程序选择权既包括实体层面的选择权，也包括程序层面的选择权；既包括一方当事人的选择权，也包括双方当事人的选择权。其中最重要的是承认诉讼契约的合理性，充分发挥当事人合意对诉讼运作的功能，

---

[1] 骆永家：《民事诉讼法 I》，三民书局 1999 年版，第 118 页。
[2] 杨建华：《民事诉讼法要论》，郑杰夫增订，北京大学出版社 2013 年版，第 14 页。

如此方能最大限度地防止突袭性裁判的发生。如诉讼和解，法院不需要作出裁判，从而从根本上杜绝了突袭性裁判。

（2）阐明义务。根据辩论主义、处分权主义，当事人是程序运作的主导者。然而当事人由于知识、能力的差异，难免发生认知的错误。为了避免无意义的诉讼，以及保障"该赢的赢，该输的输"，法官应善尽阐明义务。第一，事实的阐明义务。当事人陈述有不明确、不充分、不适当时，法官应通过发问、说明，告知当事人补充、完善、去除相关诉讼资料。对于新的的诉讼资料，法官应告知当事人尽早提出。法官应将自己对特定事实的观点向当事人表明。第二，法律的阐明义务。当事人应该就事实、法律进行完全适当的辩论，对于当事人对法律的误解、误读，法官可通过阐明使其清楚，对于如何适用法律、适用何法律，法官应将自己的法律见解向当事人表明。通过行使阐明权，可以避免当事人在诉讼中摸索进行，也可使诉讼进行得更顺畅，更重要的是使诉讼资料在诉讼过程中完整、全面、及时提出，并使当事人知晓法律适用的可能。如此，诉讼的结果在诉讼的较早阶段已呈现，判决早已为当事人所预料，从而可避免突袭性裁判的发生。第三，促进诉讼的阐明。如果事实审理采用适时提出主义，法官应向当事人阐明适时提出诉讼资料的要求，并说明逾期提出的法律后果；同时向当事人阐明何谓新的诉讼资料以及提出的时机。经由如此促进诉讼的阐明，可以防止促进诉讼的突袭发生。关于法官阐明行为的性质，理论上存在权力和义务之争。[1]将阐明视为权力，从而作为诉讼指挥权一部分，其只是要求对法官权力略加管束，施以注意义务，以使司法权善良运作。将阐明视为义务，则意味着法官一旦未阐明，则会使裁判陷于不法境地，构成上诉的理由，这势必使诉讼难以穷尽，超越了防止突袭性裁判的目标，徒增讼累。因此笔者更愿意将阐明视为权力，即阐明权，其运行的目标是对辩论主义进行调适，以防范突袭性裁判发生，重点在于防范法律突袭性裁判发生。因为辩论主义只是固化了裁判的事实基础，至于裁判的法律基础则未涉及。虽然法官有知法义务，但是法律适用是否恰当对当事人利害攸关重要。在实务上，完成事实审后，法官较少将法律见解告诉当事人，更少交由双方当事人进行辩论，因此当事人最后所得到的裁判常是法律突袭性裁判。对于这种裁判，如不存在法律适用不当，则难以通过

---

〔1〕 姜世明：《民事诉讼法》（上册），新学林出版股份有限公司 2013 年版，第 619 页。

上诉或再审予以救济。只能对法律突袭性裁判进行适当的防止，较好的方式就是强化法官裁判前善良行使法律阐明权，使得当事人对案件的法律适用有所预期。

（3）心证公开。一般而言，民事诉讼经过法庭调查、法庭辩论后，进入评议阶段，法官评议完后，宣布评议结论。至于法官是如何获得心证和所持法律见解向来不在判决前公开，告知当事人。此种心证不公开的审判实务，实乃是突袭性裁判发生的根源，损害了当事人的程序利益和实体利益，难以提升当事人对裁判的信服度、接纳度。在德日，公开心证属于法院诉讼指挥权内容，已被纳为法院之义务。[1]从防止突袭性裁判要求看，心证公开应注意以下几点：第一，心证公开的时机。心证公开的时间一般在案件受理后言词辩论终结前。其间所经历的准备程序、法庭调查、法庭辩论各阶段，如法官在某一阶段获得了某程度的心证，都应适时向当事人表明。第二，心证公开的内容。法官应该就事实关系及争点进行概要说明，听取当事人意见，必要时与双方当事人进行讨论；对当事人所忽略或认为不重要的法律观点，在给予当事人陈述意见的机会后，才可作为判决理由；法官对于诉讼胜负起决定性作用的重要事项，如间接事实和法律见解，在心证形成过程中有所认识、判断时，应在诉讼的较早阶段使当事人了解，并听取当事人意见。据此，当事人能对法院裁判有所预测，从而防止发生认定事实、推理过程、促进诉讼和法律适用的突袭。第三，心证公开的方式。心证公开应采用直接明白的方式向当事人表明。有的人担心直接向当事人公开心证，会引来当事人质疑甚至被要求回避，而不敢直接公开自己的法律见解，或采用较隐晦的方式表明自己的看法。心证公开的目的在于使当事人预测到法院裁判，避免发生突袭性裁判。由于能预测到审判的结果，也容易使当事人达成和解或放弃上诉。因此，心证公开最好采取直接明白的方式，并保障当事人陈述意见的机会。现代诉讼将事实的判断交由法官自由心证，由法官依据良知和论理法则自由判断，其前提是法官有较高的司法素养和职业道德水准。就我国而言，法官整体素质和道德修养都还不够，而法官事实上拥有广泛的自由裁量权，审判的任性和乖张时有发生，也难以控制。因此就一个审理程序而言，心证公开就成为克服审判脱序的最后一道防线。在案件的审理过程中，法官适时地公

---

〔1〕　邱联恭：《司法之现代化与程序法》，三民书局 2008 年版，第 150 页。

开心证，接受双方当事人的检视，听取当事人的意见，从而能够控制心证活动所可能出现的任性和乖张，也能对突袭性裁判的防范发挥积极的作用。

结　语

根据前文关于突袭性裁判的探讨，以下两方面或许值得注意：

第一，突袭性裁判与程序保障理念兴起有关。在程序不彰时代，人们更加关注裁判的正确性，注重从制度上防范和纠正冤假错案。随着程序保障理念的逐渐兴起，人们开始将程序违法纳入司法审查的范围，只不过其关注的重点为纠正重度或严重的程序违法，注重事后救济，而对中度、轻度的程序违法则予以容忍。随着程序保障理念全面确立，民事诉讼法应按照此理念重新梳理相关程序规则，或进行改良，或进行重构。其最大特点就是不再容忍中度、轻度的程序违法，注重事前防范，从程序上防范突袭性裁判的发生。

第二，防范诉讼突袭，不仅要防止来自当事人的突袭，更要防止来自法院的突袭。我国新民事诉讼法确立了诚实信用原则和举证时限制度，似乎更加注意防范来自当事人的突袭，而对来自法院的突袭则缺乏相应的程序设计。事实上，当事人遭遇法官诉讼突袭也是非常常见的现象。法官为了追求裁判的正确性，难免会牺牲当事人的合法听审权和程序利益。因此，防止突袭性裁判应成为理论界和实务界共同关注的问题，成为民事诉讼法再次修改的重要内容。

总之，突袭性裁判这种裁判形态，尚未引起我国学界和实务界的足够重视。考虑到我国向来重实体、轻程序的传统，这种情况也就不足为奇了。随着程序正义和程序保障理念的兴起，以及强化司法的人性关怀，人性尊严日益受到重视，当事人被视为程序的主体，而非程序的客体，防止突袭性裁判必将成为司法改革的重要目标之一。

第三节　判决的正当性与证成性
——以《最高人民法院公报》选编的个案为对象

《最高人民法院公报》刊登的案例具有极强示范作用和审判参考价值。下面围绕《最高人民法院公报》选编的个案进行分析，检讨其得失，供学界参考。

一、基本案情[1]

2003 年 5 月 14 日，上海市弘正律师事务所（以下简称"弘正所"）与中国船舶及海洋工程设计研究院（以下简称"船舶设计院"）签订《聘请律师合同》一份，由弘正所指派王某某律师代理船舶设计院与上海市黄浦区商业网点管理办公室（以下简称"商业网点"）赔偿纠纷一案，约定律师费 20 000 元。2004 年 2 月 18 日，双方又签订《协议书》一份，约定在原有代理关系基础上实行风险代理：（1）双方同意以商业网点诉讼标的（赔偿款数）为基数：①如完全不给付赔偿费，船舶设计院以诉讼标的的 15%给付律师费（不包括已支付的律师费）；②经判决或调解船舶设计院赔偿的数额在诉讼标的 50%（包括 50%）以上的，支付的律师费为已支付的 20 000 元；③在 50%以下的，则以商业网点诉讼标的的 50%以下部分的 15%计付律师费（不包括已给付的律师费）；④如经判决船舶设计院全部败诉的，弘正所退还已收律师费中的 15 000 元。（2）船舶设计院如有调解、和解及终止代理等需与弘正所协商一致，否则以约定律师费额补偿弘正所经济损失，即以诉讼标的的 15%补偿弘正所经济损失。在上述案件诉讼中，船舶设计院数次提出不当调解方案，均遭王某某律师拒绝。船舶设计院在不让王某某律师知晓的情况下与对方达成调解，并由法院制作了调解书。调解结果是由船舶设计院赔偿商业网点 800 000 元。被告按照调解达成的标的额及相关费率约定支付弘正所代理费 125 000 元。弘正所认为，其与船舶设计院之间的风险代理关系中，弘正所已为之大量投入，船舶设计院应依约按代理案件的诉讼标的（房屋市场评估价）人民币 2 097 000 元的 15%赔偿弘正所的经济损失（律师费）。故诉至上海市黄浦区人民法院，请求判令船舶设计院赔偿经济损失（律师费），即支付律师代理费不足部分 188 000 元，并按中国人民银行同期贷款利率支付自 2005 年 9 月 1 日起至判决确定的支付日止的利息。船舶设计院则称，弘正所为博得自身利益的最大化，不顾委托人的诉讼风险，盲目放弃调解机会，且毫无理由拒绝出庭，严重违反了双方的合同和律师的职业操守，故提出反诉，请求判令弘正所返还律师费 125 000 元。

---

[1]　"上海市弘正律师事务所诉中国船舶及海洋工程设计研究院服务合同纠纷案"，载《中华人民共和国最高人民法院公报》2009 年第 12 期。

一审法院经审理作出判决：①驳回了弘正所关于船舶设计院赔偿其经济损失人民币 188 000 元并支付利息的诉讼请求；②驳回了船舶设计院关于弘正所返还其律师费人民币 125 000 元的反诉请求。弘正所不服一审判决，上诉至二审法院，请求撤销一审判决第一项。二审法院经审理，判决驳回上诉，维持原判。

二、判决的逻辑与评析

（一）判决的逻辑

一二审判决都是围绕原告弘正师所与被告船舶设计院签订的《协议书》中有关"船舶设计院如有调解、和解及终止代理等需与弘正律师所协商一致，否则以约定律师代理费额补偿弘正律师所经济损失"（以下简称"调解、和解条款"）的约定是否有效展开说理论证的，具体来说包括以下三方面。

（1）调解、和解是当事人依法享有的权利，调解、和解条款限制当事人调解、和解，侵犯了当事人的权利。如一审判决认为："在与商业网点一案中，被告船舶设计院决定与对方调解，系对自己诉讼权利的处分""原告弘正律师所在法律服务合同中订立诸如调解等需与其协商一致，否则以约定律师代理费额补偿其经济损失的条款，是侵犯被告船舶设计院诉讼权益的行为。"弘正所在上诉中辩称该协议条款并未禁止被上诉人船舶设计院对外享有自行与对方当事人调解、和解，二审判决驳斥道："当事人在诉讼过程中自愿接受调解、和解，是对自身权益的处分，是当事人依法享有的诉讼权利。""该条款虽然并未明文约定禁止船舶设计院进行调解、和解，但该条款对船舶设计院自行与诉讼对方当事人调解、和解设定了违约责任，由于双方在代理关系内部必须按照《协议书》约定受违约条款的约束，如果船舶设计院试图单方调解或和解，必然受制于违约责任条款而产生顾忌，以致无法按照自己的意愿依法进行调解、和解。"该条款显然限制了船舶设计院调解、和解的权利，为此，二审补充道："如律师为获取自身利益的最大化，限制当事人依法享有的诉讼权利，其行为不受法律保护。"

（2）委托代理人律师的职责是维护当事人的合法权益，减轻其诉讼风险，促进纠纷解决。调解、和解条款限制调解、和解，有损当事人利益，加重了其诉讼风险，不利于纠纷解决。一审判决认为，原告弘正所作为诉讼代理人可以运用自己的法律专业知识提供自己的见解，但无理由要求被告牺牲自己的利益，承担更大的诉讼风险。二审判决更明确指出："在执业过程中，律师应维护社会秩序、促进纠纷解决、消除社会冲突、促进社会和谐，应在调解、和解中发挥积极作用。""代理人的义务为运用法律专业知识搜集、提供证据，参加诉讼，提出法律意见等，其目的是通过律师的服务尽量使当事人增加胜诉概率，以保护当事人的合法权益。""律师事务所及其律师作为法律服务者，在接受当事人委托代理诉讼事务中，应当尊重委托人关于接受调解、和解的自主选择，即使认为委托人的选择不妥，也应当出于维护委托人合法权益的考虑提供法律意见，而不能为实现自身利益的最大化，基于多收代理费的目的，通过与委托人约定相关合同条款限制委托人接受调解、和解。"调解、和解条款加重了委托人的诉讼风险，违反了律师职业责任。

（3）调解、和解符合当下司法政策，有利于社会和谐，限制当事人调解、和解，不利于促进社会和谐，违反社会公共利益。客观地说，一审法院并没有从社会和谐、公序良俗的高度看待上述条款，这样的作业是由二审法院来完成的。二审判决认为："调解、和解有利于纠纷的迅速解决和彻底解决，有利于减少当事人的诉讼成本，更有利于减少社会矛盾，构建和谐社会。"弘正所基于自身利益，以协议限制当事人调解、和解，"不利于促进社会和谐，违反社会公共利益"。显然，二审法官比一审法官更有政治大局意识。

关于本案的风险代理，因其代理的事项和收费标准符合《律师服务收费管理办法》，"故双方之间约定实行风险代理收费并无不当"。尽管风险代理收费是合法的，但是有关"船舶设计院如有调解、和解及终止代理等需与弘正律师所协商一致，否则以约定律师代理费额补偿弘正律师所经济损失"的约定，根据前面的说理，不但侵犯当事人合法权益，也违反了律师职业责任，更违反了社会公序良俗原则，所以是无效的。

既然该条款是无效的，原告弘正所依据该条款以诉讼标的的15%赔偿弘正所经济损失就失去依据，原告主张弘正所关于船舶设计院赔偿其经济损失人民币188 000元并支付利息的诉讼请求，当然应当依法驳回。但是双方之间约定实行风险代理收费并无不当，而且在被告船舶设计院与商业网点达成调解协议前，弘正所已经为代理事务付出了一定的劳务，调解结果也是在原告前期工作的基础上达成的，因此被告应支付合理的报酬，这就涉及被告支付给原告125 000元律师代理费的认定问题。一审法院认为，庭审中被告明确表示过，125 000 元律师代理费是因认为原告已完成任务，按阶段性计算标准计付的，因此，对被告关于返还上述款项的反诉请求缺乏依据。二审法院也认为船舶设计院支付上诉人 125 000 元报酬已属合理，其理由有二：一是在本案诉讼发生前，船舶设计院是自愿支付代理费，未曾以不合理为由而要求返还；二是根据法院的计算方法，被告应支付的律师代理费为为 60 378.6 元，船舶设计院支付给上诉人 125 000 元代理费已经超出了 60 378.6 元。这里在逻辑上存有疑问的是，船舶设计院能否拿回超出 60 378.6 元部分的律师代理费？法院能否判决弘正所向船舶设计院返还多出部分？笔者以为，根据"无诉即无审判"的原则和辩论主义的要求，法院审判的对象限于当事人主张的范围，本案中尽管船舶设计院在一审中主张返还 125 000 元代理费，但一审已驳回该主张，进入二审后，船舶设计院未主张撤销有关该事项，而是请求维持原判，因此法院代替船舶设计院要求弘正所返还多出部分缺乏法理依据和法律依据。

（二）评析

根据上面的分析，表面上看，法院判决在逻辑上层层推进、丝丝相扣，颇为严密。但是这样的说理逻辑也不是不存疑问。

首先，本案是风险代理，不同于一般代理，法官应当把风险代理原理阐述清楚，而不是简单地阐述一般代理原理。本案中一二审法官都运用一般代理原理分析风险代理，这种论证颇为机械，没有凸显风险代理的特殊性。实际上风险代理的代理主体、事项、运行机理都不同于一般代理。本案中一二审法官意图十分明显，希望通过能动司法规范、引导尚处初步发展的律师风险代理，[1]但是不将风险代理原理阐述清楚，这样的判决能否起到规范、引导作用是有疑问的，可能恰恰相反，会伤害正在兴起的风险代理行业。

其次，本案中原告弘正所提起的是违约之诉，认为风险代理合同是有效的，被告船舶设计院认为其中调解、和解的条款限制了其权利，不太合理，但并没有否认其效力，应当说双方当事人对调解、和解的条款的效力没有太大争议，根据辩论原则，双方无争议的事实应成为法院裁判的依据。[2]事实上一审判决也没有明确认定该条款无效，只是认定侵犯了被告的处分权。既

---

〔1〕 玄玉宝："律师限制委托人和解、调解条款之无效认定"，载《人民司法·案例》2010 年第 20 期。

〔2〕 张卫平：《民事诉讼法》，法律出版社 2006 年版，第 24 页。

然是有效条款，一审判决按理应支持原告的主张，事实上法官判决也是援引了《合同法》违约责任条款 107 条的规定，该条规定，当事人一方不履行合同义务或者履行合同义务不符合约定的，应当承担继续履行、采取补救措施或者赔偿损失等违约责任。令人意外的是判决主文第 1 项却是驳回原告的请求，其中的逻辑实在说不通。

第三，调解、和解条款的效力只是到了二审才成为争议的焦点。二审判决宣布该条款无效的逻辑在于：调解、和解是当事人的诉讼权利，而调解、和解的条款限制了被告进行调解、和解的权利，进而认定该条款侵犯了被告的诉讼权利，当事人不能调解、和解，不利于纠纷解决，不利于社会和谐，因而也是违反社会公共利益的。而《合同法》第 7 条规定，当事人订立、履行合同，应当遵守法律、行政法规，尊重社会公德，不得扰乱社会经济秩序，损害社会公共利益。第 52 条第 1 款第 4 项规定，损害社会公共利益的合同无效，所以调解、和解条款无效。这样推理在逻辑上有问题的，一是从限制调解、和解得出侵犯了当事人权利，这是十分危险的跳跃。当事人达成调解、和解的条款是双方真实的意思表示，是双方自愿行为，也就是说本案中被告自愿接受了自己权利受限制，或者说让渡了部分权利，怎么能说原告侵犯其权利呢？而且调解、和解条款只是要求船舶设计院如有调解、和解及终止代理等需与弘正所协商一致，调解、和解是允许的，只是应由双方同意，这并不构成限制被告调解、和解。被告船舶设计院在原告弘正所不知晓的情况下与商业网点达成调解，恰恰违反先前的承诺，是不守信用的行为。二是从侵犯了被告诉讼权利到违反社会公共利益的推理是十分勉强的，二审判决书没有说明违反了什么公共利益，在公共利益上含糊其辞是不恰当的。

最后，二审判决对一审判决适用法律不当只字未提。一审判决书援引的法律条文是《合同法》107 条的规定，即当事人一方不履行合同义务或者履行合同义务不符合约定的，应当承担继续履行、采取补救措施或者赔偿损失等违约责任。而二审判决书援引的是《合同法》第 7 条规定、第 52 条规定和第 410 条规定，显然一审判决法律适用不当。二审法院似乎看到这点，其在判决书写到"综上所述，一审认定事实清楚，判决并无不当"，只字不提一审判决法律适用问题，这很可能是法院的技术性处理，从而规避了一审判决法律适用不当的问题。然而二审法院却依照《中华人民共和国民事诉讼法》第 153 条第 1 款第 1 项规定"原判决认定事实清楚，适用法律正确"，判决驳回上诉，维持原判决，其逻辑显然不够严密。这是否反映我国二审法官轻视法律适用的习惯性思维，只要事实认定清楚和结果处理得当，法律适用对与否，并不紧要。如果是这样，那是令人遗憾的。因为根据审级原理和上诉审程序发展趋势，事实审重心从上诉审向初审转移，上诉审功能趋于纯粹，成为法律审，上诉审法官主要是对法律适用的审查，不太涉及事实问题。[1] 我国民事上诉审现在仍然是事实审和法律审的复合，面临着从复审制向续审制转型，法官重事实轻法律的习惯性思维显然不利于我国民事上诉制度的转型。

关于被告支付给原告 125 000 元律师代理费的合理性问题，一二审法院都持肯定态度。一审判决该费用是被告应得的报酬，理由在于主客观两方面，从主观方面看，被告在庭审中明确表示，125 000 元律师代理费是因认为原告已完成任务，按阶段性计算标准计付的；从客观方面看，被告与商业网点达成调解协议是建立在原告前期工作的基础上的，所以被告要求返还依法无据。二审法院认为，该费用是被告自愿支付行为，未曾以不合理为由而要求返还，另外根据法院的计算，原告应得的报酬为 60 378.6 元，被告支付给原告 125 000 元已属合理。关于原告的劳务报酬，一审法院认定为 125 000 元，二审认定为 60 378.6 元，显然二审法院撇开了一审法院的事实认定，重新认定了事实，以至于出现了与一审认定的原告应得劳务报酬存在巨大差异。这说明二审法官只考虑到自己判决书逻辑上的完满，忽视了一二审相互承接的关系，而且二审对原告劳动报酬的认定，事实上否定了一审的认定，这足以说明一审在劳务报酬上事实认定不清，然而二审对此只字不提，依然认为一审"认定事实清楚"，实在让人难以理解。可能的解释就是，二审法官只考虑到自己判决书逻辑上的完满，根本没有考虑对一审判决的审查，或者二审法院认为两级法院就劳动报酬事实认定存在差异，无关紧要，因为案件的判处结果是一致的。还有一点值得一提的就是，二审法院认定被告支付给原告 125 000 元律师代理费的合理性依据之一，为"该费用是被告自愿支付行为"。在这里自愿即是合理的，然而调解、和解条款也是自愿的，二审法院却否定了其合理性和效力，这又作何解释？这要么说明法官自由裁量权过大，要么说明法官论证是结果取向主义的，说理论证服从于先定的结果。总之，二审法院基本忽视了一审判决法律适用不当、部分事实认定不清的问题。

---

[1] 齐树洁：《民事上诉制度研究》，法律出版社 2006 年版，第 51~53 页。

三、判决的背后

上述案例的判决得到最高人民法院的肯定，被作为典型案例刊登在最高人民法院公报上，显然最高院希望发挥该案的指导作用。正如前文所分析的，该案判决的逻辑存在一定程度的混乱，却得到最高院法院赞许，成为典型案例，其中的原因只有透过判决的背后，方可理解。

（一）三种利益：国家利益、当事人利益、律师利益

在"弘正所诉船舶设计院案"中，实际纠缠着三种利益。一是当事人利益。通过调解，船舶设计院只赔付了 800 000 元，远远低于商业网点起诉的标的额 2 097 000 元，调解、和解条款限制了船舶设计院调解，加重了其诉讼风险，如果严格执行该条款，会损害船舶设计院的利益。如果不遵守双方签订的调解、和解条款，对船舶设计院是有利的。二是国家利益。法院调解是我国人民法院审理民事案件的一种方式，调解结案有利于纠纷的彻底解决，恢复破坏的社会秩序，实现社会和谐。一审调解结案还可以避免上诉环节，有利于提高诉讼效率，节约司法资源。本案中调解、和解条款限制了当事人调解，也就间接限制了法院调解行为，构成对法院调解权的制约，同时案件不能调解结案，导致纠纷不能彻底解决，不利于社会和谐，无疑损害了国家利益。三是律师利益。风险代理根据案件结果取酬，代理事务成功，当事人从所得财物或利益中提取协议所规定的比例支付酬金，如果败诉则无需支付，[1] 这意味着味着高风险与高收益并存，当事人调解、和解显然会影响到律师的风险收益，调解、和解条款有利于维护律师利益。在这三种利益中，当事人利益和国家利益趋于一致，律师利益则和前二者相冲突。选择遵守调解、和解条款，维护了律师利益，当事人利益和国家利益则受损，选择不遵守调解、和解条款，维护了当事人利益和国家利益，律师利益则受损，但是违反契约必须遵守的原则，法院和当事人会陷入不法中。在本案的处理中，法院没有在遵守与不遵守间选择，而是另辟蹊径，选择了宣告调解、和解条款无效，这样做就绕开了不法问题，同时也维护了国家利益，进而维护了当事人利益。显然，在三种利益的权衡中，法院采取了维护多数利益原则，优先保护了国

---

〔1〕 刘小平等："律师风险代理的实践作用及问题研究"，载《中国司法》2011 年第 9 期。

家利益和当事人利益，贬抑了律师利益。在法官看来，"在纠纷解决程序中，当事人的权利与代理律师的权利相比具有原生性和根本性，应予优先保护"。[1]至于国家利益，尽管未言明，当然应在前二者之上。三种利益中，国家利益是第一位的，当事人利益其次，律师利益最后，这也大体符合我国长期信奉的利益观。

（二）两种逻辑：政治逻辑和法律逻辑

司法审判在何种逻辑上展开，取决于司法机关的地位。我国《宪法》和《人民法院组织法》都规定，人民法院依照法律规定独立行使审判权，不受行政机关、社会团体和个人的干涉。根据该规定，依法独立审判是法院审判的基本逻辑。但是法律规定是一回事，事实却是另一回事，比如独立审判问题，学术界一直努力地撇清法院与党的领导、法院与政府、法院与人大、法院与舆论的关系，[2]然而在本案的审判中，上述因素的影响基本不存在，法院审判就完全在法律逻辑下展开吗？喻中先生以历年（1949~2004年）最高人民法院工作报告为素材，对中国最高法院实际承担的政治功能作了一个实证的考察，指出中国最高法院实际承担三个层次的政治功能：直接为国家的中心工作服务、实现全国法官的组织化、促进国家与社会的组织化。[3]这表明我国法院运作（包括审判）实际遵守了政治逻辑。四年后，杨建军先生以历年（1985~2008年）《最高人民法院公报》选编民事案例为素材，考察了《最高人民法院公报》选编民事案例的变化，得出与喻中先生不太相同的结论，认为我国司法裁判由单纯追求政治正确向注重知识正确的转向，进而导致了法院在裁判方法上，从突出国家规则强制到注重判决说理，从示范最高人民法院对法律的权威理解、严格解释法律规则的基本文义到注重对裁判规则的建构。[4]杨先生的观点简单地说，就是法院审判更多地遵守法律逻辑，这和喻中先生的结论似乎存在抵牾，难道经过了几年，法院判决就从政治逻辑转向了法律逻辑？然而根据前文对入选最高人民法院公报的个案的考察，发现在

---

[1] 玄玉宝："律师限制委托人和解、调解条款之无效认定"，载《人民司法（案例）》2010年第20期。

[2] 张新宝："对'人民法院独立审判'的全面理解"，载《法学》2012年第1期。

[3] 喻中："论中国最高人民法院实际承担的政治功能——以最高人民法院历年'工作报告'为素材"，载《清华法学》2006年第8期。

[4] 杨建军："《最高人民法院公报》选编民事案例的变化"，载《现代法学》2010年第4期。

弘正所诉船舶设计院一案的审判中，政治逻辑和法律逻辑同时并存。一方面判决的法律逻辑强化了，在一二审判决书中，确实能看到依法律审判、注重说理的法律逻辑，如判决书中调解、和解条款侵犯了当事人诉讼权利、违反律师职业责任等的说理，学术界批判法院判决书不讲理的情形已看不到了；另一方面，政治逻辑也没有消失，而是以更隐秘的方式存在，只是偶尔抛头露面，如二审判决认为调解、和解条款不利于促进社会和谐，违反社会公共利益。考虑到"和谐社会"自党中央提出后已成为司法审判的指导思想，我倾向认为，"社会和谐"的司法表达体现了判决的政治逻辑。当然法官似乎明白这样的表达似乎不太符合当下司法判决依法、说理的风气，所以适时地在其后加上"社会公共利益"的表达，这样就可以水到渠成地引用《合同法》社会公共利益条款宣布调解、和解条款无效。从中可以看出，法官用法律逻辑包装了政治逻辑，导致政治逻辑隐而不见，其实政治逻辑就站在背后，而杨先生似乎没看到这点。

（三）一种法律观：法律实用主义

法律实用主义，发端于实用主义哲学，[1] 经霍姆斯、卡多佐等人引入和发挥，在美国成为一种法律观和司法审判哲学。法律实用主义核心观点有三：一是不太关注法律的过去和起源，注重指向现在和未来。司法审判不是单纯地恢复过去的法律关系，而是积极地参与法律关系的建构；二是批判逻辑，反对形式主义。判决不是简单三段论推理的结果，这能从霍姆斯的经典名言"法律的生命不在于逻辑，而在于经验"获得印证；三是注重结果和效果。"有用即真理""有用即法律"，法律工具化，司法审判应考虑判决带来的社会效果。在弘正所诉船舶设计院一案中，从案件的处理结果来看，支配法院判决的司法哲学就是法律实用主义，这表现在：第一，对调解、和解条款没有依合同关系和契约自由原则将其单纯恢复、实现，将该条款宣布无效，实际上重构了律师与当事人的代理关系；第二，案件调解结案被认为是一种好的结果和效果，调解、和解条款相对于这种好的结果是无用的，因此不应该被执行；第三，民事诉讼的目的就是化解矛盾，解决纠纷。调解、和解条款不利于纠纷解决，不利于社会和谐，这样的条款则不能适用，因为法律是纠纷解决的工具。实用主义是盛行于美国的哲学，甚至被称为美国精神，"五四"

---

〔1〕 〔美〕詹姆士：《实用主义》，陈羽纶、孙瑞禾译，商务印书馆 1979 年版。

前后被引入中国，产生了一定影响，但是"解放后实用主义哲学被看作反动哲学，遭到全面批判"。[1]因此当下中国司法审判中的法律实用主义，完全是自生自发的，与美国法律实用主义没有任何关系，这是从个案中发现的有趣现象。当法律实用主义正在悄悄地成为我国司法审判的主流哲学时，对于法律实用主义存在的危险不可不防。第一，法官超越法律审判。如果法官没有经过专门训练和足够智识，会带来滥用法官自由裁量权后果。第二，法官对"最好结果"的判断，可能依据他们的直觉，实用主义审判也许会退化为一种"身体反应式"判决。美国有颇为严谨的上诉法官，我国有无恐存疑问。第三，司法实用主义的最大危险是智识上的懒惰。[2]

结　语

根据前文的分析，下面几点也许值得注意：

第一，判决书的说理加强了，论证的法律逻辑也做的不错，这符合学术界的期待，但是也不能过于乐观，说理和法律逻辑可能是政治决定和政治逻辑的包装和修饰。在政治逻辑下，法官权力如不受制约，说理就是一个框，需要什么就装什么，人们获得的不过是表面正义。

第二，我国一二审法院一体化面向当事人和纠纷，一二审法院之间尚未形成分权制约的关系。两极法院功能同构化，都以纠纷解决为目的，对于纠纷解决之外事项，如法律适用等，二审法院则疏于对一审判决进行审查和监督，这不利于法律在司法中发展。

第三，有必要区分判决的正当性和证成性。正当性关注的是国家与个体主体之间的特殊关系，证成性关注的是国家与作为整体的主体的一般关系，正当性是"发生的进路"，证成性是"目的的进路"。证成性不能推出或促生正当性。[3]判决的正当性，是指诉讼程序发生、发展由当事人推进，判决是当事人选择的结果，判决产生于当事人的行为选择和法官的依法审判，这样的判决才能获得当事人的认可和接受。判决的证成性，是指判决以社会名义作出，如社会福利、社会和谐、公共利益的名义作出，而将法律和当事人的

---

〔1〕 张芝梅：《美国的法律实用主义》，法律出版社 2008 年版，第 176 页。

〔2〕 苗金春：《语境与工具——解读实用主义法学的进路》，山东人民出版社 2004 年版，第 261～262 页。

〔3〕 周濂：《现代政治的正当性基础》，生活·读书·新知三联书店 2008 年版，第 238～239 页。

意志置于一边，这只是对判决合理性的论证，判决未必具有正当性。根据前文分析，我国法院更多地是在寻求判决的证成性，而忽视了判决的正当性要求。

第四节　历史、心灵与事实裁判
——以柯林伍德的历史理论为根据

在我国司法实践，冤假错案一再发生，极大地影响司法公信力，削弱了司法权威，这也说明我国司法品质还有待提高。为了提高司法品质，重塑司法公信力，我们以往的司法裁判研究主要是针对司法实践的现状，寻求特殊类型案件的判决模式，或者预防突袭性裁判，力求司法裁判的正当性。现在看来，仅凭一种判决模式或程序机制尚不足以根本扭转不尽人意的司法现实，司法品质不高，在很大程度上与裁判者的思维惯习有关。为了活化裁判思维，有必要为裁判者引入历史思维。另外，裁判涉及事实和法律，我们以前的研究主要侧重于裁判的宏观方面，有关事实裁判和法律适用的微观研究并未涉及。为了推动裁判研究的深化，有必要探讨事实裁判的历史思维，这也是诉讼法学者较为忽略的一面。

一、事实裁判的历史类型

从历史发展看，人类社会大体经历了神权社会、君权社会、民权社会三阶段，欧洲历史此方面特点尤为突显。

第一，神权社会。神权社会发生于人类社会的早期。人类社会早期，人的认知能力低下，缺乏掌控自我生活和生命的能力，自然界足以让人的生命险象环生。洪水就能让一个族群消失，一道闪电足以让人殒命，疾病则会让幼儿过早夭亡。由于生命处于高度不确定性中，人在观念上便容易滑入对神的崇拜，在西方，就表现为相信上帝的存在。当人类生活于神的统治之下，神权社会就形成了。从古罗马到中世纪，欧洲诸国主要处于代表上帝的教皇的统治之下，一个有力证据就是，国王必须接受教皇的加冕，方能保证统治的合法性；教皇也可罢黜国王，这说明世俗社会完全被神权所笼罩。

第二，君权社会。随着人认知能力的提高，人类逐渐能够掌握自我命运，而教皇的腐败也加剧了人们对上帝的怀疑。国王们骁勇征战，逐渐不愿意听命于教皇，就发生了君权和神权之争，最终君权胜出，就是所谓"上帝的归上帝，恺撒的归恺撒"。教会退出人间的统治，只负责解决人类思想观念问题，世俗社会则由君权统治，"朕即国家"的言说表明人类由神权社会过渡到君权社会。

第三，民权社会。由于君权社会的专制和不断加重的税赋，以及身份等级带来的社会不公，逐渐激起人们的不满。平等、博爱、理性、天赋人权等启蒙思想让人们从君权统治中觉醒过来，追求个人自由和谋求人类平等成为社会潮流。人们不再把国家管理交给君主，而是掌握在自己手中。废君或虚君之后，人民主权、议会至上成为国家统治的新方式，这意味着民权社会的到来。

司法裁判的形态深受社会结构的制约，或者可以说司法裁判大多数时候是镶嵌在社会结构中的。不同的社会形态塑造了不同的司法裁判形态。事实裁判是终局司法裁判的前提，与上述三种社会形态相适应，事实裁判的历史类型则相继表现为神判、法判和人判。

（1）神判。神判，是由神灵来裁判事实和案情，其特点是"以神的启示作为判断是非曲直的标准"。[1]神判也有人的参与，如仪式的主持人员，不过，事实问题的裁判是由神来作出，人不过是神意的宣示者。神判主要有三种形式：一是起誓。由被告方向神灵发誓以证清白，起誓可由被告方单独进行，也可由被告与其他人一起进行。多人共同起誓多用来洗刷罪行，挽回名声，所以又被称为"共誓涤罪"或誓证法。起誓是否认犯罪事实存在的神判法，由被告方承担举证责任。二是神明裁判。它是"上帝的判决，是求助于上帝以获得判决的仪式化的方法"，[2]是由上帝揭示事实真相的证明程序。[3]与起誓相反，神明裁判是证明犯罪事实存在的神判法。其形式主要有水审法、火审法、热铁审、热油审、动物审，等等。由于使用了水、火、油等物来裁判，笔者更愿意称之为"物判法"。由神附体的物来裁判事实，表明了神权社会下人对图腾的崇拜。三是决斗。原被告在完成一定宗教仪式后，相互决斗，

---

〔1〕 李浩主编：《证据法学》，高等教育出版社 2009 年版，第 48 页。

〔2〕 ［英］约翰·哈德森：《英国普通法的形成：从诺曼征服到大宪章时期英格兰的法律与社会》，刘四新译，商务印书馆 2006 年版，第 84 页。

〔3〕 ［英］梅特兰：《普通法的诉讼形式》，王云霞等译，商务印书馆 2010 年版，第 6 页。

获胜者则代表上帝的公正判决。决斗表面看是身体力量对比，深层次起支配作用的是神灵信赖的心理基础。双方当事人都认为正义在己方，通过决斗，由神来裁决，获胜者即是正义方，因为有神助也。决斗是解决案件事实真伪不明的一种方法。上述三种神判方法主要适用于解决疑难案件，如果违法者当场被发现，或者采用其他调查手段能够证明案件事实的，则上述三种神判法没有适用的余地。神判主要发生于神权社会，随着神权社会向君权社会转型，神判也就丧失了存在的社会基础。1215 年后，因教士不再参加与审判有关的宗教活动，神判逐渐走向消亡，最后被明令废止。不过，废止的只是神判的实体事实裁判功能，其程序性功能则保留至今，如宣誓至今见于各种场合。

（2）法判。法判，在证据法上表现为法定证据制度，是指法律预先规定证据证明力大小和依证据认定事实的标准，法官进行事实裁判必须严格遵守形式性规定。这些形式性规定包括：①有了完整的证明就必须作出判决，没有完整的证明就不能作出判决；②一个证人证言只构成二分之一证明，被告人供述只构成二分之一证明；③两个二分之一证明相加构成完整的证明，任何两个四分之一证明构成半个证明。[1]根据这些规定，法官对事实的认定没有自由裁量权，只是做简单的加减计算。此种事实裁判方法，实质上是法律进行裁判，法官不过是计算器而已，所以可称之为"法判"。法判是君权社会中事实裁判的方法，为什么在君权社会要实行禁止法官自由意志的法判？这要从神权社会到君权社会转型中才能获得理解。在君权社会中，神权退出，君权至上。为了维护君主的权威，国王要求臣属们（包括法官）绝对地执行国王意志。同时，国王对臣属们是不信任的，担心曲解王意和法官的恣意妄为。为了控制法官，维护君主统治，国王制定了体现其意志的法律。法官只要严格执行法律就是实现了国王意志，实现了君主统治。进入君权社会，神权衰落，君权兴起，这就是法判取代神判的政治基础和社会根源。

（3）人判。进入君权社会末期，受启蒙思想影响，人从神权和君权中解放出来，每个人被视为平等的、理性的和有良知的个体。法官一改君权社会下不受信任的状态，成为良知、理性和正义的守护人。社会逐渐从君权社会走向民权社会。君权社会下，君权至上，对人是不信任的，所以对法官裁判

〔1〕　何家弘：《从应然到实然——证据法学探究》，中国法制出版社 2008 年版，第 94 页。

的自由严格限制。民权社会下，人民至上，相信人是理性的，所以给法官自由裁判。在民权社会下，事实裁判完全交给法官自由判断，这就使事实裁判的方法从法判走向人判。人判，在证据法上表现为自由心证制度，是指法律对证据证明力大小和如何运用不作预先规定，而由事实裁判者在听审的基础上，运用自己的理性和良心对证据的证明价值进行自由判断，从而形成对事实判断的内心确信。由于法国是启蒙思想的发源地，最早通过革命建立民权社会，因而是欧洲第一个废除代表法判的法定证据制度的国家，建立了以自由心证为基础的人判，如法国 1808 年的《刑事诉讼法》就确立了自由心证制度，后来意大利、德国、俄罗斯、西班牙、奥地利等国在民权运动中也相继在立法中确立该原则。民权运动波及亚洲后，日本和中国则先后在诉讼法上确立了自由心证原则。人判最大的特点，就是把事实问题交给人（法官），让人（法官）在自由意志下进行裁决，这不同于法判和神判，它们诉诸法和神。

二、自由心证在事实裁判的落实

事实裁判的历史，是从神判到法判，最后落脚于人判的过程。人判是由法官通过自由心证形成对案件事实的内心确信。对于自由心证的研究，已有的诉讼理论更多的是如何限制自由心证，避免恣意，[1]这和人判的理论旨趣是不相符的，因为人判是给法官裁判的自由。对于如何通过自由心证达到内心确信，现有的诉讼法理论却没有言说。笔者以为，柯林武德的历史理论可以将自由心证在事实裁判的落实推进一步。

（一）从《历史的观念》看柯林武德的历史理论

在《历史的观念》这部著作的前半部分，柯氏主要是对以往有关历史哲学的研究进行评论。这种评论，更恰当的说是从以往研究中辨别是非，为后半部分整理思路，所做的是铺垫性工作。从全书来看，前半部分的梳理评析工作，使得后半部分的研究结论更加坚实可靠，也更清晰。作者的结论或思想，在前半部分"指点"前人理论中已经流露出来。相比而言，前人思想介绍较多，作者自己的思想只是指出一二。作者的结论是：历史不是外在于人的客观存在，实证主义在此犯了错误。实证主义以考据的方式揭示过去，过

---

〔1〕 王亚新："刑事诉讼中发现案件真相与抑制主观随意性的问题——关于自由心证原则历史和现状的比较法研究"，载《比较法研究》1993 年第 2 期。

去和现在人为地被割裂开来是不恰当的。历史就是思想史，就是经验史。研究历史，就是研究者在个人心灵体验历史人物，以个人经验去融汇过去历史人物的经验，从而将过去和现在勾连起来，设身处地地理解过去，即"同情的理解"。

在《历史的观念》这部著作的后半部分，柯林武德的历史理论才全面展现出来。

首先作者界定了历史。柯氏认为，一切历史都是思想的历史，除了思想之外，任何事物都不可能有历史。"历史思想，即关于理性活动的思想，是不受自然科学的统治的，并且理性的活动也是不受自然界的统治的，"[1]具体而言："（1）历史思想是不受自然科学的统治的，并且是一种自律的科学；（2）理性的行为是不受自然的统治的，并且根据它自己的命令和以它自己的方式在建筑其自己有关人类事务事迹的世界；（3）这两个命题之间有着一种密切的联系"。[2]

其次，历史蕴含是什么？柯氏认为，"在历史之中并不存在自然的（而且那种意义上也就是必然的）进步规律"，"历史进步的观念，如果说它是指什么东西的话，那么它指的就不仅仅是产生了属于同样品种类型的、而且是产生了属于新的品种类型的那些新行为或新思想或新局势"。[3]

最后，怎么研究历史呢？柯氏认为，历史学家必须在自己的心灵中重演过去，一种思想行动不仅仅可以在一瞬间完成，而且还可以持续一段时间；不仅仅是持续，而且还可以复活；不仅仅是在同一个心灵的经验之中复活，而且还可以在另一个人的心灵里重演。"历史学家的思想必须渊源于他全部经验的有机统一体，而且必须是他整个的人格及其实践和理论的兴趣的一种功能。"[4]因此，"使他成为一位合格的裁判者的那种东西，就恰好是他并非从一种置身局外的观点看他的对象，而是在他自身之中重新生活它的这一事

---

〔1〕［英］柯林武德：《历史的观念》（增补版），何兆武、张文杰译，北京大学出版社2010年版，第314页。

〔2〕［英］柯林武德：《历史的观念》（增补版），何兆武、张文杰译，北京大学出版社2010年版，第314页。

〔3〕［英］柯林武德：《历史的观念》（增补版），何兆武、张文杰译，北京大学出版社2010年版，第319~320页。

〔4〕［英］柯林武德：《历史的观念》（增补版），何兆武、张文杰译，北京大学出版社2010年版，第301页。

实。""有一种条件是观念据之以表现一种真正的思想的，而不是一种盲目的感情或一种单纯的愚昧状态，这种条件就是，使用进步这个名词的人应当把它用之于比较两种历史时期或两种生活方式，而这两者他都能历史地加以理解，那就是说能以足够的同情和洞见为自己重建它们的经验"。[1]

从柯林武德解释看，历史的研究，重在思想。探究历史，理解思想，必须通过心灵和经验去体验过去，从而使历史趋于客观化。历史学家怎样识别他所努力要去发现的那些思想呢？只有一种方法可以做到，那就是在他自己的心灵中重新思想它们。当然，历史学家不仅仅是重演过去的思想，而且是在他自己的知识结构中重演它。因此，在重演它时，也就批判了它，并形成他自己对它的价值的判断，纠正了他在其中所能识别的任何错误。这样的分析对证据法的研究、对司法过程的分析会有启发作用。以往，我们总是认为裁判者只是消极、中立的裁判者，行使判断权，对当事人的主张进行判断，当然判断是建立在证据上的。这种司法判断显然是一种"外在的客观"判断。按照柯氏的想法，法官不仅仅是消极、中立的裁判者，而应进入双方当事人的过去，用心灵和经验去重复过去，两种过去，哪种为真，可信，自然立判。

（二）柯氏历史理论在事实裁判的应用

在"历史与证据"一节中，柯林武德用案例说明他的历史研究的基本路径和推论过程。他批评了剪刀加浆糊的历史学家，认为他们依赖权威的陈述，并将其视作证据。这种历史研究，对于一个陈述，只关注其内容，缺乏提问能力，得到的事实可能是谬误。他还进行了举例说明，如一个故意杀人案中，院长的女儿说"我杀死了约翰·道埃"，如果只关注该陈述的内容，把它当作杀人的依据，则会发生谬误，因为院长的女儿作了虚假陈述。即便只关注陈述内容的真假，假如发现院长的女儿的陈述是虚假的，其结果也只是排除该证据而已，证明真凶得另寻证据。柯氏的历史研究却不是这样思维的，它不关注该陈述的内容，而是针对陈述（证据）提问，如院长的女儿"为什么说她杀死了约翰·道埃"，把院长的女儿作出的陈述当作事实，而不是视陈述为依据。带着这种追问，可以从院长女儿说谎的事实发现案件的真相。因此，柯林武德历史理论的基本思维就是：针对陈述，提出问题，用心灵思想。在

---

〔1〕 ［英］柯林武德：《历史的观念》（增补版），何兆武、张文杰译，北京大学出版社 2010 年版，第 322~324 页。

某种程度上，柯林武德历史理论就是问答理论。他强调，做研究首先在于提问，然后寻求答案。做学问，就是使自己明白。自己明白了，别人才会明白。自己都不明白，又如何使别人明白。这种研究模式，就对研究者的提问能力有很高的要求。同时，为了避免思想历史事件变成随意乱想，又要求研究者有批判能力和反思能力。如此答问研究模式，是个人化的、带有个人人格的研究模式，是一种生命生活的方式。

柯氏的这些看法，其实融合了精神、自由、经验等元素研究历史。这种研究方法对分析司法裁判或司法过程是有意义的。长期以来，我国关于诉讼过程的主流学说是，诉讼过程就是发现真实。案件发生在过去，而过去是不可恢复，也不可再现的，只有通过证据方能发现事实真相。案件事实就是外在于当事人、法官的客观存在，司法过程的目标就是接近客观事实，这就是长期奉行的"人与事实"的二元分法。尽管也有学者看到发现事实的过程与历史研究具有相似的地方，但更多的是认为二者不同。他们认为，造成二者不同的原因在于历史研究不受时间限制，而"诉讼认识必须在一定期限内得出确定性结论"，[1]在诉讼上就表现为审理期限制度。笔者以为这个依据是不成立的，审理期限制度并不是世界通用的制度，很多外国诉讼法上没有规定审理期限制度。可以说，审理期限为我国诉讼制度独有。审理期限不是诉讼发现真实的必备构成要素，不具有司法过程的质的规定性。因此，诉讼发现真实依然可归为历史之种类，这也就使得柯林武德历史研究的结论应用于事实裁判具有可能性，即事实裁判的历史思维之运用具有可能性。

那么如何在事实裁判中运用历史思维呢？根据柯氏历史理论，研究历史是以心灵和经验体验过去，其中非常重要的元素就是心灵和经验，将其应用到民事诉讼中，就是要求法官对事实裁判必须在心灵中重演过去。把事实转换为思想，以经验为依托，去体验在当时情形下原告是否会作出此行为，作出此行为的原因，等等，从而获得事实真相以证实或证伪当事人的主张，这样的过程其实就是法官内心确信的形成过程。比如借款纠纷，原告说存在借款关系，被告说不存在借款关系。原告拿出了有对方真实签名的借条。被告抗辩说，借条是被胁迫写的。法官在此情形下，如何来认定借款关系是否发生过？根据柯氏理论，法官应在综合原被告主张的基础上，用心灵去体验原

---

〔1〕　樊崇义主编：《诉讼原理》，法律出版社 2003 年版，第 329 页。.

告在当时情形下是否会借出款，被告是否存在借款，用经验去追问原告有无借出款的可能，被告有无借款的必要；当被告说是受胁迫的，法官不应该纠缠于被告的陈述是否属实，而应该提问"被告为什么说是受胁迫"，从而发现案件的其他线索或证据。换句话说，法官应该用心灵和经验去体验，如果他作为原告或作为被告，在当时情形下，凭着自己的经验是否会借出款，是否会要求借款，等等。这其中，心灵不被借条所遮蔽最为重要。如果不进行心灵体验和经验确证，法官就会依据借条轻率下判，认定借款事实存在，其谬千里也，因为案件的真相是，借条是被告受原告胁迫作出的。如何使法官心灵不被遮蔽，最为重要的就是自由，法官应该在充分自由的情形下，进行事实裁判。自由最直接的体现就是心灵自由，这就和诉讼上的自由心证制度勾连起来了。当然，自由心证不是主观随意，而应当遵守经验法则，如2014年制定的《最高人民法院关于适用〈中华人民共和国民事诉讼法〉的解释》第105条规定，法官判断证据应遵守日常生活经验法则，这和柯氏用心灵和经验体验过去之历史思维具有异曲同工之妙。

三、历史思维下的真实

在柯氏看来，历史思维下的事实和自然科学下的事实是不一样的，其独特性体现在下图中，要义就是：思想是事件的核心，瞄准靶心的就是心灵。

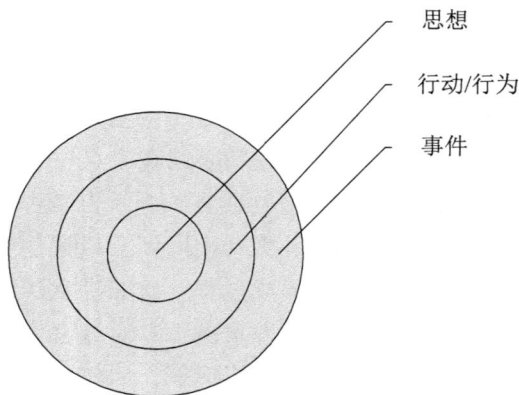

图 8-2　历史思维的事实

为此，柯林武德在"人性和人类历史"一节中，详细辨析了历史学与自然科学的关系，道出了历史学的特殊性。自然科学把事件作为对象，一种外在的东西进行研究，历史学则不是停留在事件外部，而是进入内部，即以行动为对象，最终落脚于思想。"科学家绝不把一个事件设想为一种行动，并试图重新发现它那行动者的思想，从事件的外部钻入它的内部去；而是要超出事件之外，观察它与另外事件的关系，从而把它纳入一般的公式或自然规律。"[1]历史学家的工作，"可以由发现一个事件的外部而开始，但绝不能在那里结束；他必须牢记事件就是行动，而他的任务就是把自己放到这个行动中去思想，去辨识出行动者的思想。"[2]对科学家来说，自然界就是各种现象，一种通过智力能够观察的景观。但"历史事件却绝不是单纯的现象，绝不是单纯被人观赏的景观，而是这样的事物：历史学家不是在看着它们而是要看透它们，以便识别其中的思想"。[3]自然过程可以被描述为单纯事件的系列，历史过程则不能。"历史过程不是单纯事件的过程而是行动的过程，它有一个由思想过程所构成的内在方面，而历史学家所要寻求的正是这些思想过程。一切历史都是思想史。"[4]

把历史视为思想史，是同自然科学研究范式的切割。长期以来，人文社会科学依赖于自然科学的研究范式，认为每个事件可以通过实验再现或重复。自然外在于人，人通过科学认识自然，掌握规律，这样的思维范式，延伸到了社会科学，也延伸到了法学。就民事诉讼而言，通说认为案件事实是外在于人的事件，人通过各种证据以及主观努力，就能再现案件事实，这就是客观真实说。后来，学者研究发现客观真实并不容易达到，诉讼只能依据证据证明事实，没有证据，则视为事实不存在，所以就提出了限缩客观真实的法律真实。当然法律真实观依然是受自然科学思维主导的真实观，因为案件事实依然作为法官认识的外在的客观存在，法官受主客观条件所限，无法认识全貌，只能认识其中一部分，即证据证明的真实。法律真实依然不能摆脱自

〔1〕［英］柯林武德：《历史的观念》（增补版），何兆武、张文杰译译，北京大学出版社 2010 年版，第 211 页。

〔2〕［英］柯林武德：《历史的观念》（增补版），何兆武、张文杰译译，北京大学出版社 2010 年版，第 211 页。

〔3〕［英］柯林武德：《历史的观念》（增补版），何兆武、张文杰译译，北京大学出版社 2010 年版，第 212 页。

〔4〕［英］柯林武德：《历史的观念》（增补版），何兆武、张文杰译译，北京大学出版社 2010 年版，第 212 页。

然科学思维的困境，那就是注重形式审查，只注意到了事件外部存在，忽视了事件的核心即思想，实现的不过是"外表的正义"。这种现象在民事诉讼中大行其道，既表现在制度上，也落实在案例中，前者如严苛的证据失权制度，后者如影响广泛的"莫兆军案"。法官追求"外表的正义"恐怕也是虚假诉讼泛滥的根本原因。就借款纠纷而言，如果法官进行事实判断，认为只要有借条就可判决被告还钱，当事人就会虚构借条，提起虚假诉讼，以逃避债务。从大量的虚假诉讼的案例中可以看出，逃避债务的当事人都是利用了法官外在事实判断或形式判断的致命弱点。客观真实说和法律真实说都把案件事实作为自然事实，而排除了人的行动或行为，更忽视了最为关键的思想，从而根本忽略了人的因素，似乎案件事实与当事人无关，与当事人的生命无关，只要有残留下来的纸片（书证）、痕迹（物证）、见证人（人证）等就够了。殊不知，如此思维所产生的后果就是让司法处于非常尴尬的地位，要么是出现"莫兆军案"中"法官成为坏人的帮凶"的结果，要么是出现虚假诉讼中令司法公信力大打折扣的现实，这些年我们已深刻体会到了此种"制度之恶果"。

或许真的需要观念的根本翻转。要避免上述形式主义之害，从柯林武德历史理论出发，或许能为民事诉讼中的事实裁判带来大突破。首先，事实裁判要摆脱自然科学思维范式，确立历史思维下的事实。案件事实不是外在于人的客观存在，而是可以用心灵和经验体验的事实。案件事实不能再简单地理解为法律构成要件事实，一种非人格化要件事实，相反，案件事实的核心是思想，是支配当事人行动的思想。其次，在坚持依据证据裁判的规则下，法官进行事实裁判，应穿过事实，考察行为，进入行为人的思想，如原告做出借款行为，其思想上的原因为何？借款是在何种思想支配下做出的；被告说是受胁迫的，胁迫又是在何种思想指导下产生的，等等。法官应以心灵体验当事人的当时思想，以自己的经验理解过去，从而判断行为之可能与不可能，进而判断事实的真伪。如果法官以自己的心灵不能重演过去，则事实为假，如能重演过去，则事实为真。此种事实裁判的新方法，就是历史思维和心灵双重作用下的事实裁判。

结　语

柯林伍德的历史理论，总结起来包括以下三点：其一，历史具有客观性，但是不是独立于人而存在的自然科学意义的事实。历史不是外在于人的客观存在。其二，历史研究的核心不是事件，而是支配人的行动的思想。其三，历史可以通过人的心灵和经验重复过去，因为后人可以设身处地地理解古人的思想。

此种历史理论对于法官事实裁判的启示表现为以下几方面：

第一，案件事实并不是独立于法官的一种外在的客观存在。法官事实裁判不是一个拼图过程，即将碎片化的事实重新拼起来。

第二，法官事实裁判的过程，是用心灵和经验体验过去。案件事实发生在过去，法官却可以与事实对话，这是因为联结二者的不仅仅是证据，更重要的是法官的心灵和经验。

第三，法官之所以可以体验过去，乃是因为案件事实的本质是当事人的思想，法官对事实裁判就是要设身处地去理解案件发生时当事人的思想，即是法官对当事人思想的重新思想，而这一过程，不仅仅通过表面证据，更是通过心灵和经验才能做到。此过程并没有否定证据的作用，只不过证据不是终极意义上的，起终极作用的还是心灵和经验。

第四，法官用心灵和经验体验过去，对思想重新思想，最后获得的案件事实的判断仍然具有客观性。因为法官是穿过事实去理解过去，理解到了当事人的思想。

第五，运用柯林伍德历史理论裁判事实，必须给予法官心灵自由。没有自由的心灵，就不可能通过心灵裁判案件事实。

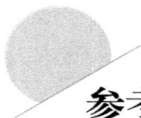

参考文献

一、著作

（一）中文著作

1. 毕玉谦：《民事证据法及其程序功能》，法律出版社 1997 年版。

2. 柴发邦主编：《民事诉讼法学新编》，法律出版社 1998 年版。

3. 程汉大、李培锋：《英国司法制度史》，清华大学出版社 2007 年版。

4. 程汉大主编：《英国法制史》，齐鲁书社 2001 年版。

5. 陈刚主编：《比较民事诉讼法》（2003 年卷），中国人民大学出版社 2004 年版。

6. 陈计男：《民事诉讼法论》（上），三民书局 2011 年版。

7. 东吴大学法学院编：《证据法学》，吴宏耀、魏晓娜点校，中国政法大学出版社 2012 年版。

8. 高宣扬：《德国哲学概观》，北京大学出版社 2011 年版。

9. 郭华榕：《法国政治制度史》，人民出版社 2005 年版。

10. 洪镰德：《法律社会学》，扬智文化事业股份有限公司 2004 年版。

11. 胡锦光主编：《中国十大行政法案例评析》，法律出版社 2005 年版。

12. 苗金春：《语境与工具——解读实用主义法学的进路》，山东人民出版社 2004 年版。

13. 何家弘：《从应然到实然——证据法学探究》，中国法制出版社 2008 年版。

14. 江伟、肖建国主编：《民事诉讼法》，中国人民大学出版社 2015 年版。

15. 姜世明：《新民事证据法论》，新学林出版股份有限公司 2009 年版。

16. 姜世明：《民事诉讼法》（上册），新学林出版股份有限公司 2013 年版。

17. 姜世明：《民事诉讼法基础论》，元照出版有限公司 2010 年版。

18. 金岳霖：《知识论》，商务印书馆 1984 年版。

19. 季卫东：《宪政新论》，北京大学出版社 2005 年版。

20. 李震山：《人性尊严与人权保障》，元照出版有限公司 2011 年版。

21. 李浩：《民事证据立法前沿问题研究》，法律出版社 2007 年版。

22. 李浩主编：《证据法学》，高等教育出版社 2009 年版。

23. 卢雪昆：《康德的自由学说》，里仁书局 2009 年版。

24. 骆永家：《民事诉讼法 I》，三民书局 1999 年版。

25. 林毓生：《中国传统创造性转化》，生活·读书·新知三联书店 1994 年版。

26. 毛玲：《英国民事诉讼的演进与发展》，中国政法大学出版社 2005 年版。

27. 《民事诉讼法修订资料汇编》，五南图书出版有限公司 2000 年版。

28. 牛淑贤：《英国近现代司法改革研究》，山东人民出版社 2013 年版。

29. 全国人大常委会法制工作委员会民法室：《中华人民共和国民事诉讼法条文说明、立法理由及相关规定》，北京大学出版社 2012 年版。

30. 邱联恭：《口述民事诉讼法讲义》（一），自印 2012 年版。

31. 邱联恭：《口述民事诉讼法讲义》（三），自印 2012 年版。

32. 邱联恭：《程序制度机能论》，三民书局 2007 年版。

33. 邱联恭：《司法之现代化与程序法》，三民书局 2008 年版。

34. 齐树洁主编：《英国民事司法制度》，厦门大学出版社 2011 年版。

35. 齐树洁主编：《民事诉讼法》（第 5 版），厦门大学出版社 2011 年版。

36. 齐树洁主编：《美国司法制度》，厦门大学出版社 2010 年版。

37. 齐树洁主编：《美国证据法专论》，厦门大学出版社 2011 年版。

38. 齐树洁：《民事上诉制度研究》，法律出版社 2006 年版。

39. 沈达明：《比较民事诉讼法初论》，对外经济贸易大学出版社 2015 年版。

40. 邵建东主编：《德国司法制度》，厦门大学出版社 2010 年版。

41. 谭兵主编、肖建华副主编：《民事诉讼法》，法律出版社 2004 年版。

42. 童世骏：《批判与实践——论哈贝马斯的批判理论》，生活·读书·新知三联书店 2007 年版。

43. 汤维建：《民事证据立法的理论立场》，北京大学出版社 2008 年版。

44. 王亚新：《社会变革中的民事诉讼》，中国法制出版社 2001 年版。

45. 熊云辉：《民事诉讼法修正研究——以我国台湾地区"民事诉讼法"修改为中心》，中国政法大学出版社 2017 年版。

46. 许士宦：《集中审理与审理原则》，新学林出版股份有限公司 2009 年版。

47. 徐昕：《英国民事诉讼与民事司法改革》，中国政法大学出版社 2002 年版。

48. 徐亚文：《程序正义论》，山东人民出版社 2004 年版。

49. 杨建华：《民事诉讼法要论》，郑杰夫增订，北京大学出版社 2013 年版。

50. 阎照祥：《英国政治制度史》，人民出版社 2012 年版。

51. 于明：《司法治国——英国法庭的政治史（1154～1701）》，法律出版社 2015 年版。

52. 周濂：《现代政治的正当性基础》，生活·读书·新知三联书店 2008 年版。

53. 赵旻：《民事审判独任制研究》，华中科技大学出版社 2014 年版。

54. 占善刚：《民事证据法研究》，武汉大学出版社 2009 年版。

55. 张芝梅：《美国的法律实用主义》，法律出版社 2008 年版。

56. 张卫平主编：《新民事诉讼法条文精要与适用》，人民法院出版社 2012 年版。

57. 张卫平：《民事诉讼法》（第 3 版），法律出版社 2015 年版。

58. 最高人民法院司法改革小组编、韩苏琳编译：《美英德法四国司法制度概况》，人民法院出版社 2002 年版。

（二）译文著作

1. ［波兰］莱泽克·科拉科夫斯基：《经受无穷拷问的现代性》，李志江译，黑龙江大学出版社 2013 年版。

2. ［德］汉斯·普维庭：《现代证明责任问题》，吴越译，法律出版社 2006 年版。

3. ［德］康德：《实践理性批判》，邓晓芒译，人民出版社 2003 年版。

4. ［德］拉德布鲁赫：《法哲学》，王朴译，法律出版社 2013 年版。

5. ［德］马克思·韦伯：《论经济与社会中的法律》，张乃根译，中国大百科全书出版社 1998 年版。

6. ［德］马克斯·韦伯：《经济与社会》（上、下卷），林荣远译，商务印书馆 1997 年版。

7. ［德］米夏埃尔·施蒂尔纳：《德国民事诉讼法学文萃》，赵秀举译，中国政法大学出版社 2005 年版。

8. 《德国民事诉讼法》，丁启明译，厦门大学出版社 2016 年版。

9. 《德意志联邦共和国民事诉讼法》，谢怀栻译，中国法制出版社 2001 年版。

10. ［法］埃米尔·涂尔干：《社会分工论》，渠东译，生活·读书·新知三联书店 2000 年版。

11. ［法］艾涅斯特·格拉松：《法国民事诉讼程序的起源》，巢志雄译，北京大学出版社 2013 年版。

12. ［法］洛伊克·卡迪耶主编：《法国民事司法法》，杨艺宁译，中国政法大学出版社 2010 年版。

13. ［法］皮埃尔·特鲁仕主编：《法国司法制度》，丁伟译，北京大学出版社 2012 年版。

14. ［法］托克维尔：《论美国的民主》（上），董国良译，商务印书馆 2009 年版。

15. ［加］查尔斯·泰勒：《世俗时代》，张容南等译，上海三联书店 2016 年版。

16. ［美］爱因斯坦：《爱因斯坦文集》，许良英等编译，商务印书馆 1977 年版。

17. ［美］昂格尔：《现代社会中的法律》，吴玉章、周汉华译，中国政法大学出版社 1994 年版。

18. ［美］汉娜·阿伦特：《反抗"平庸之恶"》，陈联营译，上海人民出版社 2014 年版。

19. ［美］乔万尼·萨托利：《民主新论》（上卷），冯克利、阎克文译，上海人民出版社 2015 年版。

20. ［美］理查德·波斯纳：《法官如何思考》，苏力译，北京大学出版社 2009 年版。

21. ［美］诺内特、塞尔兹尼克：《转变中的法律与社会：迈向回应型法》，张志铭译，中国政法大学出版社 1994 年版。

22. ［美］唐·布莱克：《社会学视野中的司法》，郭星华等译，［美］麦宜生审校，法律出版社 2002 年版。

23. ［美］威廉·詹姆士：《实用主义》，陈羽纶、孙瑞禾译，商务印书馆 1979 年版。

24. ［英］威廉·特文宁：《反思证据：开拓性论著》（第 2 版），吴洪淇等译，中国人民大学出版社 2015 年版。

25. ［美］希拉里·普特南：《理性、真理与历史》，童世骏、李光程译，上海译文出版社 1997 年版。

26. ［美］约翰·罗尔斯：《作为公平的正义：正义新论》，姚大志译，中国社会科学出版社 2011 年版。

27. ［英］弗里德里希·奥古斯特·哈耶克：《自由宪章》，杨玉生等译，中国社会科学出版社 2012 年版。

28. ［英］弗里德里希·A. 哈耶克：《法律、立法与自由》（第 1 卷），邓正来等译，中国大百科全书出版社 2000 年版。

29. ［英］柯林武德：《历史的观念》（增补版），何兆武、张文杰译，北京大学出版社 2010 年版。

30. ［英］穆勒：《论自由》，谢祖钧译，河南文艺出版社 2014 年版。

31. ［英］迈克尔·博兰尼：《自由的逻辑》，冯银江、李雪如译，吉林人民出版社 2002 年版。

32. ［英］梅特兰：《普通法的诉讼形式》，王云霞等译，商务印书馆 2010 年版。

33. ［英］R. C. 范·卡内冈：《英国普通法的诞生》，李红海译，中国政法大学出版社 2003 年版。

34. ［英］约翰·哈德森：《英国普通法的形成：从诺曼征服到大宪章时期英格兰的法律与社会》，刘四新译，商务印书馆 2006 年版。

（三）英文著作

1. Adrian Keane, *The Modern Law of Evidence*, 5th Ed, Butterworths, London, Dublin, Edinburgh, 2000.

2. F. W. Maitiland, *The Constitutional History of England*, Cambridge University Press, 1926.

3. J. H. Baker, *An Introduction to Legal History of England*, Oxford University, 2007.

二、论文

（一）中文论文

1. 蔡彦敏："断裂与修正：我国民事审判组织之嬗变"，载《政法论坛》2014 年第 2 期。

2. 常怡："民事程序价值之管见"，载《现代法学》1999 年第 2 期。

3. 邓晓芒："当代人文精神的现状及其出路"，载《开放时代》1997 年第 2 期。

4. 丁启明："德国民事诉讼法百年发展述评"，载齐树洁主编：《东南司法评论》（2015 年卷），厦门大学出版社 2015 年版。

5. 杜维明："建构精神性人文主义——从克己复礼为仁的现代解读出发"，载《探索与争鸣》2014 年第 2 期。

6. 樊崇义："客观真实管见"，载《中国法学》2000 年第 1 期。

7. 冯天瑜："略论中西人文精神"，载《中国社会科学》1997 年第 1 期。

8. 高其才、姜振业："判决是如何形成的——乡土社会语境中的法官判决模式研究"，载《云南大学学报（法学版）》2006 年第 2 期。

9. 谷佳杰："民事诉讼损害赔偿数额确定制度研究"，西南政法大学 2015 年博士学位论文。

10. 顾培东："能动司法若干问题研究"，载《中国法学》2010 年第 4 期。

11. 胡学军："我国民事证明责任分配理论重述"，载《法学》2016 年 5 期。

12. 胡玉鸿："人的尊严的法律属性辨析"，载《中国社会科学》2016 年第 5 期。

13. 黄毅："损害赔偿额之酌定：基于诉讼公平的考量"，载《法学论坛》2012 年第 4 期。

14. 黄宗智："中西法律如何融合？——道德、权利与实用"，载《中外法学》2010 年第 5 期。

15. 霍海红："程序与实体关系的话语变迁——以中国'民事法'为中心"，载《南京大学法律评论》2010 年第 2 期。

16. 霍海红："提高民事诉讼证明标准的理论反思"，载《中国法学》2016 年第 2 期。

17. 季卫东："法律程序的形式性与实质性——以对程序理论的批判和批判理论的程序化为线索"，载《北京大学学报》2006 年第 1 期。

18. 季卫东："法律程序的意义"，载《中国社会科学》1993 年第 1 期。

19. 江苏省高级人民法院民一庭："关于证据规则在传统民事案件中适用情况的调研报告"，载《审判研究》2010 年第 3 期。

20. 江必新："正确认识司法与政治的关系"，载《中国党政干部论坛》2011 年第 4 期。

21. 江必新："能动司法：依据、空间和限度——关于能动司法的若干思考和体会"，载《人民司法·应用》2010 年第 1 期。

22. 姜世明："论合法听审权——以在民事程序法之实践为中心"，载《法学丛刊》2002 年第 4 期。

23. 李安："裁判形成的思维过程"，载《法制与社会发展》2007 年第 4 期。

24. 李浩："《民事诉讼法》修订中的举证责任问题"，载《清华法学》2011 年第 3 期。

25. 李浩："回归民事诉讼法———法院依职权调查取证的再改革"，载《法学家》2011 年第 3 期。

26. 李浩："论法律中的真实——以民事诉讼为例"，载《法制与社会发展》2004 年第 3 期。

27. 李浩："民事判决中的证据失权：案例与分析"，载《现代法学》2008 年第 5 期。

28. 李声炜："法官判决的制度表达与实践"，载《法制与社会发展》2006 年第 4 期。

29. 凌斌："中国法学 30 年：主导作品与主导作者"，载《法学》2009 年第 6 期。

30. 林来梵："人的尊严与人格尊严——兼论中国《宪法》第 38 条的解释方案"，载《浙江社会科学》2008 年第 3 期。

31. 李大雪："德国民事诉讼法的历史嬗变"，载《西南政法大学学报》2005 年第 2 期。

32. 刘国利、吴摘飞："人文主义法学引论"，载《中国法学》2004 年第 6 期。

33. 刘荣军："论纠纷解决与民事诉讼制度的机能"，载《中外法学》1999 年第 4 期。

34. 刘小平等："律师风险代理的实践作用及问题研究"，载《中国司法》2011 年第 9 期。

35. 吕世伦、程波："近代法理念的萌动——西方人文主义法律思潮探析"，载《求是学刊》2007 年第 6 期。

36. 齐树洁、张冬梅："试论民事程序法的意义"，载《法学评论》2000 年第 1 期。

37. 齐树洁、熊云辉："中国民事诉讼法学成长的启示——以知识社会学为视角的分析"，载《现代法学》2012 年第 2 期。

38. 齐树洁："《民事证据规定》的困境及其启示"，载《证据科学》2009 年第 2 期。

39. 邱联恭等："突袭性裁判"，载《法学丛刊》1981 年第 10 期。

40. 任强："判决如何作出——以判断类型为视角"，载《中国社会科学》2007 年第 3 期。

41. 任重："纳粹时期德国民事诉讼基本原则"，载《民事程序法研究》2012 年第 8 期。

42. 宋太琦："从打事实到打证据到打规则"，载《比较法研究》2003 年第 3 期。

43. 苏力："法条主义、民意与难办案件"，载《中外法学》2009 年第 1 期。

44. 孙义刚、段文波："民事诉讼中证明责任论争及启示"，载《政治与法律》2007 年第 6 期。

45. 童之伟："法院'依照法律'规定行使审判权释论——以我国法院与宪法之关系为重点的考察"，载《中国法学》2009 年第 6 期。

46. 汪太贤："论中国法治的人文基础重构"，载《中国法学》2001 年第 4 期。

47. 汪祖兴、欧明生："试论诉讼证明标准的客观真实与一元制"，载《现代法学》2010 年第 3 期。

48. 王聪：“审判组织：合议制还是独任制？——以德国民事独任法官制的演变史为视角”，载《福建法学》2012 年第 2 期。

49. 王晖：“人之尊严的理念与制度化”，载《中国法学》2014 年第 4 期。

50. 王伦刚、刘思达：“从实体问责到程序之治——中国法院错案追究制运行的实证考察”，载《法学家》2016 年第 2 期。

51. 王旭：“宪法上的尊严理论及其体系化”，载《法学研究》2016 年第 1 期。

52. 王亚新：“刑事诉讼中发现案件真相与抑制主观随意性的问题——关于自由心证原则历史和现状的比较法研究”，载《比较法研究》1993 年第 2 期。

53. 毋爱斌：“损害额认定制度研究”，载《清华法学》2012 年第 2 期。

54. 吴泽勇：“中国法上的民事诉讼证明标准”，载《清华法学》2013 年第 1 期。

55. 熊跃敏：“法官职权调查证据的比较研究”，载《比较法研究》2006 年第 6 期。

56. 熊云辉：“判决的正当性和证成性——以《最高人民法院公报》选编的个案为对象”，载陈金钊、谢晖主编：《法律方法》（第 13 卷），山东人民出版社 2013 年版。

57. 熊云辉：“司法场域的实证分析——以邱兴华案对象”，载《西部法学评论》2008 年第 3 期。

58. 熊云辉：“论大案的判决模式”，载陈金钊、谢晖主编：《法律方法》（第 12 卷），山东人民出版社 2012 年版。

59. 熊云辉：“论突袭性裁判”，载陈金钊、谢晖主编：《法律方法》（第 16 卷），山东人民出版社 2014 年版。

60. 徐昕：“法国民事诉讼法律发达史及其理论意义”，载《江西社会科学》2013 年第 9 期。

61. 玄玉宝：“律师限制委托人和解、调解条款之无效认定”，载《人民司法（案例）》2010 年第 20 期。

62. 杨波：“由‘真实’到‘程序内的共识’”，载《法制与社会发展》2010 年第 4 期。

63. 杨建军：“《最高人民法院公报》选编民事案例的变化”，载《现代法学》2010 年第 4 期。

64. 杨建军：“常识、常理在司法中的运用”，载《政法论丛》2009 年第 6 期。

65. 喻中：“论中国最高人民法院实际承担的政治功能——以最高人民法院历年‘工作报告’为素材”，载《清华法学》2006 年第 7 期。

66. 赵小锁：“中国法官额度探讨”，载《人民论坛》2005 年第 10 期。

67. 张继成、杨宗辉：“对‘法律真实’证明标准的质疑”，载《法学研究》2002 年第 4 期。

68. 张晋红：“关于独任制与合议制适用范围的立法依据与建议——兼评当事人程序选择权

之客体",载《法学家》2004 年第 3 期。

69. 张榕:"司法克制下的司法能动",载《现代法学》2008 年第 2 期。

70. 张汝伦:"再论人文精神",载《探索与争鸣》2006 年第 5 期。

71. 张卫平:"诉讼调解:时下势态的分析与思考",载《法学》2007 年第 5 期。

72. 张卫平:"证明标准构建的乌托邦",载《法学研究》2003 年第 4 期。

73. 张新宝:"对'人民法院独立审判'的全面理解",载《法学》2012 年第 1 期。

74. 张永泉:"客观真实价值观是证据制度的灵魂——对法律真实观的反思",载《法学评论》2012 年第 1 期。

75. 郑春燕:"程序的价值视角",载《法学》2002 年第 3 期。

76. 朱景文:"中国法律工作者的职业化分析",载《法学研究》2008 年第 5 期。

77. 郑贤君:"宪法'人格尊严'条款的规范地位之辨",载《中国法学》2012 年第 2 期。

78. 郑永流:"法律判断形成的模式",载《法学研究》2004 年第 1 期。

79. 庄世同:"法治与人性尊严——从实践到理论的反思",载《法制与社会发展》2009 年第 1 期。

三、其他资料

1. 陈海发、冀天福:"河南高院宣告赵作海无罪",载《人民法院报》2010 年 5 月 10 日。

2. 周贺:"二奶持遗嘱要分遗产 引用道德断案的界限在哪里?",载《中国青年报》2002 年 1 月 18 日。

3. 方剑磊、魏杰:"李庄伪造证据、妨害作证案二审公开宣判",载《人民法院报》2010 年 2 月 10 日。

4. 季卫东:"悼念沈宗灵教授",载 http://china.caixin.com/2012-02-28/100361299.html,访问日期:2012 年 12 月 7 日。

5. 马远琼:"许霆案重审:为何由无期改判五年",载《检察日报》2008 年 4 月 1 日。

6. "千年反腐大纪实",载 http://www.china.com.cn,访问日期:2010 年 5 月 31 日。

7. "三大网站联合推出 2007 年中国十大案件",载 http://www.chinacourt.org,访问日期:2010 年 5 月 18 日。

8. "上海市弘正律师事务所诉中国船舶及海洋工程设计研究院服务合同纠纷案",载《中华人民共和国最高人民法院公报》2009 年第 12 期。

9. 吴炯、吴江:"原是一杀人劫车团伙所为",载《检察日报》2000 年 7 月 14 日。

10. 王青山:"孙伟铭案终审判决",载《四川日报》2009 年 9 月 9 日。

11. 袁祥:"死刑到无罪的八年路程——从孙万刚案看司法'人权保障'的进步",载《光明日报》2004 年 6 月 4 日。

12. 于一夫："佘祥林冤案检讨"，载《南方周末》2005 年 4 月 14 日。

13. 张悦："彭宇疑案喧嚣未尽 惟有真相不可调解"，载《南方周末》2008 年 4 月 10 日。

14. 赵蕾、卢丽涛："'赵 C 案'的两难选择"，载 http://www.infzm.com，访问日期：2010 年 5 月 30 日。

15. "最高法院原副院长黄松有终审被判无期"，载 http://news.sina.com.cn，访问日期：2010 年 5 月 31 日。

16. "最高法院再审刘涌案结束"，载《人民法院报》2003 年 12 月 23 日。

17. 张宽明："57 件彩礼案零上诉——姜堰法院引入善良风俗处理彩礼返还纠纷调查"，载《人民法院报》2007 年 4 月 15 日。

后 记

在完成《台湾地区"民事诉讼法"修改之研究》后，我致力于探求民事诉讼生成的机理。要探求民事诉讼生成的逻辑，必须放下成见，追求知识的真理性，知识探险之旅由此开始。历史、文化、社会、政治等领域的知识使我深信民事诉讼发展有其自身的逻辑，最后我把它归结为程序自由、程序民主、程序人性化，即民事诉讼的三个支点。本书就是知识探险之旅一个阶段性总结。

三年前，我在给 2014 级本科生上民事诉讼法课时，讲到民事诉讼基本原则，我首次提出民事诉讼三个支点，并宣布将其写一本书。学生们很期待，有时会问及书的进展情况，学生的期待是本书得以完成的动力之一。

大学科研要求也是本书顺利进行的动力。学校时常发布课题申报信息，我尝试将头脑中的思想转化为课题申报。不过，课题申报书的写作完全是格式化的写作，思想屡屡被格式化，并不是多么愉快的经历。课题写作和思想表达的冲突始终都存在，这或许是我课题申报无功而返的原因。当然，这并不影响我对知识真理的探寻，在一定程度上反而促进了更深度的思考。毫无疑问，本书是科研和教学的结晶。

在本书的写作过程中，部分内容作为论文已见诸报纸、期刊，其中值得一提的是《论大案的判决模式》《判决的正当性与证成性》《论突袭性裁判》，这三篇论文分别发表于《法律方法》第 12 卷、第 13 卷和第 16 卷。《法律方法》为 CSSCI 集刊，我要借此机会，感谢主编陈金钊教授、谢晖教授对拙作的认同。本书由江西财经大学资助出版，感谢法学院院长杨德敏教授的大力支持。最后，我要感谢父母、妻子、女儿，家庭是我事业的起点和归宿。在本书付梓之际，家里迎来了我的第二个孩子，老家祠堂"报本堂"三字，提醒着吾等后辈，要感谢天，感谢地，感谢先祖。

熊云辉

2017 年 11 月 22 日